FRÖHLICH
Susanne Fröhlich
MIT
Constanze Kleis
ABSTAND

WIE WIR UNS NEU IN UNSEREN ALLTAG VERLIEBTEN

KNAUR

Besuchen Sie uns im Internet:
www.knaur.de

Aus Verantwortung für die Umwelt hat sich die Verlagsgruppe Droemer Knaur zu einer nachhaltigen Buchproduktion verpflichtet. Der bewusste Umgang mit unseren Ressourcen, der Schutz unseres Klimas und der Natur gehören zu unseren obersten Unternehmenszielen. Gemeinsam mit unseren Partnern und Lieferanten setzen wir uns für eine klimaneutrale Buchproduktion ein, die den Erwerb von Klimazertifikaten zur Kompensation des CO_2-Ausstoßes einschließt. Weitere Informationen finden Sie unter: www.klimaneutralerverlag.de

Originalausgabe Dezember 2020
Knaur Verlag
Ein Imprint der Verlagsgruppe Droemer Knaur GmbH & Co. KG, München
Alle Rechte vorbehalten. Das Werk darf – auch teilweise – nur mit Genehmigung des Verlags wiedergegeben werden.
Redaktion: Dr. Caroline Draeger
Covergestaltung: Isabella Materne
Coverabbildung: Collage unter Verwendung mehrerer Shutterstock Motive
Illustrationen im Innenteil: shutterstock.com
Satz: Adobe InDesign im Verlag
Druck und Bindung: CPI books GmbH, Leck
ISBN 978-3-426-21493-0

2 4 5 3 1

*Für alle, die uns durch diese seltsamen und
beunruhigenden Zeiten begleiten und dafür sorgen,
dass wir nicht aus den Augen verlieren, wer und was wirklich zählt.
Vor allem aber für die Menschen, die den Laden da draußen auch
dann am Laufen halten, wenn es mal wieder eng wird.
Und natürlich besonders für Matthias und Uli.*

ALLES AUSSER GRAU

So viel vorneweg: Wir müssen uns entschuldigen, und zwar bei unserem Alltag. Dafür, dass wir ihn für so einen tödlichen Langeweiler hielten. Ihn mit seinen Routinen und ewig gleichen Abläufen unfasslich kleinkariert fanden und ihm dauernd Vorwürfe machten, dass er uns nicht bot, was wir doch mindestens verdient hätten: mehr Abwechslung, Esprit, Glamour, Abenteuer, Zauberstaub. Also Mauritius statt Nordsee. Schlemmermenüs in Sternerestaurants statt Pizza und Pasta beim Italiener um die Ecke. Shoppingwochenende in den Metropolen der Welt statt Einkauf in der Fußgängerzone um die Ecke. Wir wollten aufregende Dates mit aufmerksamen, fürsorglichen Männern, die um 22 Uhr noch in Bars Champagner ausgeben. Und nicht mehr länger Klaus-Dieter dabei zuschauen, wie er auf dem Sofa einschläft, natürlich ohne vorher sein leeres Bierglas in die Küche zu bringen. Überhaupt kein Wunder, dachten wir, dass der Alltag bloß als zuverlässiger Beziehungskiller so eine enorme Karriere gemacht hat. Schließlich, so unterstellten wir ihm, verfügt er höchstens über gerade so viel Magie, wie man braucht, um aus »bunt« »grau« zu machen.

Dann kam Corona und mit dem Virus die Erkenntnis: Gott, was waren wir undankbar! Als nämlich nichts mehr ging und man überhaupt am besten daheimblieb, nicht mehr reisen, nicht mehr ins Restaurant, nicht ins Büro, zu Freunden konnte und kaum andere Familienangehörige traf als die, die man in der gemeinsamen Wohnung ohnehin vorrätig hatte, da wären wir plötzlich furchtbar gern zum Italiener um die Ecke gegangen oder wenigstens einmal wieder zum Kaffee zu den betagten Eltern. Jetzt wünschten wir uns, wenigstens noch ein paar Tage an der Nordsee urlauben zu können, und stellten überhaupt etwas sehr Erstaunliches fest: wie sehr wir uns zurücksehnten in unseren alten Alltag, in eine Normalität, in der wir uns nicht mal in unseren kühnsten Träumen vorstellen konnten, was so ein Virus anzurichten vermag.

Sollte Corona vielleicht wenigstens dafür gut sein: sich einmal das eigene, alltägliche Leben ganz neu, nämlich durch die Ausnahmezustand-Brille zu betrachten? Das fragten wir uns von Beginn des Lockdowns an. Seit dem 16. März 2020. Und zwar schriftlich. Weil wir uns nicht mehr treffen durften, schrieben wir uns eben. Jeden Tag gingen Mails hin und her – zwischen Frankfurt, wo Constanze mit ihrem Mann und zwei Katzen lebt, und einem Vorort der Mainmetropole, wo Susanne die Lockdown-Wochen mit ihrem noch ziemlich neuen Partner und seinem fünfzehnjährigen Sohn verbrachte. Dabei stellten wir immer wieder fest, wie unfasslich viel sich gerade dann bewegt, wenn alles zum Stillstand kommt. Wie sich ausgerechnet, wenn nichts mehr geht, alles verändert.

Wir fingen an, Supermarktkassiererinnen mit ganz neuen Augen zu sehen – und ihnen endlich den Respekt zu zollen, den sie ohnehin schon immer verdienten. Wir empfanden Demut und Dankbarkeit für ein Staatsoberhaupt wie Angela Merkel und gegenüber jenen, die jetzt in den Kliniken an vorderster Corona-Front dafür kämpften, dass wir so viel Normalität wie nur möglich behalten durften. Und wir entdeckten die Küche und ungeahnte hausfrauliche Qualitäten. Wir entwickelten außerdem eine unerwartete Gelassenheit gegenüber unserem Verfall, der nun ungebremst von Friseuren, Nagelstudios und Fitnesscentern munter voranschritt. Und wir beobachteten so etwas wie den brennenden Busch der Corona-Krise: wie junge Menschen plötzlich anfingen, sich ausgerechnet nach der Schule und der Uni zu sehnen. Wir freuten uns, Väter im Park mit ihren Kindern spielen zu sehen. Und waren ziemlich erschüttert darüber, wie erwachsene Menschen sich um Klopapier stritten und manche Männer lieber drei Stunden vor dem Baumarkt Schlange standen, um eine winzige Schraube zu beschaffen, von der sie selbst nicht wussten, wozu sie sie einmal brauchen würden – (außer dazu, mit diesem vermeintlich »systemrelevanten Einkauf« der Hausarbeit zu entkommen als daheim das eigen Fleisch und Blut zu beaufsichtigen). Plötzlich hielten wir mitten im Sommer das Thema »Bikinifigur« für ungefähr so bedeutend wie den letzten Tweet von Trump und überlegten, ob Angela Merkel bei ihren Videokonferenzen untenherum das Gleiche trug wie wir bei unseren: Jogginghosen und Hausschuhe.

Großes und Banales saßen auf einmal in schönster Eintracht zusammen, ein Kunststück, das längst nicht allen gelang. Auch so ein erstaunliches Corona-Phänomen: dass so viele ausgerechnet mit den nächsten Menschen die neue Nähe eher als bedrückend empfanden. Was zu einer weiteren Alltagsfrage führte: Haben wir vielleicht verlernt, uns ohne all die täglichen Ablenkungen der Vor-Corona-Zeit auszuhalten? Und während die einen vor lauter Leerlauf begannen, ihre Wohnungen zu renovieren, Webinare zu buchen oder ihren Kleiderschrankinhalt nach Farben zu sortieren, hatten die anderen – die mit Kindern und Homeoffice – vor allem das Problem, überhaupt noch zum Schlafen zu kommen. Jetzt, wo wir plötzlich alle zu Hause bleiben sollten und wirklich einmal denselben Tagesablauf hatten, erfuhren wir, wie man seinen vermeintlich so langweiligen Alltag vermissen kann und all die Menschen, die darin kleine und große Rollen haben, kleine und große Aufgaben übernehmen. Die Freundinnen, die Lehrer, die Erzieherinnen, die Familienmitglieder, die Nachbarn, die Verkäuferinnen, die Kollegen. Wir verstanden nun, wie abwechslungsreich unser Alltag eben noch gewesen war, wie besonders – und wie viel Glück wir mit ihm, diesem denkbar großartigsten gemeinsamen Vielfachen von »Leben« hatten. Gemacht aus Hobbys, Ausgeh- und Reisegewohnheiten, Treffen mit Freundinnen, Familie, Kollegen, Kino, Theater, Konzerten. Corona hatte all das selbstherrlich und radikal aus unseren Terminkalendern gestrichen und damit unsere Alltagsroutine, unsere Beziehungen, Sehnsüchte und schließlich auch uns auf den Prüfstand gestellt. Noch nie hatten sich unsere Perspektiven so rasant geändert, und noch nie hatten wir die Gelegenheit zu erleben, wie gravierend die Folgen sein können, wenn man auch nur einen von vielen Puzzlesteinen aus dem Alltagspanorama herausnimmt.

Ja, es war manchmal schlimm zu erleben, wie plötzlich so viel von dem, was wir für selbstverständlich hielten, einfach weg war. Ganz zu schweigen von den verheerenden Folgen, die der Lockdown etwa für Gastronomen hat. Und für die Senioren, die sich nach wie vor noch immer weitgehend isoliert in ihren Heimen fragen, ob man mit über achtzig nicht längst erwachsen genug ist, selbst zu entscheiden, welche Risiken man auf sich nimmt. Aber es stimmt auch, was ein großer Regisseur einmal sagte: »Komödie ist Tragödie plus Zeit.« Mit Abstand betrachtet, hatte die Krise nämlich durchaus auch lustige Momente. Wenn etwa die Beschaffung der so raren Hefe Züge annahm, die man sonst nur aus dem Drogenhandel kennt (natürlich bloß theoretisch). Oder unser Plan, Nachhaltiges aus der Krise mitnehmen zu wollen und per YouTube-Tutorial einen Tanz einzustudieren. Das war sehr, sehr amüsant. Jedenfalls für unsere jeweiligen Mitbewohner.

Und noch etwas Gutes hatte die Corona-Zwangsentschleunigung: Erstmals schauen wir unseren Nachbarn nämlich nicht nur in die Wohnung, sondern auch ein bisschen ins Herz. Mancher blickte vielleicht überhaupt erstmals von seinem Alltagsgerödel auf und stellte fest, dass um ihn herum noch andere Menschen leben. Auch solche, die möglicherweise Hilfe brauchen.

Ja, Corona hat so oder so unsere emotionale Fieberkurve in die Höhe getrieben. Vor allem aber sorgt die Krise nachhaltig dafür, dass wir unseren Alltag, unsere Lieben und unseren Body-Mass-Index mit ganz neuen Augen betrachten. Schließlich stellt sie fast jede Gewissheit und Selbstverständlichkeit auf den Kopf und wichtige Fragen: Was brauchen wir wirklich? Was ist wichtig? Und wer? Wie viele Vorschriften muss und sollte man sich machen lassen? Wieso sind so viele plötzlich so irre? Sollte ich mir weiterhin die Haare färben oder sie ganz dem Grau überlassen? Was passiert mit Freundschaft, wenn man sie bloß noch per Videochat pflegen kann? Wie werde ich meine Corona-Pfunde wieder los? Und wozu? Was ist wichtiger: dass mein betagter Vater total sicher ist vor Ansteckung oder dass er nicht völlig vereinsamt? Ist Politikern zu trauen, die ihre Sympathiewerte mit übereilten Lockerungen in die Höhe treiben wollen? Werde ich jemals wieder aus der Küche und der Verantwortung für regelmäßige warme Mahlzeiten herauskommen? Sind wir wirklich nachhaltig klüger geworden oder bloß in Teilzeit?

Wir zwei haben versucht, wenigstens für unser Leben ein paar Antworten zu finden. Tag für Tag. Und uns dabei an Karl Valentin festgehalten. Der hat einmal gesagt: »Ich freue mich, wenn es regnet. Denn wenn ich mich nicht freue, regnet es auch!« Wir finden, das ist eine ziemlich gute Empfehlung. Auch wenn man natürlich zwischendurch immer mal heulen möchte (und es manchmal tut) – haben wir die Erfahrung gemacht, dass man gerade mit Abstand doch ziemlich fröhlich sein kann. Wir hoffen, dass Sie mit unserem Tagebuch in der Hand ganz ähnlich empfinden werden …

DER ERSTE TAG

Constanze

16. März. Der erste Tag also – ab heute wollen wir uns schreiben, weil seit heute gilt: Besser keine direkten Begegnungen mehr. Klar, werden wir – wie immer – täglich telefonieren. Aber so ein Telefonat lässt sich halt nicht später noch einmal durchblättern, und irgendwie haben wir ja beide das Gefühl, dass die nächste Zeit uns schon ein paar Erfahrungen präsentieren wird, die es lohnen, festgehalten zu werden. Allein die letzten 24 Stunden. Kennst du das Lied »What a difference a day made«? Das könnte so etwas wie der Soundtrack der nächsten Wochen werden. Es ist total verrückt. Gestern war ich noch in einer Kneipe. Zwar etwas beklommen und unsicher ob der Dinge, die da kommen werden, und natürlich auch wegen der furchtbaren Bilder aus Italien, die uns schon seit Tagen begleiten. Andererseits: Offiziell ist in Deutschland erst ein Mensch an Corona gestorben. Ja, ich war gestern schon ein wenig beunruhigt. Aber immer noch irgendwie kuschelig aufgehoben in meiner Alltagsblase. Katastrophen? Waren immer so nett, sich woanders abzuspielen. Vor dem »social distancing« lebten wir in einem »desaster distancing«. Doch jetzt ist passiert, was ich bis jetzt nur aus dem Fernsehen oder Kino kannte: Das ganze Land fährt runter. Die EU hat einen Einreisestopp verhängt. Die Schulen sind geschlossen, die Kindergärten. Wir sollen möglichst zu Hause bleiben. Uns nicht mehr mit anderen treffen. Nicht mit Freunden, nicht mit Familienmitgliedern. Keine Restaurantbesuche mehr, kein Einkaufsbummel. Bloß noch die Beschaffung von notwendigen Dingen im nächsten Supermarkt. Kein Problem. Andere Geschäfte haben zumeist

ohnehin nicht mehr geöffnet. Und was meinen Puls darüber hinaus dann doch etwas in die Höhe trieb: dass die Bundeskanzlerin in ihrer Ansprache von einer Herausforderung »historischen Ausmaßes« gesprochen hat. Klang wie aus dem kleinen Staatenlenker-Wörterbuch für Krisen in der Größenordnung von Kriegen, Meteoriteneinschlägen, Tsunamis, Reaktorunfällen, Erdbeben ab Stärke neun. Das fühlt sich ganz ähnlich an wie damals, als ich das erste Mal nach New York reiste: total unwirklich. Als wäre man in einem jener Filme gestrandet, aus denen man die Kulisse fast in- und auswendig kennt. Weil das Bewusstsein dafür, dass das jetzt wirklich passiert, so laaaaangsaaaam den Ereignissen hinterherschlappt, als wäre die Corona-Krise ein Klassenausflug und unser Realitätssinn ein lustloser Schüler, der exzessiv herumtrödelt in der irrigen Hoffnung, dass diese Zumutung sich dadurch verkürzt. Eine Freundin hat mal erzählt, wie sie mitten in Frankfurt zufällig in einen Banküberfall mit Schusswechsel kam. Sie war mittendrin, sagte sie, und wie sie die ganze Zeit damit beschäftigt war, sich klarzumachen, dass das hier jetzt gerade WIRKLICH passiert. Vom Kopf her sei ihr das gelungen, aber sie habe es nicht nachgefühlt. Es sei vielmehr die ganze Zeit so gewesen, als würde sie sich im Fernsehen etwas anschauen. Hast du schon wirklich richtig verstanden, was los ist? Wie war es in Stockholm? Als du mit deinem Freund losgefahren bist, war ja – noch fast – alles in Ordnung. Wie halten es die Schweden? Können die ihren Alltag noch behalten? Und: Eigentlich sind wir ja für morgen verabredet. Wir wollten zusammen an unserem Manuskript arbeiten. Aber sollten wir?

Susanne

Nein, ich habe noch nicht verstanden, was da los ist und wie ich mich zu verhalten habe. Dass wir uns ab heute täglich schreiben, finde ich eine wunderbare Idee.

Die Situation ist irgendwie bizarr: Ich bin heute Morgen noch in Stockholm aufgewacht. Das lange Wochenende in der schwedischen Hauptstadt, das ich meinem Freund zum Geburtstag geschenkt habe. Es war fest gebucht. Abflug: 13. März – Rückflug: 16. März. Schon vor dem Abflug am vergangenen Freitag waren wir ausgesprochen zögerlich. Nicht nur, weil uns diverse Leute gefragt haben, ob wir noch alle Tassen im Schrank haben. Die Lage war so dermaßen diffus und unübersichtlich. Aber es gab eben noch keine Reisewarnung, und wir hatten uns so auf den kleinen Trip gefreut. Diese Auszeit, nur wir beide.

Ich habe mir für die Entscheidung zu fliegen und die Reise anzutreten einiges anhören müssen. Eine Freundin hat mir per WhatsApp geschrieben, dass sie mich für verrückt hält. Richtig streng und unerbittlich. Das kann man so sehen, aber die Bedrohung erschien mir sehr abstrakt. Mein Freund war unsicher. Hat eher zur Absage tendiert, sich dann doch überreden lassen. Dass es keine Reisewarnung gab, hat ihn überzeugt. Du weißt: In den Anfangszeiten der Liebe geht noch einiges … (Bin gespannt, wann es sich legt ;-).

Noch nie habe ich den Frankfurter Flughafen – immerhin ein internationaler Dreh- und Angelpunkt – dermaßen leer erlebt. Fast als wäre er vor einer halben Stunde evakuiert worden. Auch im Flieger gähnende Leere. Erfreulich einerseits, aber doch unheimlich. Wir haben einen unheimlich netten schwedischen Flugbegleiter kennengelernt, und er hat uns jede Menge Tipps für seine Heimatstadt Stockholm gegeben. In der Stadt war es einfach nur wunderbar, kaum Touristen, fantastisches Wetter, aber trotz all des Schönen hatten wir immer ein leicht mulmiges

Gefühl. Jeder kleiner Huster um uns rum hat uns aufgeschreckt. Unsere Versuche, vor der Abreise am Flughafen und dann in Stockholm Desinfektionsmittel aufzutreiben, waren erfolglos. In jeder Apotheke nur Kopfschütteln. Als hätten wir nach einer illegalen Substanz gefragt. Wir haben uns fast manisch die Hände gewaschen und versucht, niemandem zu nah auf die Pelle zu rücken. Noch nie habe ich so häufig mein Handy gecheckt, um die Entwicklung der Lage im Auge zu behalten. Unterschwellig waren wir die gesamten Tage latent angespannt. Heute Morgen im Hotel gab es auf einmal kein Frühstücksbüfett mehr. »Corona!«, hieß es. Es sind kleine Dinge, die zeigen, dass irgendwas ganz anders ist. Es liegt so was in der Luft, und damit meine ich nicht dieses seltsame kleine Virus, sondern eine Stimmung.

Jetzt bin ich zurück, und alles ist anders. Und kapiert habe ich noch nichts. So oder so – ich bin froh, wieder hier zu sein, und auch darüber, dich in der Nähe zu wissen. Trotzdem denke ich, wir sollten erst mal auf Abstand bleiben. Oder?

DAS UNBEKANNTE TIER
TAG 2

Constanze

Ja, du hast recht, wir warten besser mal ab, bevor wir uns sehen. Dieses Virus – so winzig es ist – ist irgendwie wie ein sehr großes, sehr beängstigendes Tier, das nicht zu bändigen ist. Alle schauen gebannt, was es als Nächstes tun wird. Aber viele glauben auch, dass es gar nicht so böse ist, wie behauptet wird. Dass es ja genauso gut ganz harmlos sein könnte. Aber ehrlich: Ich will meine Hand nicht ausstrecken, und am Ende ist sie abgebissen. Außerdem sind die Bilder aus Italien schrecklich genug.

Habe ich mich je beklagt, dass nichts los ist in meinem Leben? Wie ich das jetzt schon bereue! Immerhin ist jetzt eine Pandemie los. Das Schicksal scheint einen bizarren Humor zu haben, denn wo es auf der einen Seite »Action!!« brüllt, reduziert es auf der anderen Seite den Event-Level in unseren Leben auf seniorenheimtauglich. Vermutlich denkt es, wir haben Ausnahmesituation genug – da brauchen wir keine Abwechslung mehr: die riesige Feier zum fünfzigsten Geburtstag einer Cousine in Köln – gestrichen. Das Fotoshooting, das wir – du und ich – nächste Woche gehabt hätten, auch gecancelt. Ebenso der Besuch meines Neffen aus Finnland. Und so ging es heute den ganzen Tag weiter: Leipziger Buchmesse, Fußballeuropameisterschaft, das Konzert, das mein Mann und ich am Wochenende besuchen wollten – alles fällt flach.

Waren wir vielleicht nicht dankbar genug für die kleinen Freuden des Alltags? Will uns das Virus das sagen? Wir haben ja beide auch die eine oder andere Freundin, die glaubt, mit allem, was so passiert, sei eine Botschaft verbunden. Höhere Mächte würden also eine Art Messengerdienst betreiben, und statt uns einfach ins

Gesicht zu sagen, was immer sie uns mitzuteilen hätten, stellen sie uns lieber knifflige und offenbar manchmal auch sehr brutale Denkaufgaben. Getarnt als Krebsdiagnosen oder Verkehrsunfälle oder Arbeitsplatzverlust. In diesem Kosmos wäre das irgendwie dann ja doch immer für irgendetwas gut. Sogar Corona. Aber für was? Mal wieder ein gutes Buch zu lesen? Netter zum Mann zu sein, weil wir nun offenbar sehr viel Zeit und das ohne jede Ausweichmöglichkeit miteinander verbringen werden? Die Wohnung einmal wieder aufzuräumen, weil man ja nun Zeit dafür hätte? Den Kleiderschrank auszumisten? Aber will man sich von einem Profikiller – und das ist das Virus, nach allem, was man gerade erfährt – wirklich belehren lassen? Und ist es nicht ziemlich gemein, wenn man nicht einfach mal unglücklich sein darf, wenn etwas Schlimmes passiert, sondern andauernd in seinem Unglück noch einen Sinn suchen soll?

Aber zugegeben: Eine Sache mussten wir offenbar auf die ganz harte Tour mal wieder unter die Nase gerieben bekommen: wer hierzulande eigentlich wirklich wichtige Arbeit leistet – nämlich Supermarktbeschäftigte, Kranken- und Altenpflegepersonal. Sehe gegenüber aus dem Supermarkt gerade Leute mit prall gefüllten Einkaufstüten kommen – als wüssten die etwas, was wir noch nicht wissen –, zum Beispiel, dass dieser Tag heute die letzte Gelegenheit für Monate sein wird, sich mit Lebensmitteln einzudecken. Zugegeben, ein wenig ansteckend ist diese Panik schon.

Ich glaube, ich werde mal unsere Vorratskammer checken. Was hast du heute so vor?

Susanne

Ich warte immer noch darauf, aufzuwachen und zu merken, dass das alles ein fieser Albtraum ist. Du kennst doch diese Nächte, in denen man kurz vor dem Aufwachen noch so sehr in seinem Traum gefangen ist, dass man selbst im wachen Zustand ein bisschen weiterträumt? Ich fühle mich genau wie deine Freundin beim Banküberfall: wie in einem Film. Einem seltsamen Science-Fiction-Film. Nur ist hier bei diesem Film das Ende offen, und das macht mich besorgt.

Ist das jetzt wirklich ernst? Muss ich das ernst nehmen? Ist alles übertrieben? Ich weiß es nicht, und Unwissen macht mich schnell kirre. Ich fühle mich hilflos. Irgendwie überfordert mit der Einschätzung der Lage. Ich bin, obwohl es mir peinlich ist, andererseits auch fasziniert. Angefixt. Schaue permanent im Netz nach neuen Entwicklungen. Du weißt, ich bin ein Faktenjunkie. Ich entdecke in mir (nicht wirklich sympathisch) so etwas wie Sensationsgier. Hocke ständig vor der Glotze und gucke eine Spezial-Corona-Sendung nach der nächsten. Anne Will, Sandra Maischberger und Maybrit Illner sind quasi neue Familienmitglieder. Sehe sie häufiger als Menschen, die mir am Herzen liegen. Die Nachrichtenlage ändert sich nahezu stündlich. Belgien und Frankreich haben jetzt eine Ausgangssperre, Menschen dürfen nur noch in den Supermarkt, zum Arzt, zur Apotheke oder zur Bank. Ab morgen dürfen keine Touristen mehr nach Schleswig-Holstein. Beides tangiert mich natürlich eher weniger – ich hatte nicht vor, in Schleswig-Holstein Urlaub zu machen, und ob die Belgier und Franzosen rausdürfen oder nicht, kann mir eigentlich auch egal sein. Ist es aber nicht, denn all die Meldungen zeigen: Der Schrecken ist auf dem Vormarsch. Rückt beständig näher. Einer der Ausgangspunkte war wohl Ischgl, ein Skiort in Österreich. Dort blieb eine Bar geöffnet, obwohl ein Mitarbeiter positiv auf das Virus getestet wurde. Auch wir, der Liebste, sein

Sohn und ich, waren noch im Februar im Skiurlaub. Nicht in Ischgl, aber eben auch nicht wirklich weit davon entfernt. Waren wir nicht alle schlimm müde nach der Reise? So abgeschlagen? Liegt das daran, dass wir hoch oben auf dem Berg waren, daran, dass Skifahren nun mal anstrengend ist und wir – bis auf den Sohn – auch nicht mehr blutjung sind? Oder war es das verdammte Virus? Hatten wir was und wissen es nur nicht? Oder macht das Wissen darum, dass da etwas rumschwirrt, uns zu Superhypochondern? Steigern wir uns gerade in irgendwas rein? Ist das ganze Corona-Gedöns vielleicht komplett übertrieben, und ich falle wie so viele darauf rein?

Ach, und zurückkommend auf deine Frage, was ich heute so vorhabe: Ich werde tatsächlich auch mal einkaufen gehen. Sicher ist sicher. Obwohl mein Winterspeck einen gewissen Nahrungsentzug sehr gut verkraften könnte. Immerhin ein Gutes hat der Speck: Ich könnte sehr lange von den eigenen Reserven zehren.

BEVORMUNDUNGEN
TAG 3

Constanze

Heute ist der wöchentliche Vatertag. Seit unsere Mutter gestorben ist vor zehn Jahren, fahre ich ja immer wieder mittwochs gegen Abend mit Öffentlichen in den Frankfurter Vorort, in dem mein Vater lebt. Ich versuche, auf dem Weg dorthin irgendwo etwas Essbares aufzutreiben, weil mein Vater Dinner-Cancelling betreibt und nie etwas vorrätig hat. Also jedenfalls nichts, was für ein ordentliches Abendbrot taugt. Er findet, er sei zu dick. Finde ich nicht. Ich finde, dass man mit über achtzig doch wirklich alt genug ist, um mal satt ins Bett zu gehen. Aber gut, er ist erwachsen genug, um das selbst zu entscheiden. Ich würde sogar sagen: Erwachsener und also mündiger kann man ja kaum werden. Er hat für sich – und damit auch für mich – klargemacht, dass er auf keinen Fall auf die Besuche verzichten will. Und sowieso auch nicht aufs Einkaufen. Deshalb fahre ich wie immer in den Vorort von Frankfurt, in dem er lebt. Beziehungsweise: Ich lasse mich von meinem Mann fahren. Im Moment sind mir Busse und Bahnen doch irgendwie nicht geheuer. Da haben wir sie vermutlich: die erste Corona-Inkonsequenz. Einerseits habe ich genug Respekt vor dem Virus, um mich nicht mit Fremden in eine S-Bahn zu setzen. Andererseits offenbar nicht genug, um mich vom Vaterbesuch abhalten zu lassen. Zumal der – wie ja sonst auch – mal wieder beneidenswert entspannt ist. »Dieses Corona« ist – noch – etwas, das nicht wirklich im eigenen Leben passiert. Ich hatte allerdings auf dem Weg zu ihm einen kleinen Realitätsschub. Wenn man so an all den geschlossenen Läden vorbeifährt, weht einen schon der kalte Hauch des Ausnahmezustandes an. Eigentlich wollte ich mir dann im Supermarkt bei ihm gegenüber irgendetwas Vernünftiges kaufen: Gemüse, Salat, höchstens Hähnchen. Aber dann dachte ich, dass ich meine kleinen Vernunftvorräte bereits damit aufgebraucht habe, Öffentliche zu meiden. Und dann war da dieses enorme Bedürfnis, so zu tun, als wäre eigentlich gar nix. Zwei starke Strömungen, die mich direkt in die Stehpizzeria vor dem Haus meines Vaters gespült haben. Ja, die hat noch geöffnet: Liefern lassen darf man ja. Ich habe mir eine Pasta mit Pilzrahmsoße gegönnt. Kennst du das: dass man es immer nur schafft, zu höchstens siebzig Prozent konsequent zu sein? Dass da im Inneren immer so eine Art Taschenrechner mitläuft, der sagt: »Also heute warst du schließlich schon joggen, da kannst du dir locker ein Eis gönnen!« Oder: »Du kannst dich ruhig mal zwei Stunden auf den Balkon legen, schließlich hast du heute schon sehr früh angefangen zu arbeiten.« Irgendwie schaffe ich nie die Einhundertprozent-Tage, an denen ich mal ALLES richtig mache: früh aufstehen, viel arbeiten, Sport machen, nur Grünzeug essen, keinen Wein trinken. Nein, nicht mal ein winziges Glas. Eher mache ich mir mit einem Minus auf der einen Seite das mühsam erarbeitete Plus zunichte. Hoffe nur, mit dem Corona-Virus wird das nicht auch so laufen. Aber ich fürchte, dass es sich da um ein zutiefst menschliches Bedürfnis handelt: sich immer gleich für vermeintliches »Wohlverhalten« belohnen zu wollen und sich locker zu machen. Auch mein Vater hat dann abends noch ungefähr vier Marzipankartoffeln gegessen. Ich war nett und habe mir verkniffen zu sagen, dass er sich dafür auch hätte ein paar ordentliche Stullen schmieren können. Wie gesagt: Er ist schließlich alt genug für so ziemlich alles. Auch wenn ich merke, wie ich mich manchmal zusammenreißen muss, ihn nicht zu bevormunden. Du kennst da sicher die andere Seite – die Elternseite? Oder haben deine Kinder – noch – keinerlei Ambitionen, dir die Welt zu erklären?

Susanne

Ambitionen? Das wäre untertrieben: Meine Kinder sind im Welterklären die absoluten Weltmeister. Und ehrlich: Ich hasse es. Fühle mich dann immer, als wäre ich schon dement oder anderweitig nicht mehr ganz frisch im Kopf. Was das Thema angeht, bin ich fast schon überempfindlich, vielleicht weil die Rollen zwischen Eltern und Kind eigentlich klar verteilt sind. Die Eltern sagen, wo es langgeht, und die Kinder folgen. So weit die Theorie. In der Praxis werde ich in den letzten Jahren ziemlich häufig relativ harsch (jedenfalls für mein Empfinden) zurechtgewiesen. Von meinen Kindern, die aber, laut Alter, ja inzwischen junge Erwachsene sind. Viele ihrer »Bevormundungen« sind sicherlich auch eine Form der Sorge, insofern sollte ich in dieser Hinsicht nicht so streng sein. Vor allem, weil ich auch bei meinen Eltern merke, dass ich ihnen vermehrt sage, was sie zu tun und vor allem zu lassen haben. Ich versuche, es zu vermeiden, schließlich haben sie ja schon diverse Jahrzehnte ohne meinen Einspruch ziemlich gut gemeistert. Aber ich schaffe es, ehrlich gesagt, oft nicht. Kann halt schlecht einfach mal die Klappe halten. Gerade jetzt fällt es mir schwer. Meine Eltern sind ja geschieden, und ihr Verhalten ist in diesen Zeiten sehr unterschiedlich: Meine Mutter ist sehr, sehr ängstlich, mein Vater hingegen sieht es eher wie deiner. Er habe in Kriegszeiten überlebt, da lasse er sich nicht von einem Virus einschüchtern ... – ... mein Vorschlag, ihm einzukaufen, wird brüsk abgelehnt.

Und was die 70 Prozent Konsequenz angeht: Ich wäre froh die 70 überhaupt zu erreichen. Ich bin eine Meisterin im Aufrechnen von Plus und Minus. Eine kleine Joggingrunde (Plus) rechtfertigt einiges an nicht so optimaler Nahrung (Minus). Natürlich weiß ich, dass das Quatsch ist, so schlecht bin ich nun auch nicht in Mathe, aber ich mache es mir halt gerne nett. Das versuche ich selbst in diesen Viruszeiten.

Ich genieße das ungewohnte Leben an der Seite meines Freundes. Wir haben – ziemlich spontan – nach unserer Rückkehr aus Stockholm beschlossen, die Coronazeit gemeinsam zu verbringen. Ich werde bei ihm wohnen, bin als Single mit schon ausgewilderten Kindern eben flexibler als er, der mit seinem fünfzehnjährigen Sohn zusammenwohnt. Zusammenleben ist immer eine Herausforderung und noch mal etwas ganz anderes als gemeinsame Wochenenden. Bin gespannt, wie wir die Situation meistern. Gespannt und auch ein bisschen aufgeregt. Schließlich hätten wir das ohne Corona sicherlich nicht so schnell gemacht. Das Virus als Beziehungsbeschleuniger.

Ein schöner Nebeneffekt: Ich bin runter vom Berg und nun viel näher an Frankfurt und damit auch an dir. Hoffentlich können wir den räumlichen Vorteil demnächst auch mal nutzen. Schreiben und telefonieren ist das eine, sich sehen aber eben doch etwas völlig anderes. Fühl dich umarmt. Virtuell zumindest.

FERNWÄRME
TAG 4

Constanze

Noch nicht einmal eine Woche in der Corona-Krise, und ich frage mich: Werden wir 98 Prozent unserer Beziehungen wirklich auf Fernwärme umstellen können? So wie wir es nun sollen? Wie das auszuhalten sein wird, dass zwar alle unsere Lieben ja da sind – so wie mein Vater heute Morgen am Frühstückstisch –, aber dass man, damit das auch so bleibt, besser so weit wie möglich Abstand hält. Weil ausgerechnet Nähe – dieses so wichtige soziale Schmiermittel – im Zweifel tödlich sein kann. Ich betrachte und behandele meinen Vater jetzt schon, als würde er unter einer Glasglocke sitzen oder wäre ganz dick in dieses Plastik-mit-Luftlöchern eingeschlagen, mit dem man sehr zerbrechliche Dinge verpackt.

Das erfahren wir gerade, wie fragil unser Alltag ist, und sehen es in Italien, wie schnell man alles verlieren kann, was eben noch ganz selbstverständlich da war. Worauf man glaubte, einen Anspruch zu haben: ein gut funktionierendes Leben, Menschen, die einen lieben und begleiten. Statt froh darüber zu sein, haben wir es wie der Kleine Häwelmann im gleichnamigen Märchen von Theodor Storm gehalten und wollten immer noch »mehr, mehr, mehr«. Klar, ohne die ewige Unzufriedenheit würden wir vermutlich alle noch auf den Bäumen sitzen, weil keiner einen wirklich guten Grund sähe, runterzusteigen und mal ein Feuer zu machen oder das Internet zu erfinden. Offenbar haben wir uns viel zu selten gefragt, was wir schon alles haben, und stattdessen dauernd überlegt, was uns noch fehlt. Natürlich, als vor zehn Jahren meine Mutter krank wurde und schon drei Monate später starb, hatte ich schon mal einen sehr, sehr bittern Vorgeschmack darauf bekommen, wie glücklich man eigentlich sein kann, wenn jeder an seinem Platz bleibt und sich einfach nichts verändert. Gerade deshalb bin ich jetzt so froh, mit meinem Vater wenigstens noch in demselben Raum sitzen zu können, wenn ich ihn schon nicht mehr umarmen soll. Wir beide – du und ich – können uns außerdem noch glücklich schätzen, quasi bestes »Berührungsmaterial« daheim vorrätig zu haben: unsere Männer. Ob die allerdings auch den Verlust von Freundinnen-Treffen kompensieren? Ob sie nicht unter der Last der Verantwortung, uns einmal wirklich ALLES zu sein, zusammenbrechen werden? Ob sie aus der Krise mit Hornhaut auf den Ohren herauskommen werden? Und wie werden wir es überhaupt aushalten, plötzlich so viel Zeit miteinander zu verbringen? Werden wir uns mehr lieben oder mehr hassen? Wir können uns ja gut zureden, dass diese Krise bald vorbei sein wird und wir dann unsere Freundinnen und den Rest der Familie werden sehen und vielleicht sogar wieder umarmen können. Wir haben ja Zeit. Anders die Senioren in den Altenheimen oder Schwerstkranke. Letzte Woche, als man Corona quasi schon dabei zuschauen konnte, wie es an der Grenze zu Deutschland auf die Einreise wartete, habe ich mit einer Hospizmitarbeiterin gesprochen, darüber, wie das sein wird, wenn Corona sich hier auch ausbreitet. Sie meinte: »Dann sterben unsere Patienten halt ein wenig früher!« Ich fand das erst ganz schön krass. Aber klar: Worauf soll man warten? Und wie lange? Wäre es dir ein paar Tage oder Wochen mehr Lebenszeit wert, sie schwerstkrank allein zu verbringen oder würdest du das Risiko einer Ansteckung und eines frühen Todes dafür in Kauf nehmen, deine Lieben um dich zu haben? Zählt nicht gerade, wenn die Zeit knapp wird, jeder Tag mehr und genug, um lieber auf Besuch zu verzichten?

Susanne

Eine schwere Frage, die du mir da zur Frühstückszeit servierst. Uff. Ich hänge sehr am Leben, aber die Vorstellung, so ganz allein schwerkrank aufs Ende zu warten, klingt grauenvoll. Ich glaube, ich würde mich dann doch für meine Liebsten und die kürzere Restlaufzeit entscheiden. Aber kann man so ein Thema rein theoretisch durchdenken? Ich erinnere mich an ein Gespräch mit meiner Mutter. Sie hat mal gesagt, wenn sie einen Unfall hätte und dann im Rollstuhl landen würde, wolle sie nicht mehr leben. Ich konnte das nicht nachvollziehen und vermute, dass man im Fall der Fälle doch sehr viel mehr am Leben hängt, als man sich in gesunden Zeiten vorstellen kann. Natürlich würde sich niemand ein solches Schicksal wählen, aber lieber ein ungewisses und schweres Leben als der Tod. Aber einsam zu sein, sich allein zu fühlen, ausgerechnet dann, wenn es einem schlecht geht, ist zu furchtbar. Zeit zu schinden um jeden Preis ist wahrscheinlich dann doch nicht die beste Option.

Gerade jetzt – in Zeiten der von dir so klug bezeichneten »Fernwärme« – frage ich mich immer häufiger, wer mir eigentlich wirklich am Herzen liegt? Wer mir fehlt? Wen ich in die Arme schließen will?

Was die Beziehungen angeht: Ja, da haben wir momentan definitiv Glück, dass wir Corona nicht allein durchstehen müssen. Noch vor sieben Monaten hätte ich Corona als Single erlebt. Wäre sicherlich eine ganz andere Erfahrung. Natürlich ist man ohne Partner nicht automatisch einsam, aber morgens endlich mal wieder an der Seite eines geliebten Menschen aufzuwachen, ist schon tröstlich. »Berührungsmaterial« – wie du es genannt hast – zu haben, weiß ich gerade sehr zu schätzen. Was das Virus mit unserer frischen Liebe machen wird? Eine spannende Frage. Wird es uns zusammenschweißen oder den Nervfaktor, der ja in jeder Liebe, selbst in der allerfrischesten, wenigstens in Spurenelementen vorhanden ist, ausweiten? So oder so: Das Virus wird eine Art von Brandbeschleuniger sein. In welche Richtung auch immer.

Ich glaube nicht, dass ein Mann, egal, wie sehr man ihn liebt und wie sehr er zurückliebt, alles, was ansonsten an Sozialkontakt da ist, kompensieren kann. Das wäre dann doch ein bisschen viel verlangt. Du kennst einen meiner Lieblingssätze: Für sein Glück ist man selbst verantwortlich. Die Zeiten, in denen wir glaubten, ein Mann könnte allein selig machend sein, sind ja vorbei. Was weniger mit Desillusionierung als mit gesundem Menschenverstand zu tun hat. Und dem Mann auch einiges an Druck nimmt. Ich wollte auch nicht für das komplette Seelenheil meines Partners haftbar gemacht werden. Allein der Gedanke hat etwas sehr Anstrengendes.

Was macht dein Leben so? Irgendwelche besonderen Vorkommnisse jenseits des Virus?

SOLIDARITÄTSWELLE
TAG 5

Constanze

Ich wusste ja eigentlich, dass das Universum immense Vorräte an Unvorhersehbarem und Außerplanmäßigem bereithält. Aber irgendwie nahm ich an, dass es mit Corona ziemlich ausgelastet sein müsste und wir uns voll auf diese Krise konzentrieren könnten. Nun hat es aber dann doch noch eine weitere – allerdings vergleichsweise kleine – Problemzone offenbart: Missy, eine unserer beiden Katzen, hatte heute Morgen einen schweren epileptischen Anfall. Du weißt, ich bin nicht eine von den Haustierfreundinnen, die ihren Lieblingen Leibchen stricken, das Fressen selbst kochen (da wäre mein Mann auch schön beleidigt, wenn die Katze bekommt, was er nicht hat) und sich dann noch einzelne Häppchen aus dem Mund klauben lassen (habe ich schon gesehen …). Aber es macht einen echt fertig, wenn ein Tier so leidet. Erst dachten wir, es könnte ein Schlaganfall sein, weil sie am Ende auf dem Boden lag und es wirkte, als könne sie ihre Beine nicht mehr bewegen. Aber dann hatte sie sich doch bald erholt. War klar, dass wir mit ihr zu unserer Tierärztin mussten, und zum Glück hatte die tatsächlich ganz normal geöffnet. Also fast ganz normal.

Als wir hinkamen, stand schon eine elend lange Reihe von Haustierbesitzern mit ihren Lieblingen Schlange. Selbstverständlich mit Abstand. Es wurden nämlich jeweils nur zwei »Patienten« gleichzeitig in das Gebäude gelassen. Als wir kamen, war es noch schön sonnig –, aber dann wurde es zügig wahnsinnig kalt. Unter den Wartenden war auch eine Seniorin mit ihrer Katze und bei ihr eine junge Frau. Die trug ihr den schweren Transportkorb der Katze und wartete nun wie wir immerhin fast drei Stunden, um die ältere Frau und das Tier auch wieder nach Hause begleiten zu können. Offenbar ein Freundschaftsdienst für eine betagte Nachbarin. Da wurde es einem schon ein paar Grad wärmer ums Herz.

Wir haben ja nicht nur eine Pandemie, sondern auch eine offenbar hochinfektiöse Solidaritätswelle. Die hat vor ein paar Tagen hier im Stadtteil mit zwanzig Freunden angefangen, die sich bei dem Messengerdienst »Telegram« zusammenfanden, um sich in der Krise zu unterstützen oder auch nur auszutauschen. Schon am nächsten Morgen waren es zweihundert Menschen in der Gruppe, die ihre Hilfe anboten, und am Mittag achthundert. Das Netzwerk heißt »Solidarisch trotz Corona« und hat sich nun innerhalb kürzester Zeit zu einer stadtumspannenden Nachbarschaftshilfe mit mehreren Tausend Aktiven ausgewachsen. Hier können Ältere, die besser nicht mehr in den Supermarkt gehen sollten, ihre Einkaufslisten durchgeben, es werden Medikamente abgeholt, Kinder beaufsichtigt. »Gives« gibt es aber auch: bei den Tafeln aushelfen, weil dort die Ehrenamtlichen zu den Hochrisikogruppen gehören, oder das Anzeigen der wichtigsten Corona-Infos, übersetzt in so ziemlich alle Sprachen, die man in Frankfurt hören kann. Die »Gives« bedienen »Needs«, die Menschen angemeldet haben, die vielleicht zu den Risikogruppen zählen, selbst erkrankt sind oder nicht sicher, ob sie das Virus haben, und die vorsichtshalber in Quarantäne bleiben. Zu jenen, die Bedarf vielleicht nicht anmelden, aber über die man sich trotzdem Gedanken macht, zählen auch Obdachlose, die nun gar keine Zuwendungen mehr bekommen, weil niemand mehr auf der Straße ist, der mal einen Euro übrig hätte. Erstaunlich, wie viel Nähe man plötzlich und tatsächlich durch Abstand schafft.

Missy hat übrigens wirklich Epilepsie. Wir müssen ihr nun – vermutlich lebenslang – jeden Morgen und jeden Abend irgendwie eine Tablette verabreichen. »Auch das noch!«, fiel mir als Erstes ein. Aber ich bin auch irgendwie beschwingt. Dass gerade jetzt und gerade in Frankfurt, wo so viel Durchlauf ist, wo kaum jemand lange genug bleibt, um Wurzeln zu schagen, die Menschen anfangen, sich füreinander zu interessieren, ist schon wunderbar.

Missy ist übrigens nicht allein. Sie folgt auf Instagram jetzt ihren Leidensgenossinnen auf #catswithepilepsy. Seitdem wirkt sie irgendwie ein wenig getröstet. Kann natürlich auch an dem Hanföl liegen, das uns die Tierärztin für sie mitgegeben hat.

Susanne

Zunächst mal gute Besserung für die süße Missy. Ich weiß, wie man mitleidet, wenn ein Tier, das man gerne hat, krank ist. Und ich weiß, wie hilflos man sich schnell fühlt. Davon mal abgesehen: Ich wäre auch in der Stimmung für ein bisschen Hanföl. Vielleicht kann Missy mir ja ein wenig abgeben, wenn es ihr besser geht. Vielleicht sollte man was zur Stimmungsaufhellung ins Trinkwasser mischen. Als staatliche Sonderleistung während Corona. Damit wir alle bei Laune bleiben. Obwohl: Es ist ein Jammern auf sehr hohem Niveau. Ja, ich habe weniger zu tun. Und dadurch wird weniger Geld auf mein Konto fließen. Meine Einkünfte in den nächsten Monaten sind, so sieht es jedenfalls momentan aus, überschaubar. Und das ist schon fast Hochstapelei. Ich schau schon gar nicht mehr aufs Konto. Trotzdem bin ich im Augenblick sehr glücklich und – ich weiß, das darf man eigentlich nicht sagen – ich genieße diese erzwungene Auszeit. Diese unerwartete Zeit der Ruhe. Der Liebste, sein Sohn und ich haben es schön. (Ob der Sohn das so sehen würde, wäre allerdings eine interessante Frage …) Trotz allem hat das einen ganz besonderen Zauber. Wir üben Nähe. Schon mangels Alternativen. Zwischenzeitlich versuche ich vermehrt, das Virus einfach mal auszublenden. Wie ist deine Stimmung?

VOLLIMPRÄGNIERT GEGEN JAMMERN
TAG 6

Constanze

Ehrlich: geht so. Nicht, weil ich wirklich nur eine gaaaaanz winzige Kleinigkeit neidisch darauf bin, wie wunderbar verliebt du bist und wegen des Zaubers des Anfangs, der bei meinem Mann und mir so weit zurückliegt, dass damals vermutlich noch Dinosaurier im Vorgarten grasten.

Es ist so, nach nur einer Woche Ausnahmezustand habe ich bereits das Gefühl: Dieses Leben hatte ich nicht bestellt! Ich will das Leben zurück, in dem man nicht dauernd überlegen musste, was fasse ich an, wen fasse ich an. In dem das Schlimmste, das einem beim Einkaufen passieren konnte, war, dass einem die Milchtüte runterfiel oder das leckere Eis aus war, das wir sonst immer kaufen. Jetzt lauert anscheinend schon am Griff des Einkaufswagens der Tod. Kurz: habe mir mal eine halbe Stunde billigstes Selbstmitleid gegönnt. Sozusagen die Discounter-Version, und mich dann aber am Riemen gerissen. Wirklich. Ich weiß ja, dass ich mich auf allerhöchstem Niveau anstelle, und das mit niedrigster Frustrationstoleranz. Früher hätte eine sauertöpfische Tante vielleicht gesagt: »Ist ja nix mehr gewöhnt!!, die Jugend ...«, und irgendwas von bitterster Armut, Flucht und »Wir hatten nicht mal jeder ein Bett für sich«, gemurmelt.

Gibt da diesen herrlichen Sketch von Monty Python: wie die mittlerweile auch schon ziemlich betagten Herren gemütlich zusammensitzen und sich gegenseitig überbieten mit Wir-hatten-ja-nichts-Geschichten à la: »Du Glücklicher, hast wenigstens in einer Wellblechhütte gelebt, wir mussten in einem Pappkarton hausen, und das einzig fließende Wasser lief im Straßengraben an uns vorbei!« Aber wer weiß, was wir kommenden Generationen erzählen: Hach! Ihr habt es gut. Ihr habt sie nie kennengelernt, die Pandemie. Ihr wisst gar nicht, wie es ist, wenn man sich nicht mal mehr die Hand geben darf oder sich umarmen oder wenn alle Restaurants, Musikklubs, Geschäfte, Schulen, Kindergärten geschlossen sind. Wenn man praktisch nirgendwohin mehr fliegen kann. Vielleicht sagen die dann aber: »Ihr habt noch sattes Grün erlebt, Sommerregen, endlose Wälder und prachtvolle Blumenwiesen. Es gab noch Bienen und ungefähr viermal so viele Arten, wie wir sie heute haben. Danke auch für die Klimaerwärmung!« Von Monty Python stammt ja auch der schönste aller Durchhalte-Songs »Always look on the bright side of life« aus dem Film »Das Leben des Brian«, gesungen von Jesus, der das vom Kreuz aus intoniert. Also schaue ich mal auf »the bright side« und sage: Ohne Corona hätte ich gar nicht gewusst, wie gelenkig ich noch bin. Ich kann den Knopf am Aufzug mit meinen Knien bedienen und bekomme mein rechtes Bein immerhin noch hoch genug, um den Türgriff herunterzudrücken. Vielleicht wird das ja als Corona-Yoga in die Geschichte eingehen. Irgendeinen Ersatz brauchen wir schließlich für all die Körperertüchtigung, die jetzt ausfällt: keine Fitnesscenter, keine Hallenbäder, keine Saunen. Oje, da ist es wieder, das Selbstmitleid. Kommt gerade ständig ungefragt rein. Hat sogar ein paar Umzugskisten dabei. Will sich wohl heimisch einrichten. Hat es sich bei dir auch schon breitgemacht? Aber was frage ich: Du bist ja noch fast frisch verliebt – da ist man doch gewöhnlich gegen jedwedes Jammern vollimprägniert. Oder täusche ich mich da?

Susanne

Ganz ohne Jammern geht es bei mir auch nicht, das muss ich zugeben. Aber mir gefällt dein Gedanke, mal das Positive im Negativen zu suchen. Den Blick auf die »bright side«. Alles ist so herrlich ruhig da draußen. Ein Zustand, den ich vom Leben auf dem Land ja kenne. Die Straßen sind leer. Wenn man irgendwo hinmuss, ist man in einem Bruchteil der sonstigen Zeit da. In der Theorie. In der Praxis muss ich ja nirgendwo hin. Die große Entschleunigung macht sich breit. Ein Wort, das mir eigentlich immer ein wenig schlechte Laune bereitet. So wie Achtsamkeit. Wir sollen irre viel erledigen und gleichzeitig bitte entschleunigen und irre achtsam sein. Wie soll das denn in der Kombi gehen? Immerhin steigt unser Anspruchsprofil stetig.

Habe heute mit meiner Nichte gesprochen, die gerade mitten im Abitur steckt. Sie ist froh, dass sie es schreiben kann – in anderen Bundesländern wird ja verschoben, was das Zeug hält –, aber sie ahnt schon, dass es wahrscheinlich feiertechnisch mau aussehen wird. Auch Auslandsjahre fallen flach. Reisen nach dem Abitur? Welt angucken? Planbar ist irgendwie nichts. Ganz schön doof. Corona streckt seine Viruskrakenarme wirklich nach überall und allen aus … Natürlich gibt es Schlimmeres als Jugendliche, die nach dem Abi keine Sause machen können, aber ihren Frust kann ich schon nachvollziehen. Immerhin ist das Abitur ja ein verdammt großer Schritt in Richtung Erwachsenwerden. Ein Schritt, den man natürlich gerne ausgiebig feiert. Es sieht so aus, als würde es damit in diesem Jahr nichts. Kein Work and Travel, kein Au-pair-Jahr – »Stay home« heißt die Devise. Und das für Abiturienten, die vor allem eins wollen: raus.

Schon bitter.

DIE DUNKLE SEITE
TAG 7

Constanze

Sehr, sehr bitter! Ich habe zwar ein mieses Abitur, hatte aber in dem Jahr meines Abschlusses eine legendär gute Zeit: Ich bin von zu Hause ausgezogen in eine Frauen-Wohngemeinschaft, habe viel gejobbt, um viel reisen zu können, und habe unter anderem sechs herrliche Wochen auf den Kykladen verbracht. Ich wäre unfassbar frustriert, wenn ich jetzt achtzehn wäre und all die herrlichen Möglichkeiten in meinem alten Kinderzimmer vertrödeln müsste. Das – finde ich – ist schon ein ziemlich großes Opfer, das Corona den Abiturienten abverlangt. Und, ja, irgendwie auch ein Akt der Solidarität. Einer leicht erzwungenen Solidarität, klar – aber immerhin. Ich glaube sowieso sehr gern an das grundsätzlich Gute im Menschen und daran, dass Notsituationen uns alle enger zusammenschweißen. Und klar, es gibt genügend Belege derzeit, dass das zumindest in Teilen stimmt, und einige durfte ich ja selbst erleben.

Aber es gibt auch die dunkle Seite der Pandemie. Habe gerade mit einer Freundin telefoniert, die in einer Arztpraxis arbeitet. Als hätte man dort nicht genug um die Ohren – etwa mit komplizierten Vorrichtungen, die dafür sorgen, dass Patienten nicht zusammenkommen – Abstand halten – separiert werden können – mit ständiger Desinfektion von ALLEM –, hat natürlich auch und gerade jetzt die Egomanie ihren großen Auftritt. Wo man sich beim Metzger und beim Gemüsehändler nicht mehr vordrängeln kann, weil der Zugang schon draußen reguliert wird – und man zwar noch Frauenparkplätze im Parkhaus blockieren könnte, aber das ja witzlos wäre, weil sonst eh alle frei sind –, toben sich Vorteilsheischer nun offenbar beim Arzt aus.

Eine Patientin jedenfalls hatte behauptet, typische Symptome eines Herzinfarktes zu haben. Sie wurde gleich an allen anderen vorbei ins Untersuchungszimmer gebracht, um dann zu sagen: »Äh ... Ich will mich nur mal auf Corona testen lassen.« Und als man ihr sagte, dass das so ohne Weiteres nicht ginge, meinte sie, dann gedenke sie, einfach so lange da sitzen zu bleiben, bis das erledigt sei. Andere hätten sich, trotz dringender Warnung – besser daheimzubleiben und anzurufen, um das Notwendige zu besprechen – und mit einschlägigen Symptomen und nach einer Rückkehr aus einem der Risikogebiete einfach unter die Wartenden gemischt. Ich höre schon die Argumente dieser Corona-Idioten: Dass halt jeder sehen müsse, wo er bleibt, und dass ihnen das Leben ja auch nix geschenkt hat (und sie sich deshalb alles selbst erschleichen mussten).

Auf eine gewisse Weise gilt Rücksichtslosigkeit fast schon als cool. Donald Trump ist mit diesem »Me first!« immerhin Präsident der USA geworden. Hier sind wir noch nicht ganz so weit. Man ärgert sich – also ich ärgere mich. Man sagt mal was (unvergessen: wie du mal einen Frauenparkplatzblockierer gefragt hast, ob er hier auf seine Geschlechtsumwandlung warte), und dann hofft man, dass sich irgendein Schicksal mit einem ausgeprägten Sinn für Fairness schon drum kümmern wird. Dass es einen zum Beispiel sicher nicht sehr glücklich macht, so ein asozialer Idiot zu sein. Oder dass gelegentlich wenigstens mal 'ne Taube auf diese hohlen Schädel kackt.

Aber nun, wo ja praktisch die ganze Bekämpfung der Pandemie im Prinzip darauf beruht, dass wir verantwortungsvoll und fürsorglich auch und gerade mit Menschen umgehen, die wir gar nicht kennen, finde ich so einen Corona-Krise-Darwinismus aber so was von gar nicht okay. Oder bin ich da zu streng? Muss man sich mit einem gewissen Teil an egomaner Verantwortungslosigkeit einfach abfinden und bloß darauf achten, dass er nicht größer wird? Aber wie? Anspucken? Ohrfeigen? Hast du eine Idee?

Susanne

Anspucken halte ich in Corona-Zeiten für schwierig. Bitte tu es nicht! Nachher spuckt der egomane Idiot zurück, und man fängt sich das fiese Virus ein. Ohrfeigen ist, finde ich, an sich ein sehr guter Vorschlag. Oder wir rufen meinen Sohn im Fall der Fälle, der ist austrainierter Kampfsportler und würde für Mutti und ihre beste Freundin mit Sicherheit einiges erledigen. Bis er aber aus Berlin da wäre, müssten wir den Aggressor allerdings festhalten. Schon deshalb und überhaupt finde ich, wir sollten noch mal verschärft über regelmäßiges Kampfsporttraining nachdenken. Du erinnerst dich an unser Selbstverteidigungswochenende? Schon die zwei Tage haben mir eine Menge an Sicherheit gegeben. Zu wissen, dass ein paar gezielte Schläge einem einen gewissen Handlungsspielraum eröffnen können (und wenn es der Moment ist, in dem man wegrennen kann), ist schon beruhigend.

Ich neige normalerweise nicht zur Gewalt (ab und an mal mental), aber dieses »Ich, Ich, Ich« geht mir unglaublich auf den Keks. Man will die Leute packen und durchschütteln und dabei schreien: Du bist nicht der Nabel der Welt. Nicht die Sonne, um die alles kreist. (Das mit dem Nabel der Welt haben meine Eltern früher häufig zu mir gesagt.) Ab und zu ist es vielleicht wirklich nötig, mal über den eigenen kleinen Tellerrand zu gucken. Und mal ehrlich: Wir haben es doch trotz allem noch ganz schön gut. »Bright side of life« eben. Ich lerne von dir.

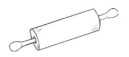

NEUES VON DER STUBENHOCKER-NATION
TAG 8

Constanze

Seit einer Woche sind wir vor allem daheim, und schon fängt das große Greinen an: dass man kaum noch rauskommt. Klar, wer beengt lebt, dem fehlen die Möglichkeiten, sich aus dem Weg und also wenigstens zur Arbeit zu gehen, und das ist schon sehr schmerzhaft. Und wie das funktionieren soll, daheim – mit zwei Kindern – nun auch noch ein Homeoffice zu installieren, in dem man konzentriert arbeitet? Keine Ahnung.

Aber interessant ist, dass wir eigentlich ohnehin immer weniger draußen sind. Schon vor Corona haben wir uns zu einer Stubenhocker-Nation entwickelt. Zu einer Generation »Indoor«. Laut einer Studie verbringen wir nämlich ganze 90 Prozent unserer Zeit in geschlossenen Räumen. Klaglos. Und offenbar in der Illusion, damit schon ausreichend draußen gewesen zu sein, wenn wir von der Wohnung mit dem Aufzug in die Tiefgarage fahren, mit dem Auto in die Firma und von dort abends ins Fitnessstudio, um uns dann später noch was vom Lieferservice bringen zu lassen. Ja, klar, es ist schon ein Unterschied, ob man wenigstens noch ein paar Kollegen und/oder Mitsportler trifft oder den ganzen Tag mit der Familie zusammenhockt. Andererseits fangen wir, glaube ich, gerade an, einer Frischluftzufuhr nachzutrauern, die wir sowieso längst nicht mehr haben und die wir vor allem als Idee genießen. Etwa beim Durchblättern von Magazinen wie »Landlust«.

Kennst du den Begriff »Greenwashing«? Wenn Hersteller ihren Produkten ein »grünes« Image verleihen, ohne dass sie bei der

Herstellung, den Zutaten und der Verpackung auch nur einen Deut auf die Umwelt Rücksicht nehmen? Vielleicht tun wir das gerade auch mit unseren Erinnerungen an den Vor-Corona-Alltag: Wir machen ihn uns viel grüner, als er war.

Also ich kann mich jedenfalls kaum erinnern, wann ich das letzte Mal auf einer Blumenwiese lag – schon wegen der Zeckenplagen allüberall. Oder wann ich eine wirklich große Wanderung gemacht habe. Allermeistens drehe ich mit meinem Mann hier im Park um die Ecke eine kleine Spazierrunde, schon weil er – wie erfahrungsgemäß die meisten Männer – Gehen um des Gehens willen als eine enorm nutzlose Betätigung empfindet (… was er mir aber am Anfang unserer Beziehung tunlichst verschwiegen hat, da lief er nämlich mit Begeisterung stundenlang mit mir durch die Stadt. War vermutlich eine Art Werbemaßnahme, und man muss sagen: Die hat echt gut gewirkt).

Vielleicht haben wir auch gerade deshalb so eine Sehnsucht nach dem »Draußen«, weil wir besser drinnen bleiben sollten. Wie man immer das haben will, was man nicht haben darf!

Vor Corona hatte ich im Fernsehen eine Dokumentation über einen Mann gesehen, der seit Jahren nichts anderes tut, als New York zu durchwandern. Gut, die Stadt gibt sehr viel mehr her als Frankfurt. Aber ich finde die Idee schön – schließlich mache ich hier auch die Erfahrung, wie viel sich innerhalb von wenigen Monaten in den einzelnen Stadtteilen ändert. Es gäbe also wirklich immer mal etwas zu sehen. Wäre ein lohnendes Projekt – und eine echte Bereicherung – nicht nur des Corona-Alltags: mehr gehen, mehr schauen, mehr Nahumfelderkundungen.

Susanne

Mehr gehen und mehr schauen, welch vortrefflicher Vorschlag. Auch ich gehe sehr viel mehr. Schon aus Neugier und um mir – ähnlich wie der Mann aus New York, nur in sehr viel bescheidenerem Rahmen – meine neue Umgebung zu erschließen. Hier in einem klassischen Speckgürtelvorort von Frankfurt stehen fantastische Häuser. Villen, bei denen man heftige Schübe von Sozialneid unterdrücken muss. Jugendstilanwesen mit parkähnlichen Grundstücken. Einfach nur schön.

Oft ist das Teure ja nicht unbedingt das Schönere, in diesem Fall allerdings ist teuer zum Großteil auch wunderschön. Ich schaue mir die Häuser an und überlege, wer da wohl lebt und wie diese Menschen dem Virus begegnen. Klar lebt es sich in diesen Zeiten mit großzügig bemessenem Wohnraum sicherlich sehr viel angenehmer. Aber gelitten wird auch auf Seidenbettwäsche. Nicht alles ist so glamourös, wie es auf den ersten Blick aussieht. Letztlich müssen auch die Bewohner dieser Häuser jetzt zeigen, dass sie miteinander auskommen. Aber im Zweifel haben sie ein Zimmer für sich und können die Tür hinter sich zumachen. Es gibt doch dieses bekannte Zitat: »Geld allein macht nicht glücklich, aber es ist besser, in einem Taxi zu weinen als in der Straßenbahn.« Angeblich hat das Marcel Reich-Ranicki gesagt. Ich denke, so ähnlich verhält es sich mit Corona in der Supervilla.

Ach, und damit wir uns nicht missverstehen: Hier in meinem neuen aktuellen Lebensraum gibt es auf der einen Seite der Hauptstraße diese Megahäuser, und auf der anderen stehen eher die bescheideneren Reihenhäuschen. Butter- und Margarineseite heißt das hier im Volksmund. Der Liebste und damit auch ich leben auf der Margarineseite. Also nichts mit Jugendstilvilla und so …

Ich bin auch überrascht, wie heftig Menschen sich darüber beklagen, nicht mehr so viel rauszudürfen, oft genug Leute, die man sonst nur unter Androhung von Folter aus dem Haus bekommt. Selbst der Jugendliche hier im Haus, im Normalleben rund um die Uhr verbunden mit seiner Playstation, nölt und will raus. Zerrt an der Virus-Leine. Ja, man will immer, was man nicht haben kann.

Die Bewohner der herrlichen Villen haben sicherlich auch Sehnsüchte. Begehrlichkeiten, die man eben nicht mit Geld kaufen kann. Das tröstet, jedenfalls im Ansatz, über jeden Sozialneid hinweg. Trotzdem: sicherlich leichter, Corona hier zu ertragen, als zu viert in der Dreizimmerwohnung ohne Balkon.

KLOROLLEN UND CORONA-HUMOR
TAG 9

Constanze

Unfasslich, wie leer die Supermarktregale in den Kategorien »Desinfektionsmittel«, »Toilettenpapier«, »Mehl«, »Nudeln«, »Hefe« sind. Zum ersten Mal bin ich froh, dass mein Mann so zur Vorratshaltung neigt – und leiste ihm im Stillen Abbitte, mich gelegentlich schon mal über seine Toilettenpapier-Verarmungsängste lustig gemacht zu haben. Aber so konnte ich dir einen ganzen Zehnerpack abgeben. Und bei der Gelegenheit haben wir uns – natürlich mit sehr viel Abstand – ENDLICH mal wieder live und in Farbe kurz bei mir zu Hause gesehen. Als ich dich zu deinem Auto begleitet habe (jede Minute »echter« Kontakt zählt), fühlte es sich ein wenig so an, als wäre man mit einer Rolex in den Favelas von Rio unterwegs. Wobei man die Rolex noch verbergen könnte – bei zehn Rollen Klopapier wird das schon schwierig. Man könnte fürchten, dass Diebe sich bereits Notizen machen, »unbedingt bei Frau Fröhlich UND bei Frau Kleis einbrechen«, würde diese Branche nicht gerade auch total brachliegen. Ich meine, jetzt, wo alle daheim sind.

Dafür haben die Vorsorglichen jetzt Aufwind. Die Prepper, die so heißen, weil sie allzeit »prepared« sind und also auf jede Katastrophe vorbereitet. Teilweise sogar mit Privatbunkern, auf jeden Fall aber mit Vorräten, die man überlebenspaketweise ordern kann. Ich habe mal im Internet geschaut, da kann man etwa ein »Notnahrung Monatspaket Classic« vegetarisch für 259 Euro kaufen. Es enthält unter anderem Vollmilchpulver, rote Linsen, schwarze Bohnen, Kichererbsen, Dinkelflocken, Zucker, Weizenmehl, Risottoreis, Volleipulver aus Freilandhaltung und »Braune Soße«. Ich wüsste gar nicht, wo ich Vorräte für mehrere Monate lagern sollte. Und mich würde es außerdem nicht beruhigen, stets auf das Schlimmste vorbereitet zu sein –, weil das Schlimmste ja dann dauernd im Kopf wäre. Was wäre außerdem, wenn wir hier ausreichend Essen hätten, aber unsere Nachbarn nicht? Müssten dann nicht auch noch Waffen zum Überlebenspaket gehören, damit wir uns vor Plünderungen schützen könnten? Vermutlich haben Prepper das auch. So heimlich. Ach, das will ich gar nicht zu Ende denken. Und wer möchte in einer Welt voller Hysteriker leben –, weil deren Überleben ja schon mal gesichert ist, während der Fortbestand der Sorglosen daran scheitert, dass sie nicht beizeiten Klopapier und Weizenmehl horten mochten.

Auch auf solche Gedanken bringt mich Corona. Und ich glaube, dass sich gerade ein paar Prioritäten ändern. Plötzlich sind ganz banale Dinge kostbar. Einfach ausreichend Platz zu haben, zum Beispiel. Oder mich eben im Supermarkt nicht zum Horst machen zu müssen, weil ich erstens ausreichend Toilettenpapier habe und es mir zweitens ohnedies nicht im Traum einfallen würde, es anderen wegzukaufen, und zwar in einem Umfang, mit dem man halb Frankfurt versorgen könnte. Völlig sinnfrei. Aber genau das tun im Moment ja einige, sieht man sich die Fotos derzeit an, die stark ausgeprägte Hamstertriebe dokumentieren. Dazu kursieren längst schon Corona-Scherze wie dieser: »Wir werden alle sterben, aber nicht an Corona, sondern weil die ganzen Idioten die Läden leer kaufen. WIR WERDEN VERHUNGERN!« Oder dieser: »In Frankreich werden Kondome und Rotwein knapp. In Deutschland Nudeln und Klopapier. Ich glaube, ich möchte umziehen.« Täglich mehrmals bekomme ich so etwas über WhatsApp von Freundinnen. Mein aktueller Favorit: »1 Woche Quarantäne. Oder wie aus ›Während der Woche kein Alkohol vor 18 Uhr‹ innerhalb von 7 Tagen ›Rotwein im Müsli schmeckt gar nicht so schlecht‹ wurde.« Also ich fand das lustig.

Ich habe mich aber auch gleich gefragt: Darf man an, über und während Corona Witze machen? Was meinst du? Und wenn ja: Welches ist dein Corona-Lieblings-Witz?

Susanne

Zunächst mal: Danke für das Zehnerpack Klopapier. Was für ein Geschenk! Stell dir das mal in normalen Zeiten vor! Habe mich selten so begehrt gefühlt in den letzten fünfzehn Jahren wie mit dem Zehnerpack unterm Arm. Was mir für Blicke zugeworfen wurden! Als trüge ich eine enorm wertvolle Mitgift in den Händen. Schon verrückt. Klopapier! Ich habe die Hamster-Mentalität in normalen Zeiten auch immer grotesk gefunden, merke aber gerade, wie ich auch anfange zu bunkern. Wenn ich denn könnte. Überall, wo ich einkaufe, frage ich nach dem begehrten Weiß. Mein Ex – sonst sehr auf Nachhaltigkeit programmiert – liebt sechslagiges Toilettenpapier. Ich hingegen kaufe gerne das Ökopapier. (Nein, das war nicht der Grund für unsere Trennung!) Inzwischen nehme ich, was ich kriegen kann. Hauptsache, Klopapier. Da sieht man, wie Corona unsere Ansprüche normalisieren kann. Sechslagiges Klopapier! Ha.

Und klar darf man Witze machen. Obwohl man um das Elend weiß. Humor schadet bekanntlich nie. Mal zu lachen heißt ja nicht gleich, dass man ein unsensibler Mensch ist. Auch ich werde per Whatsapp mit Scherzen zur Lage überschüttet. Man merkt, dass die Menschen mehr Zeit für Social Media haben. Ich kann kaum all die Videos gucken, die den ganzen Tag lang auf meinem Handy ankommen. Hat irgendwie was von ungewollter Werbung im Briefkasten. Auf den Nerv gehen mir besonders die mit irgendwelchen Schuldzuweisungen. Nach dem Motto: »Das Universum rächt sich an uns« oder: »Die blöden Chinesen sind schuld.« Ich denke, so wie das Universum uns leider keinen Parkplatz freihält, egal, wie sehr man ihn sich wünscht, genauso wenig will es jetzt Rache üben.

Hier die Witze, über die ich zumindest mal geschmunzelt habe:
»Die Berliner haben in China angefragt, ob die Arbeiter, die das Krankenhaus in Wuhan gebaut haben, nicht auch den Berliner Flughafen fertigstellen könnten. China hat abgesagt. Nur für einen Tag schicken sie die Leute nicht los.«

»An die Kinder, die letztes Halloween mein Haus mit Klopapier beworfen haben: Na, wer lacht jetzt?«

»Früher habe ich gehustet, um meinen Furz zu übertönen, heute furze ich, um meinen Husten zu übertönen.«

»Alle Gamer schützen sich schon ein Leben lang gegen Corona: Nicht rausgehen, kein sozialer Kontakt, Profits statt Hände geben, öffentliche Einrichtungen meiden.«

»Der Corona-Virus hält nicht lange: Made in China.«

TRÄUMEN DARF MAN JA NOCH
TAG 10

Constanze

Ich bin jetzt seit zehn Tagen jeden Abend daheim. Das ist schon ein Rekord. Ich muss noch unter achtzehn gewesen sein, als so was das letzte Mal passiert ist, weil ich in der Pubertät quasi dauernd Hausarrest hatte. Noch bevor ich überhaupt zu spät nach Hause kommen konnte. Ich habe nämlich vorher immer schon so erbitterte Diskussionen über die optimale Zeit, eine Party zu verlassen, geführt, dass mein Vater mir dann jeden Ausgang verboten hat. Jetzt, wo ich drüber nachdenke, fallen mir noch zwei weitere Zeiten ein: Ich hatte mal eine größere Gesichtsoperation, mit der ich auch und sogar länger nicht mehr die Wohnung verlassen habe. Einfach, um nicht sozial auffällig zu werden. Ich sah nämlich aus wie einer dieser Mainzer Schwellköpfe, bloß dass nicht Fastnacht war, sondern Sommer. Einmal klingelte ein Handwerker an der Tür, der mich dann fragte, ob meine »Mami oder dein Vati« daheim sind – als wäre ich damals vier gewesen und nicht dreißig. So sonderbar muss ich ausgesehen haben. Und dann hatte ich mal die Einwirkzeit von »summer blonde« eigenmächtig deutlich überzogen, und mein Haar war am Ende so schlohweiß, dass ich sie mir erst raspelkurz schnitt und dann auch 'ne ganze Weile daheimblieb. So bis das Gröbste rausgewachsen war. Heute würde ich auch damit in die nächste Kneipe gehen. Wäre mir egal. Ich habe echt Sehnsucht nach einem Tresen, nach Leuten, nach dir, nach unseren Freundinnen, nach Menschen insgesamt. Danach, mit anderen zusammen zu sein, ohne fürchten zu müssen, dass wir hier gerade bei der Eröffnung eines Corona-Hotspots beteiligt sind. Schon Wahnsinn, wie noch die kleinste Selbstverständlichkeit plötzlich zu einer absoluten Ausnahme wird, zu einer Hochrisikozone, und was für ein Luxus es war, sich über all das keine Gedanken machen zu brauchen.

Dass wir abends nun immer daheim sein sollen, bedeutet nicht, dass wir nichts zu tun hätten. Im Gegenteil. Ich jedenfalls werde über die sozialen Medien dauernd aufgefordert, auf unseren Balkon zu treten und wahlweise für die »Helden des Alltags« zu singen oder zu klatschen und so meine Solidarität mit jenen Menschen auszudrücken, die an vorderster Corona-Front alles geben – sogar ihr Leben. Ich habe dann heute mal zu vorgegebener Applaus-Zeit tatsächlich auf dem Balkon gestanden. Es ist einer von sehr vielen Balkonen in der Gegend, wie du weißt. Aber außer mir war sonst niemand draußen. Jedenfalls nicht zum Klatschen. Gegenüber hatte es sich jemand mit einer Tasse Kaffee bequem gemacht. Auf einem anderen Balkon wurde geraucht. Was in Italien offenbar so wunderbar funktioniert hatte, wurde hier komplett ignoriert. Aber vielleicht auch das mit Absicht?

Ist ja schön, wenn wir diese so »systemrelevante« Arbeit anerkennen. Doch erfahrungsgemäß fühlt man sich nach so einer großen Geste schon ziemlich erschöpft und denkt, das mit der Solidarität sei somit zu den Akten gelegt. Wir sollten es besser wissen. Als Frau hat man ja ausreichend Gelegenheit, entsprechende Erfahrungen zu sammeln. Mit Männern, deren »Beziehungsarbeit« vor allem in Liebesbekundungen besteht, von denen sie selbst und wir so ergriffen sind, dass wir gar nicht merken, wie wir auf geschätzt 98 Prozent der Hausarbeit sitzen bleiben. Hauptsache, er hat es mal gesagt: »Ich liebe dich!« Oder kennst du das nicht? Vielleicht hattest du ja bislang das große Glück, stets mit Kerlen zu tun zu haben, die in Theorie und Praxis gleich stark engagiert sind?

Susanne

Hahaha. Guter Scherz. Besser als die Corona-Witze auf jeden Fall.

Ich glaube nicht, dass du weltweit eine Frau finden würdest, die das Problem nicht kennt. Natürlich in ziemlichen Abstufungen. Ein bisschen Gesäusel, und wir sind beseelt. Salmon säuchen eben. (Außer dir wird das keiner verstehen, aber ich erinnere mich gerne an den sehr langen Abend voller Beziehungsgespräche und unsere enorm weinselige Fehlinterpretation von »Süßholz raspeln«.)

Die Klatscherei ist ja eine nette Geste, aber mehr halt dann doch nicht. Ich weiß nicht, ob ich mir als Alten- oder Krankenpflegerin nicht sogar irgendwie verarscht vorkommen würde. Seit Jahren wird darüber geredet, dass diese Arbeit einfach besser bezahlt werden muss – anerkannt ist sie ja schon immer. Theoretisch jedenfalls. Alle beteuern, wie gut und wichtig die Pflegearbeit ist. Immer mit ordentlich Pathos in der Stimme. Was wir aber gerne nicht sehen wollen: Anerkennung in unserer Arbeitswelt wird in Euro ausgedrückt. Das mag man profan und oberflächlich finden, man kann sagen: »Darauf kommt es doch nicht an«, aber letztlich ist Geld die Währung der Anerkennung.

Auch hier sind wir Frauen nicht wirklich geschickt. Wir lassen uns auch in diesem Bereich ganz schön einwickeln. Und weil Herr Maier uns so lieb sagt, wie toll wir in unserem Job sind und dass die Firma ohne uns gar nicht funktionieren würde, lassen wir uns einseifen und verzichten klaglos auf eine Gehaltserhöhung, obwohl wir wissen, dass Herr Linner in der gleichen Position gerade eine bekommen hat. Dafür sind wir ja eine tragende Säule der Firma. Ganz schön doof von uns.

Deinen Ich-will-raus-Drang kann ich nachvollziehen. Einen schönen Sauergespritzten beim Apfelweinwirt oder auch nur einen schnellen Cappuccino mit Freundinnen, das wäre schon was. Träumen darf man ja noch …

KOMMUNIKATION AUF ZIMMERLAUTSTÄRKE

TAG 11

Constanze

Natürlich ist es das Große und Ganze, das uns zeigt, wie sehr wir im Moment im Ausnahmezustand leben: die total leeren Straßen, eine fast unheimliche Ruhe, geschlossene Restaurants und Geschäfte, die schrecklichen Bilder von den Intensivstationen in Italien und Frankreich, wo so viele Menschen mit dem Tod ringen. Aber es sind auch kleine Dinge – dass ich nicht wie sonst, mit der Nachbarin mal zwischendurch eine Tasse Kaffee trinken kann –, die mich ständig daran erinnern, wie anders gerade alles ist. Corona gibt uns die Gelegenheit, einmal wieder durchzuzählen, aus wie vielen kleinen Rädchen so ein Alltag zusammengebaut ist, wie wunderbar alles zusammenpasst. Aber auch, wie lange man gebraucht hat, damit alles geschmeidig läuft: dass ich auf dem Weg in die Bücherei einen Abstecher in die Kleinmarkthalle mache, um einen bestimmten Käse zu kaufen und ein besonderes Brot. Dass ich mich von meinem Mann in der Kantine seiner Firma zum Essen einladen lasse und bei der Gelegenheit vielleicht noch ins Nagelstudio gehe oder bei unserer Freundin Blanka und ihrem wundervollen Laden *supermercado* vorbeischaue und sie NATÜRLICH umarme. Jetzt muss eine ganz neue Routine gefunden werden, eine, an der noch nichts wirklich rund ist. Und die ja hoffentlich auch ein Provisorium bleibt –, weil doch Corona bestimmt irgendwann einmal wieder weg ist. Das hoffe ich jedenfalls sehr. Auch weil ich nicht weiß, wie das gehen soll: eine Welt, in der wir einander besser aus dem Weg gehen. Möglichst nur mit der engsten Familie Kontakt haben.

Dabei kann ja gerade die liebe Familie jede Ausweichmöglichkeit brauchen, die sie kriegen kann. Außer an Weihnachten oder Ostern sitzen wir ja kaum noch dauerhaft zusammen. Nicht umsonst ist eine der Hauptattraktionen bei Pauschalreisen, dass jeder seins macht: die Kinder im Kinderklub, die Frau bei der Wassergymnastik und der Mann beim Radeln oder auf der Liege mit Laptop mal eben die Firmenmails checken (in Wahrheit aber eine Netflix-Serie anschauen). Bislang halten mein Mann und ich es wacker aus, dass wir nun sehr viel mehr Zeit miteinander verbringen als sonst. Obwohl da eigentlich gar nichts »auszuhalten« ist. Wir verstehen uns ja rundum ziemlich gut und haben eine ziemlich faire Haushaltsaufteilung, das schließt von vornherein ja schon mal ein paar Krisenherde aus. Allerdings besitzt er – wie du weißt – geschätzt 2500 Schallplatten – und damit ausreichend »Mikrokrisen«-Material. Ich fürchte ein wenig, dass er nun die Gelegenheit nutzt, sich mal wenigstens durch einen Teil durchzuhören und dabei zu behaupten: »Ja, das muss so laut!« Da könnte sich durchaus sogar noch mehr Krach anbahnen, als er zu produzieren in der Lage ist – mit seinen zwei Plattenspielern, dem Tonbandgerät und dazu noch den fünf Gitarren.

Und bei dir? Kannst du schon absehen, wo es Ärger geben könnte? Oder hängt der Himmel noch immer voller Geigen, die sich brav an Zimmerlautstärke halten?

Susanne

Noch hängt der Himmel tatsächlich voller Geigen. Ich bin selbst ziemlich erstaunt. Aber ich denke, wir sind noch in der Phase, wo man sich bemüht. Warum eigentlich hört man irgendwann damit auf? Kann man sich nicht dauerhaft mühen? Wäre das nicht die Lösung? Scheitern am Nichtmühen nicht die meisten Beziehungen?

Aber kann man das? Und selbst wenn: Wäre es nicht unglaublich anstrengend? Momentan ist das Bemühen leicht, wir beide wollen es dem anderen schön machen, wollen gefallen.

Bei all den Geigen: Natürlich gibt es im Alltag unterschiedliche Gewohnheiten. Ist ja auch logisch, wir sind beide erwachsen und haben einige Zeit allein verbracht. Oft sind es Kleinigkeiten. Wie räumt man die Spülmaschine ein, und schläft man mit offenem oder geschlossenem Fenster? Lieber in Baumwoll- oder Biberbettwäsche? Am Anfang einer engeren Partnerschaft, und vor allem, wenn man anfängt, gemeinsam zu leben, gibt es viele Fragen. Da werden die Weichen gestellt. Du kennst sicherlich die Geschichte von dem Ehepaar, wo er jahrelang von ihr die untere Brötchenhälfte bekam, weil sie eben dachte, die mag er ganz besonders. Nach dreißig Jahren traut er sich zu sagen, dass er die obere eigentlich lieber hat. Was sagt uns diese Brötchen-Story? Zum einen: wie rücksichtsvoll beide waren. Sie hätte lieber die untere gehabt und hat für ihn verzichtet. Er glaubte, sie mag die obere lieber, und hat jahrzehntelang klaglos die untere Hälfte gegessen. Irgendwie süß.

Wie so oft heißt das Schlüsselwort eben: Kommunikation. Man muss reden, bevor es zum Brötchen-Gau kommt. Zum Glück kann uns das nicht passieren, ich bin keine Frau, die ein halbes Brötchen isst. Und mal ehrlich: Im Moment haben wir jede Zeit der Welt, um ausgiebig zu reden. Und das tun wir auch. Ein kleiner Corona-Vorteil.

Natürlich sind da noch die Erfahrungen mit den Beziehungsvorgängern und -gängerinnen. In unserem Alter hat jeder einiges an Gepäck. Da muss man verdammt achtgeben, den Neuen oder die Neue nicht haftbar zu machen für »Vergehen« des oder der Ex. Aber das Gute: Selbst jetzt noch ist man ja – wenn auch sicherlich beschränkt – lernfähig.

Drücke die Daumen, dass du von Mikrokrisen verschont wirst. Wir haben wirklich genug mit der großen zu tun.

UNBELEHRBAR
TAG 12

Constanze

Wusstest du, dass Lorsch deutscher Pinkel-Hotspot ist? Meine Schwester hat dort an der Raststätte heute Morgen überhaupt das erste Mal erlebt, dass Männer auch aufs Frauen-Klo gehen mussten, weil ihres total überfüllt war. Sonst ist es ja umgekehrt. Aber Corona ändert eben alles und offenbar auch das. Gestern habe ich im Fernsehen noch einen Bericht gesehen, wie Brummifahrer mehr und mehr Probleme haben, an den Autobahnen noch geöffnete Toiletten, Waschräume und Restaurants oder wenigstens Imbisse zu finden. Weil alles geschlossen ist. Und natürlich denkt man – wie so oft gerade: Ja, sehr schlimm. Aber zum Glück nicht für mich. Jetzt hat immerhin meine Schwester mal einen Eindruck davon bekommen, wie man auf dem Weg an mehreren geschlossenen Raststätten vorbei die volle Blase in Schach hält. Immer bis zum nächsten Rastplatz, um festzustellen, dass da auch nur die nächste Absperrung kommt. Patricia war verzweifelt genug, auf eine dieser Parkplatz-Toiletten zu gehen, die man beim Ekel-WC-Quartett noch locker gegen zwei Dixi-Klos nach einem Wochenende auf einem Musikfestival eintauschen könnte. Aber auch die: verrammelt. Erst in Lorsch war dann das Raststätten-WC geöffnet, und zwar für lau. Es gab sogar eine kleine Essensausgabe. Man konnte Kaffee und belegte Brote kaufen.

Bin schon beeindruckt, wie viele Menschen da draußen Betriebe aufrechterhalten, die man so gar nicht auf dem Zettel hatte. Von denen ich jedenfalls dachte, sie würden so selbstverständlich laufen wie etwa Fotosynthese. Wie alles irgendwie mit allem zusammenhängt – letztlich auch unsere Versorgung mit einem erreichbaren Raststättenklo – und mit Leuten, die trotz allem noch

Stullen schmieren und Duschen betreiben. Ich dachte, vielleicht sollten wir jetzt neben dem Joggen auch noch Beckenbodentraining in Erwägung ziehen. Wer weiß, welche Belastungen speziell auf unsere Blase noch zukommen werden. Also jedenfalls auf die von Autofahrerinnen. Ansonsten leben die meisten von uns ja derzeit in ständiger Sichtweite ihrer Nasszelle. Irgendwie beruhigend. Ist also mal wieder nicht alles schlecht.

Susanne

Da draußen zwitschern die Vögel, als wäre nichts. Ich beneide sie um ihre entspannte Haltung. Nichts zu wissen, nichts zu ahnen kann mit Sicherheit sehr schön sein. Aber nicht mal das Gezwitscher beruhigt mich heute. Ich habe richtig schlecht geschlafen, und du weißt, wenn ich eins vorzüglich kann, dann schlafen. Egal, in welcher Lebenslage, schlafen gehört zu meinen durchaus übersichtlichen Kernkompetenzen.

Habe gestern Abend noch gelesen, dass im Elsass Menschen über achtzig gar nicht mehr ins Krankenhaus eingeliefert werden sollen. Egal, wie schlecht es ihnen geht. Sie intubieren sie nicht mehr, sie beatmen sie nicht mehr. Sie haben keine Kapazitäten mehr. Konsequenz: Sie lassen sie sterben. Hier in Europa, bei uns um die Ecke.

Ich weiß, ich bin erst siebenundfünfzig. Ausnahmsweise geht es auch mal nicht um mich. Ich denke an meine Eltern. Ich sorge mich. Was wäre, wenn? Bisher war ich verhalten optimistisch. Habe gedacht, das wird schon. Habe mich in einer Art trügerischer Sicherheit gewiegt. Die Bilder aus den spanischen und italienischen Krankenhäusern, die Nachrichten aus Frankreich, das Grauen ist so nah. Wie müssen sich wirklich alte Menschen fühlen? Was geht in ihnen vor?

Ich mache, kurz nach dem Aufstehen, meinen täglichen DCC.

Den Daily-Corona-Call. Meine Mutter hat Angst, sagt sie mir. »Ich verstehe dich«, antworte ich. »Bleib zu Hause. Bitte.« – »Aber ich muss doch mal einkaufen!«, antwortet sie. Ich kenne die Vorräte meiner Mutter. Meine Schwester wohnt nebenan und kann problemlos für meine Mutter und meinen Stiefvater mit einkaufen. Aber meine Mutter kann speziell sein. »Nur ich weiß, was ich will!«, betont sie hartnäckig. In Wirklichkeit geht es nicht um eine bestimmte Sorte Knäckebrot oder die Lagenzahl von Toilettenpapier. (Da darf man inzwischen eh nicht mehr wählerisch sein. Einlagig oder vierlagig – Hauptsache, Klopapier!)

Es geht ums Rauskommen. Menschen sehen. Durch die Supermarktgänge schlendern, als ob alles gut wäre. Es geht um Alltag, der fehlt. Selbst mein Stiefvater (fast fünfundachtzig) will partout mal zur Apotheke fahren. Er, ein Mann, der sonst selbst unter Androhung oder mit vollmundigen Versprechungen nur äußerst ungern vor die Haustür geht. Er lasse sich nicht von den Kindern seiner Frau bevormunden, schimpft er. Er sei alt genug, um selbst zu entscheiden, wann er vor die Tür gehe und wann nicht. Jahrelang hat meine Mutter gequengelt, gebittelt und gebettelt, dass er mit ihr öfter mal »um die Häuser zieht«. Jetzt darf er nicht, und jetzt auf einmal will er.

Was man nicht darf, ist ungeheuer attraktiv. Ich kann ihn so gut verstehen. Wie lange wird es dauern, bis wir wieder können, wie wir wollen? Wächst Begierde überproportional mit der Verknappung? Du fehlst mir.

Sehnsuchtsvolle Grüße.

BESCHAFFUNGSMANAGEMENT VS. BESSERWISSER

TAG 13

Constanze

Ha! Ich habe zwei Stück Hefe für dich ergattert. Eigentlich durfte im Biomarkt jeder nur einen Würfel mitnehmen. Aber ich hatte meine Schwester dabei. Schon kurios, wie man jetzt in das Beschaffungsmanagement gerutscht ist. Du zwackst dir ein Fläschchen Desinfektionsmittel aus deinen Beständen für mich ab. Ich bringe dir Einweghandschuhe mit, die es beim italienischen Lebensmittelgroßhandel in so erstaunlich rauen Mengen gab, dass ich mich wirklich frage, mit welchen Betätigungsfeldern die Gastronomie – die dort gewöhnlich einkauft – nun die Corona-Krise überbrückt. Der ganzen Familie Strähnchen machen? Oder gab es die Handschuhe schon immer, und ich habe sie gar nicht bemerkt. Schließlich existierten im Umgang mit Lebensmitteln schon immer die strikten Vorschriften, die Corona jetzt auf unser ganzes Leben ausgedehnt hat. Sollte ich eigentlich wissen. Immerhin hatte mein Vater eine Bäckerei. Der ist übrigens ähnlich unbelehrbar wie dein Stiefvater. War schon fast beleidigt, als meine Schwester und ich ihm gestern den Kühlschrank so gefüllt haben, dass er wenigstens zehn Tage nicht selbst einzukaufen braucht. Trotzdem findet er immer noch einen Grund, das Haus zu verlassen: Jeden Morgen geht er über die Straße, um dort in der Bäckerei seine *Süddeutsche Zeitung* zu kaufen. So ehrenhaft ich das finde – schließlich lebe ich als Journalistin von dieser Art Unverdrossenheit –, so sehr sorge ich mich natürlich. Außerdem musste ich mir deshalb schon einiges anhören. Von der Nachbarin gegenüber. Als meine Schwester und ich mit unseren Einkäufen ankamen, hat sie uns in aller Deutlichkeit erklärt, dass sie es nicht gut findet, dass unser Vater noch aus dem Haus geht. Und eigentlich auch nicht, dass wir für ihn einkaufen gehen und auch für ihn kochen. BEI IHM im Haus. Also ihrem Vater sei jedweder Kontakt zu seinen Töchtern von ihnen strikt untersagt worden. Da kenne sie kein Pardon. Allerdings, das kam in der Tirade auch heraus, lebt ihr Vater schon im Haus einer seiner Töchter. Hat also nicht nur einen großen Garten, sondern auch Gesellschaft. Tja, das sind all die neuen Fragen, die das Leben mit Corona nun stellt: Was ist schlimmer? Den Sechsundachtzigjährigen nun so lange allein zu lassen, wie es eben dauern wird mit den Beschränkungen? Obwohl meine Schwester und ich ohnehin zu Hause arbeiten – also sowieso kaum jemanden sehen? Und außerdem keinerlei Symptome haben und niemanden kennen, der in der kritischen Zeit im Skiurlaub war? Unser Vater will es sich ohnehin ums Verplatzen nicht nehmen lassen, wenigstens noch die Zeitung selbst einzukaufen (… und hier und da noch ein paar Kleinigkeiten im Supermarkt gegenüber, einfach, um rauszukommen. Ausflüge, von denen er uns lieber nichts erzählt). Und ist er nicht längst alt genug, das selbst zu verantworten? Andererseits ist ja der Witz an all den Präventionsmaßnahmen, dass Menschen, die es besser wissen als wir, nun eben auch für uns Entscheidungen treffen (müssen). Haben wir alles der Nachbarin nicht gesagt, sondern uns bloß für die Fürsorge bedankt.

Ich habe mich übrigens für schwarze Einweghandschuhe entschieden. Es hätte sie auch in Hautfarben gegeben –, aber Schwarz ist natürlich stylischer. Ehrlich, ich hätte nie gedacht, dass ich mir mal über so etwas Gedanken machen würde. Pass auf dich auf!!

Susanne

Hefe! Wie wundervoll. Welch ein kostbares Mitbringsel in diesen Zeiten. Und auch noch Frischhefe, du bist die Größte! Dass ich diesen Satz jemals sagen würde, den mit der Hefe – natürlich nicht, dass du die Größte bist, das habe ich ja schon häufiger aus vollem Herzen heraus gesagt! –, hätte ich nicht für möglich gehalten, dass ich mal in Ekstase gerate über Hefe! Wie verrückt ist das denn? Ich habe vor, Brötchen zu backen! Was für ein Ansinnen!! Und zu Ostern einen Hefezopf. Irgendwas an mir ist zurzeit wirklich merkwürdig. Hefe.

Wie kostbar etwas in dem Moment wird, in dem es nicht verfügbar ist, und wie sehr man etwas will, nur weil die Regale an der Stelle leer sind. Jahrelang hat Hefe in meinem Leben keine Rolle gespielt, und jetzt ist sie in meinem Kopf zu einem Musthave geworden.

Ich war mit einem Paar deiner schwarzen Plastikhandschuhe einkaufen. Hübscher als die durchsichtigen Modelle sind sie auf jeden Fall! Danke für deinen guten Geschmack, der sich sogar auf Gummihandschuhe erstreckt! Ein komisches Gefühl, die Handschuhe zu tragen, ich habe sehr seltsame Visionen. Alle haben irgendwie mit Mord zu tun. Wann sonst sollte man solche Handschuhe tragen? Du denkst ans Strähnchenfärben und ich an Mord. Wie ich mit den Handschuhen eine Leiche abtransportiere. Seltsam. Was sagt das über mich aus? Was macht Corona mit mir?

Eins ist mir durch dein Geschenk jedenfalls klar: werde mit Sicherheit niemals Latexfetischistin. Der Gedanke, in einem Ganzkörperlatexteil zu stecken, macht mir Beklemmungen. Dass Menschen das erotisch finden?

Die Ambivalenz der Nachbarin ist mir peinlicherweise auch nicht ganz fremd. Ich sehe andere und habe Stasi-Tendenzen. Will hingehen und sie anherrschen. Will fremden Menschen sagen, wie sie sich zu verhalten haben, Blockwartinnen-Attitüde, ekelhaft. Nur bei mir selbst bin ich großzügiger und neige dazu, mir kleine Ausnahmegenehmigungen zu erteilen. Fast so wie früher in der Schule, wenn ich mir selbst eine schöne Entschuldigung geschrieben habe: »Susanne konnte leider nicht am Unterricht teilnehmen, sie war krank.« Ich sehe vier junge Männer und denke: Ihr seid doch im Leben keine Geschwister. Ich gehe an ihnen vorbei und sage: »Habt ihr den Knall nicht gehört? Guckt ihr keine Nachrichten?« Sie lachen. Ansonsten sind sie ziemlich unbeeindruckt. »Was will die Alte?«, werden sie denken. Was erwarte ich? Dass sie sich entschuldigen und sich stante pede in alle Winde zerstreuen? Denke ich, dass mit dem Virus auch die Intelligenz wächst? Die Einsicht? Dass auf einmal alle Zeitung lesen, Nachrichten gucken und sich informieren?

Lese gerade, dass die *Tagesschau* wahnsinnige Einschaltquoten hat. In der Not scheinen die Menschen doch eher auf die Öffentlich-Rechtlichen zu vertrauen. Immerhin ein Gutes. Wenn dieselben Leute das nächste Mal wegen der Gebühren rumlamentieren, werde ich sie daran erinnern. Hoffentlich schaffe ich es, ohne »siehste« zu sagen. Muss versuchen, mein Besserwisser-Gen unter Kontrolle zu halten.

Take care. Und nütze mein Mitbringsel. Ein bisschen Desinfektionsmittel kann ja nicht schaden.

SONNTAGS DAUERSCHLEIFE
TAG 14

Constanze

Langsam stellt sich bei mir dieses »Und ewig grüßt das Murmeltier«-Gefühl ein. Mit etwas Verspätung. Wie du arbeite ich ja eh immer von zu Hause aus, deine Kinder sind groß, und ich habe erst gar keine, die man jetzt bespielen müsste. Deshalb waren die Unterschiede zum Leben vor Corona anfangs minimal. Oder sagen wir: Die größte Veränderung bestand lediglich darin, dass ich nun auch abends daheim bin. Jetzt merke ich langsam, wie auch bei mir alles, was einmal den einen Tag von dem anderen unterschieden hat, vom Tisch ist: Fitnesscenter am Montag und Mittwoch. Freitag meist Kino mit meinem Mann. Samstags Treffen mit dir und Eva im Walden, unserem Lieblings-Café. Bloß Sonntag ist noch wie Sonntag – einfach, weil ich da nach wie vor meinem Vater, meinem Mann und mir etwas koche. Allerdings ist nun auch für mich wie für dich irgendwie jeder Tag wie Sonntag, weil ich mittlerweile Tag für Tag am Herd stehe. Auch so ein neues Phänomen. Kannst du dich noch an die Rezept-Rubrik »Was koche ich morgen?« erinnern? War, glaube ich, in der *Brigitte*. Eine Frage, die ich damals lächerlich fand – weil ich natürlich dachte, dass ich später sicher mal Besseres zu tun haben werde, als sie mir zu stellen. Wie man sich irren kann.

Heute haben wir schon darüber gesprochen, was wir wohl Ostern essen werden. Überhaupt nimmt das Essen – genau wie bei dir – einen sehr großen Raum ein. Was man von meinem Können leider nicht sagen kann. Obwohl (oder auch weil) ich in der Schule noch Hauswirtschaftslehre hatte und oft bei meinen Eltern gekocht habe, bin ich nach vierzehn Tagen schon mit meinem Rezepte-Repertoire ziemlich am Ende. Ich habe jetzt öfter schon an unsere Freundin Cornelia, die Hauswirtschaftsmeisterin, gedacht, die tatsächlich eine Datenbank mit 365 Rezepten auf ihrem Computer hat. Inklusive der jeweils dafür notwendigen Einkaufslisten.

Ich lese auch, wie sich Menschen allerorten die Zeit vertreiben und halbe Tage in der Küche damit zubringen, komplizierte Mehrgang-Menüs nach anspruchsvollen Rezepten zu kochen. Bei uns geht der Trend eher in die andere Richtung: nostalgische Übersichtlichkeit. Mein Mann und ich praktizieren gerade eher, was man in der Psychologie »Trostessen« nennt. Also Mahlzeiten, die auch emotional hochkalorisch sind. Weil sie einem erstens früher von Mutti immer serviert wurden und zweitens in einer Lebensphase, von der man rückblickend ja immer annimmt, dass die Welt da noch in Ordnung war. Gestern zum Beispiel gab es Spinat, Kartoffelpüree und Spiegelei. Davor ein Essen, das sich mein Mann gewünscht hat, weil seine Mutter es für ihn und seine Brüder immer gekocht hat. Nennt sich »Rupsel«, ist ein Traditionsgericht aus dem Westerwald und besteht im Prinzip aus Kartoffeln, Sauerkraut und Speck (für mich natürlich ohne Fleisch). Kennst du das auch? Also nicht das Rezept, sondern das Bedürfnis, sich nun von Nahrung in den Arm genommen und über den Kopf gestreichelt zu fühlen? Was kochst du eigentlich morgen? Was hast du heute gekocht? Wer kocht? Bei uns bin ja vor allem ich das. Fairerweise muss man allerdings sagen, dass mein Mann den ganzen Rest der Küchenarbeit erledigt – was ich eine ziemlich gute Arbeitsteilung finde. Aufräumen ist nämlich gar nicht so mein Ding.

Susanne

Es ist Sonntag. Ein Tag, an dem ich mir normalerweise erlaube, mich ausgiebig dem Nichtstun zu widmen. Aber momentan ist gefühlt ständig Sonntag. Nur dass nicht jeden Abend der »Tatort« läuft. Ich bin in einer Art Sonntagsdauerschleife unterwegs. Wochentage spielen keine Rolle mehr.

Wir als Homeoffice-Spezialistinnen sollten wissen, wie es geht, sich selbst eine Struktur aufzuerlegen, aber Corona macht mir das noch schwerer, als es mir eh schon fällt. Du kannst das schon immer gut. Ich suhle mich in der Disziplinlosigkeit. Ich brauche Termine und Abgabestress, um zu funktionieren. Ich arbeite besser, wenn ich weiß, dass ich abends noch was Schönes vorhabe. Ich kann mir den Tag dann besser einteilen. Weniger Zeit macht mich effektiver. Eigentlich komisch, sollte es nicht umgekehrt sein? Ich zwinge mich, nicht bis 11.30 Uhr im Bett zu liegen.

Seit Corona über uns gekommen ist, frühstücke ich, etwas, was ich sonst nie tue. Das liegt vor allem auch an meinen veränderten Lebensumständen. Mit dem Virus habe ich mich aufgemacht und bin vorübergehend zu meinem Freund gezogen. Einfach weil wir beide jetzt sehr viel mehr Zeit haben und nicht unnötig hin- und herfahren wollen. Wir haben uns überlegt, wenn schon Quarantäne, dann eben gemeinsam. Außerdem waren wir zusammen im Skiurlaub und sollten uns von anderen möglichst fernhalten.

Beide Männer lieben ein reichhaltiges Frühstück. Niemand zwingt mich mitzuessen, aber wenn Croissants, ofenwarm, auf dem Tisch stehen, dann ist mein Moppel-Ich sehr schnell sehr kleinlaut. Eier, wachsweich, frische Brötchen, ein wenig Marmelade, darunter noch Butter, alles Dinge, die ich mir allein zu Hause im Alltag nicht gönne. Allein ist Verzicht sehr viel einfacher. Ich kaufe keine Croissants. Was nicht da ist, kann man nicht essen.

Irgendwie habe ich das Gefühl, das, was wir gerade erleben, ist kein Alltag. Es ist ein Ausnahmezustand. Essen schafft etwas, was ich allein nicht hinbekomme. Es strukturiert meinen Tag. Jedenfalls rudimentär. Bald kann ich das Haus nicht mehr verlassen, weil ich gar nicht mehr durch die Tür komme. Horror. Ich weiß. Belanglos im Angesicht des Schreckens und der Bilder von überlasteten Intensivstationen. Wen interessiert da schon Speck.

Ich gucke trotzdem an mir runter und denke: Oje.

Heute Morgen habe ich es geschafft, Joghurt mit Obst zu essen und dem Croissant einen Korb zu geben. Ein erhebender Moment.

Solchermaßen beflügelt umarme ich dich. Virtuell natürlich.

BESCHÄFTIGUNGEN NICHT NUR FÜR SINGLE-MÄNNER
TAG 15

Constanze

Als wir noch in Ferien fuhren, hatte ich mich mit meinem Mann mal für zwei Wochen in einem Hotel auf Usedom eingebucht. Es regnete von Tag eins an durch. An Tag sechs entschieden wir, das Experiment »Ostsee« abzubrechen. Wir gingen also in das Büro des Hoteliers und erklärten ihm, dass wir nun abreisen würden. Er sagte daraufhin: »Intelligente Menschen können sich auch bei schlechtem Wetter gut beschäftigen!« Daran muss ich jetzt denken, wenn sehe, wie das Internet rauf und runter voll ist mit Vorschlägen, sich die Zeit zu Hause zu vertreiben. Irgendwie sind wir in einer Verregneter-Urlaub-Situation: kommen kaum noch raus, können nicht an unsere Lebens-Strände – also in Restaurants oder ins Kino oder ins Museum. Stattdessen wird uns vorgeschlagen, die Wohnung zu entrümpeln. Die Steuer zu machen (ehrlich, wie verzweifelt muss man sein …), den Kleiderschrank zu reorganisieren.

Ich verstehe natürlich, dass man als Eltern mit Kindern daheim in der ungewohnten Situation, den Nachwuchs nicht nur an zwei Tagen die Woche (Samstag, Sonntag) bespielen zu müssen, für jede Unterstützung dankbar ist, die man bekommen kann. Allerdings hoffe ich, dass Eltern kreativer sind als die Tipps, die sie bekommen: Spielen und Reden. Malen und gemeinsam Kochen. Basteln und (Vor-)Lesen. Ernsthaft? Einerseits ist das ja nicht gerade überraschend. Andererseits: Sehr viel mehr ist halt auch nicht drin. Weder bei den Kleinen noch bei uns Großen.

Ziemlich übersichtlich, die Liste der Dinge, die man tun kann – so allein daheim –, auch mit mehreren. Vielleicht macht den Unterschied, wie man es tut. Ob man da nur Programmpunkte abhakt und hofft, dass danach wieder eine Stunde vergangen ist. Oder ob man darin – wenigstens ein bisschen – aufgeht und Spaß hat. Ich habe in deinem wunderbaren Podcast*»Ausgesprochen Fröhlich mit Schäfer« gehört, dass Bärbel Schäfer sich jetzt für einen Online-Zeichenkurs angemeldet hat. Finde ich toll. Mir fiel ein, dass ich früher auch sehr gern gezeichnet habe und irgendwann damit aufgehört habe. Weil ich – jedenfalls für mich – sehr viel Zeit brauche und das nicht mal so eben nebenbei erledigen kann. Vielleicht fange ich ja auch wieder damit an. Oder ich mache ENDLICH weiter mit dem Akkordeonspielen. Das ruht seit sieben Monaten. Seit ich mir den Arm gebrochen habe. Möglicherweise mache ich aber bald doch schon mal die Steuer oder reorganisiere meinen Kleiderschrank. Oder ich tue nichts davon. Weil mich – ehrlich gesagt – die Aussicht, was ich nun alles Sinnvolles tun könnte, ein wenig lähmt. Ebenso wie all die Menschen, die uns im Netz vorführen, zu welchen kreativen Höchstleistungen die Krise sie motiviert.

Darüber denke ich nach, während ich auf dem Sofa liege und Fernsehen schaue. Wie übrigens offenbar die meisten. Jedenfalls haben wir gestern vier Tankstellen anfahren müssen, bevor wir die letzte *Hörzu* in ganz Frankfurt ergattert haben. Ja, wenn das jetzt wirklich ein Intelligenztest sein soll, hoffe ich nur, dass wenigstens das Fernsehen bei seinen Unterhaltungsprogrammen für mich ein paar IQ drauflegt. Okay, ich lese jetzt mehr. Gerade das herrliche Buch *Schlafende Hunde* von Anja Rützel. Ich habe es auf dem Balkon in der Sonne gelesen. Und außerdem heute diesen Tagebucheintrag geschrieben. Ich habe die Katzen gestreichelt. Gekocht. War joggen. Habe die Wohnung gesaugt und das Bett

* https://audioboom.com/channels/5017720.

neu bezogen. Ein wenig habe ich mir also das Sofa verdient. Und wenigstens das Akkordeon läuft mir ja nicht weg. Dazu ist es viel zu schwer.

Was hast du gemacht? Irgendetwas ganz anderes als sonst? Denke an dich!!

Susanne

Komme mir nach dem Lesen deines Tagespensums noch fauler vor als ohnehin schon. Ich neige, wie du ja weißt, zu einer gewissen Faulheit. Ich brauche Struktur, damit ich ein bisschen was auf die Reihe bekomme. Finde das, was du da an einem Tag gemacht hast, schon ziemlich beeindruckend. Fühle mich angespornt. Und ein bisschen gelähmt. Gelobe Besserung, jedenfalls vor mir selbst.

Das Einzige, was sich bei mir inzwischen durch Corona verbessert hat, sind meine Kochkünste. Ich nehme mir Zeit, Neues zu probieren. Wolfsbarsch gefüllt mit frischen Kräutern, dazu Kartoffelwedges aus dem Ofen und Blattspinat. Dabei bin ich eigentlich Team Rahmspinat. War sehr stolz auf mich. Es hat sogar geschmeckt. Bin schon kurz davor, ständig Essensfotos bei Instagram zu posten. Peinlich.

Ansonsten klingelt jetzt viel häufiger das Telefon. Alte Freunde erinnern sich. Wollen ihre freie Zeit nutzen, um ausgiebig zu telefonieren. Sie vergessen, dass mein Arbeitsalltag gar nicht groß anders ist als sonst auch. Genau wie bei dir. Wir sind ja generell aus der Abteilung Homeoffice.

Ein wirklich erstaunliches Phänomen in Corona-Zeiten: Sämtliche Männer, die ich in den letzten Jahren gedated habe, auch die, mit denen ich schon lange nichts mehr zu tun habe, melden sich. Sie wollten mal hören, wie es so geht. Manche nach mehr als einem Jahr Funkstille. Ex-Freunde, Ex-Verehrer. Es ist wie die große Wiederauferstehungswelle. Kai aus der Kiste. Corona-Wake-up-Call. Wie sehr müssen die sich langweilen, dass sie sich sogar bei mir melden? Bei einer Frau, die sie längst abgehakt haben. Sitzen sie zu Hause rum und scrollen sich durch ihre letzten hundert WhatsApp-Nachrichten? In meinem Fall sind es hauptsächlich die Singl-Kerle, die unbeholfene Wiederbelebungsversuche starten. Aber klar: Tindern (für viele ein Großteil ihrer Freizeitbeschäftigung) bringt zurzeit eher nichts. Man kann sich ja nicht treffen. Auch mit dem unverbindlichen Sex sieht es gerade eher schlecht aus. Natürlich kann man trotzdem die App nutzen, ein bisschen rechts und links wischen und hin- und herschreiben. Schon mal das Feld aufbereiten für die Zeit nach dem Virus. Lange Planung liegt aber nicht jedem Mann, schon deshalb erwecken sie dann anscheinend lieber alte Bekanntschaften zu neuem Leben. Oder versuchen es zumindest. Was man hat, das hat man. Oft sind sie erstaunt, dass man nicht direkt in Ekstase verfällt.

In Corona-Zeiten merkt man mal wieder deutlich, dass Frauen, was Freundschaften angeht, eine andere Kultur pflegen. Zum Glück. Wir schicken uns Nachrichten. Rufen an. Prompt erinnere ich meinen Freund daran, mal bei seiner Schwester nachzufragen, wie es so geht. Und bei seinen Freunden. Er wirkt erstaunt. Macht es aber.

Erkenntnis des Tages: Ich bin froh, kein Single-Mann zu sein. Das kann in diesen Tagen ein besonders hartes Schicksal sein.

RESPEKT VS. LANGEWEILE
TAG 16

Constanze

Meine Schwester schreibt mir heute auf WhatsApp, dass sie am nächsten Donnerstag jetzt doch den Zahnarzttermin hat, der ihr erst für vergangenen Dienstag abgesagt wurde. Sie setzt darunter ein jubelndes GIF. Sie hat nicht mal im Entferntesten die schlimmen Schmerzen, die das erklären würden. Sie hat nur seit drei Wochen ein Provisorium, das nun gegen eine feste Installation ausgetauscht werden soll. Ich hatte schon Provisorien, die fünf Jahre hielten. Einfach, weil niemand heiß auf einen Zahnarztbesuch ist und weil die Erfahrung zeigt, dass kaum etwas länger hält als die Dinge, die bloß als vorübergehende Behelfslösung gedacht waren. So wie dieses seltsame Gestell aus einem Drahtbügel, das mein Mann in einem Corona-Kreativitäts-Schub gebastelt hat, um die Toilettenpapierrolle im Bad so hoch zu hängen, dass (… nein, nicht etwaige Plünderer … ;-) unsere Katzen nicht dran kommen, um – wie sonst – Konfetti draus zu machen. Das wird sicher noch dort hängen, wenn wir goldene Hochzeit feiern. Ich fürchte mich schon ein wenig vor dem, was mein Mann demnächst noch so in unserem Haushalt »verbessern« wird. Erinnert mich an den Film »Ödipussi« von und mit Loriot. Du weißt schon, wo Evelyn Hamann ein sehr ruhiges, routiniertes Gattinnenleben führt mit einem Mann, der sich vor allem um seinen Job gekümmert hat. Bis dieser Mann in Frührente und nach Hause geschickt wird, um dort mit der Reorganisation eines bis dato perfekten Ablaufs alles und alle ins Chaos zu stürzen. Okay, das ist ein wenig undankbar. Mein Mann kümmert sich sehr professionell um den Haushalt – und hat sogar angefangen, seine

Hemden zu bügeln (nach 27 Jahren!). Ist also weit jenseits davon, wie Loriot über die Stränge zu schlagen.

Dass mir immer schon der »Worst Case« einfällt, ist vielleicht der »Lenz'schen Übertreibung« geschuldet. Eine Erbkrankheit, jedenfalls laut meiner Mutter. Lenz war ihr Mädchenname und also der Name meiner Oma, die im Familienkreis berühmt dafür gewesen ist, jede Nichtigkeit gleich ins Monströse aufzublasen. Einfach aus dramaturgischen Gründen. Eine Methode, die offenbar jetzt auch Schule macht: Allüberall leiden vor allem die Medien am Vollbild der »Lenz'schen Übertreibung«. Klar, Corona ist furchtbar. Furchtbar genug, um es nicht immer noch schlimmer machen zu müssen. Finde ich jedenfalls. Deshalb ärgert es mich, wenn ich wie heute Morgen als Schlagzeile lese: »Erste Großstadt macht Mundschutz zur Pflicht!« Total aufgeschreckt lese ich dann, dass es sich um Jena handelt. Sosehr ich den ca. 100 000 Einwohnern den Titel gönne, aber Jena ist eben nicht München, Hamburg oder Berlin. Während die einen ziemlich übertreiben, gibt es natürlich auf der anderen Seite auch jene, die sich wie sehr kleine Kinder beim Versteckspielen verhalten und glauben, wenn sie die Augen schließen, findet sie das Virus nicht – und auch nicht der Verstand, den man braucht, um zu kapieren, wie sie nicht nur ihres, sondern auch anderer Leute Leben aufs Spiel setzen. Weißt du, wen ich meine?! Was würdest du sagen: auf einer Skala von 1 bis 10 – wie weit geht dein Respekt vor Corona?

Dicken Kuss!

Susanne

Ich habe inzwischen gewaltigen Respekt. Ich würde sagen, auf deiner 1–10-Skala: eine gute Sieben. Habe anfangs ja auch noch ein wenig milde gelächelt. Über Corona. Und über meine Mutter zum Beispiel, die sich direkt zu Anbeginn der Krise für die volle

Punktzahl, die Zehn, entschieden hat. Inzwischen ist sie bei zwölf. Heute Morgen bei meinem täglichen DCC, dem »daily corona call«, hat sie gesagt, sie hätte schlimm gehustet gestern Abend. Sie wisse, es sei auch die Angst. Ich versuche, sie nicht zu belächeln, sondern ernst zu nehmen und zu trösten. »Das Virus, wenn es einen Hauch von Verstand hat, fürchtet sich mehr vor dir als umgekehrt!«, sage ich. Trotzdem finde ich es gut, dass sie sich an die Vorgaben hält und mit ihrem Mann brav zu Hause bleibt.

Auch ich entwickle mich zu einem wirklich häuslichen Typ und entdecke ungeahnte Seiten an mir. Gestern habe ich bei meinem Freund die Küche aufgeräumt. Freiwillig! Eine Küche, die nicht die meine ist! Ist das schon Wahnsinn, meine Verliebtheit oder nur CL – Corona-Langeweile? Ich weiß es nicht. Ist aber am Ende auch egal, denn das Ergebnis ist überzeugend. Vor allem, weil Ausmisten bei anderen sehr viel leichter ist als bei einem selbst. Hier ist eine alte Tasse eben nur eine alte Tasse. Hier hängen an Dingen noch keine Erinnerungen. Da kann man sehr leicht sehr viel radikaler aussortieren.

Aber zurück zur Skala und dem Respekt. Wenn ich morgens aufwache, checke ich die aktuellen Corona-Zahlen. Nicht gerade ein Stimmungsaufheller. Italien, Spanien, Frankreich. Und jetzt auch vermehrt hier bei uns. Ein Bekannter, Mitte sechzig, ohne Vorerkrankungen, liegt nach seinem Skiurlaub mit Corona auf der Intensivstation. Im künstlichen Koma. Beatmet. Das ist grauenvoll. Und es macht Angst. Mehr noch als abstrakte Zahlen. Es gibt Tage, da kann ich das Virus kleinreden, da rückt es in den Hintergrund. Da scheint draußen die Sonne, und die Bedrohung ist sehr weit entfernt. Dann wieder kommen Tage, da belagert dieses verdammte Virus all meine Gedanken, und ich will mich auf dem Sofa zusammenrollen und einfach so liegen bleiben, bis der Mist vorbei ist.

Noch schöner wäre es, du kämst vorbei und würdest mich entrollen …

SCHERZLOS
TAG 17

Constanze

Heute ist der 1. April. Haben wir eigentlich schon jemals versucht, uns gegenseitig in den April zu schicken? Kann mich nicht erinnern. Und sollte ich diesmal dran gedacht haben, muss ich sagen, dass das, was gerade passiert, so absurd ist und wie ein so monströs mieser Scherz wirkt, dass dagegen jedweder Versuch, selbst tätig zu werden, doch eh zum Scheitern verurteilt sein muss. Sieht aus, als würden die überwiegend meisten – auch die Medien – das ähnlich sehen. Mir ist heute jedenfalls nicht mal im Ansatz eine Meldung untergekommen, die versucht hätte, diesbezüglich mit Corona in Konkurrenz zu treten.

Muss man dem Virus lassen: In der Kategorie »echt total schlechter Witz« bleibt er ungeschlagen. Zum Glück ja irgendwie. Man möchte sich nicht ausmalen, wie es wäre, wenn die Götter – sollte es sie im Plural geben – da einen Wettbewerb eröffnen würden, so nach dem Motto: »Wer hat die böseste Überraschung für die Menschheit!?«

Es ist ein bisschen so, als hätten wir uns mittlerweile in unser Corona-Quarantäne-Schicksal ergeben. Im Unterschied zu vor Corona, wo genau das nicht gerade erwünscht war. Wo man als entscheidungsschwach galt, wenn man seine Lebenszügel nicht selbst in die Hand nahm, eigeninitiativ war, Regeln infrage stellte. Jetzt sollen wir weitgehend klaglos auf das Lenken und auch Denken verzichten und es anderen Menschen überlassen. Solchen, die es besser wissen als wir, was los ist, was los sein könnte und was hoffentlich nie passieren wird. Auf einem Transparent anlässlich der Fridays-for-Future-Demos habe ich mal gelesen, die meisten Katastrophenfilme beginnen damit, dass die Politik der Wissenschaft nicht glaubt. Nun glaubt sie den Experten. Und das könnte die richtig gute Nachricht sein. Aber sie fühlt sich trotzdem seltsam an, diese Schicksalsergebenheit, dieses stille Dulden, das Angepasstsein und ängstliche Abwarten, welche Order als Nächstes von oben kommt. So wollte man nicht sein. So sollte man nicht sein. Deshalb denkt man immer noch dauernd: »Da muss man doch noch etwas tun können!« Oder: »Da muss es doch noch eine andere Lösung geben!« Oder: »In meinem Leben bestimme immer noch ich!«

Aber nun gilt es wohl, es auszuhalten, dass wir den Dingen ihren Lauf lassen müssen, ohne eingreifen zu können. Das fängt damit an, dass wir niemanden mehr sehen sollen. Dass so viele nicht mehr arbeiten gehen können, nichts mehr verdienen und praktisch tatenlos dabei zuschauen müssen, wie ihre Existenz den Bach runtergeht. Und eben auch dabei, wie ihre Liebsten erkranken und manchmal auch mit dem Tod kämpfen müssen. Ganz allein, weil man sie nicht mal besuchen kann. So wie die Tante meine Mannes. Sie ist vierundachtzig Jahre alt und war eigentlich wegen eines Bandscheibenvorfalls in der Klinik. Sie hat sich mit ziemlicher Sicherheit dort mit Corona angesteckt, hat eine Lungenentzündung bekommen und liegt nun im künstlichen Koma. Sie ist mit ihrem ganzen Herzen Kölnerin und deshalb eigentlich dem Fatalismus gegenüber maximal aufgeschlossen. Dort sagt man ja: »Et küt wie et küt« und »Et hätt noch immer jot jejange.« Das will ich jetzt einfach mal glauben. Viel mehr kann man ja derzeit ohnehin nicht tun. Ganz egal, wie sehr man etwas anderes möchte.

Susanne

Mir ist heute auch so gar nicht nach 1. April. Obwohl ich an sich ja einen Hang zu Scherzen habe. Selbst zu albernen.

Habe fast das Gefühl, das Wetter spielt uns den obligatorischen Aprilscherz. Die Sonne strahlt in diesen Tagen so unverdrossen und hartnäckig, als gelte es, das restliche Elend zu relativieren. Man wacht morgens auf und denkt: Herrlich. Und dann fällt einem ein, dass so gar nichts herrlich ist. Dass das schöne Wetter nur Fassade ist. Wie ein blitzblanker Anstrich auf einer morschen Wand, an der sich der Putz schon klammheimlich verabschiedet. Dieses Fremdbestimmt-Sein, von dem du schreibst, setzt mir auch zu. Ich bin eine Frau, die gerne größtmögliche Kontrolle hat und nur sehr ungern auf Direktiven wartet. Anweisungen von »oben« wecken in mir sofort einen leisen Widerstand. Ich frage »Wieso?« und »Warum jetzt gerade ich?« und »Macht das Sinn?«.

»Da draußen hat doch keiner eine Ahnung!«, erklärt mir ein Bekannter und kritisiert das Vorgehen der Regierung. »Panikmache!«, findet er. Aber das Problem ist doch: Wer weiß denn, was Panikmache ist und was einfach Vernunft? Gibt es die goldene Mitte? Den ultimativ richtigen Weg raus aus dem Scheiß? Ich kann es nicht beurteilen – wie denn auch? Ich bin keine Virologin und inzwischen fast froh, auch keine Politikerin zu sein. Ich weiß nicht, ob ich in der Lage wäre, Entscheidungen zu treffen. Im Zweifelsfall halte ich es für gut, lieber zu vorsichtig zu sein. »Wir haben doch noch gar nicht viele Tote!«, meint eine Freundin, »was soll also dieser Aktionismus!« Vielleicht haben wir ja auch nur relativ wenig Tote, weil wir so handeln, wie wir handeln. Ich habe normalerweise eine klare Haltung zu Dingen, aber bei Corona bin ich seltsam ambivalent.

Wieder erzählt mir eine Freundin von einem Bekannten, der mit siebenundvierzig Jahren auf der Intensivstation liegt. Er kämpft um sein Leben. »Bei allem Mitleid«, sagt eine andere, »jeden Tag sterben eben Leute. So ist das halt. Auch ohne Corona.« Aber ohne Corona könnte man dabeisitzen. Die Hand halten. Irgendwas tun. Dieses Verdammtsein zur Untätigkeit, dieses Zusehen wie etwas passiert, was wir nur sehr indirekt beeinflussen können, macht traurig.

Was für eine Vorstellung: Einen Menschen, den man liebt, im Kampf um sein Leben allein zu lassen. Corona ist ein wirkliches Arschloch. Bleib gesund.

DISTANZLOS
TAG 18

Constanze

So Corona-konditioniert bin ich schon, dass ich denke: »Nein, nein! DAS geht nicht – ihr müsst doch Abstand halten!!!«, wenn ich im Fernsehen Menschen sehe, die sich bloß zur Begrüßung einfach so umarmen, auf die Wange küssen, wenn da in Räumen mehr Leute und enger beisammenstehen als Hühner in der Kleingruppenhaltung. Mit dem Rauchen ist es ja ähnlich. Wenn man sich in Filmen, die vor dem Rauchverbot in Kneipen gedreht wurden, anschaut, wie da gequarzt wird, ist man noch nachträglich fassungslos, dass es mal eine Zeit gab, in der es alle normal fanden, sogar Kleinkindern nach Kräften den Sauerstoff zu verknappen und ihn durch Nikotin zu ersetzen.

Kannst du dich erinnern: Unsere Freundin Friederike erzählte mal, wie ihre Mutter die letzte Kippe kurz vor der Niederkunft – praktisch fast schon im Kreißsaal – ausdrückte. Werden wir in Zukunft – und mit Corona-Erfahrung – lieber drauf verzichten, etwa von unserem Freund aus der Schweiz, gleich dreimal – rechts-links-rechts – auf die Wange geküsst zu werden?

Ehrlich, das wäre schade, weil ich ungefähr 15 Jahre gebraucht habe, mir das zu merken, und er mich erst seit Kurzem nicht mehr daran erinnern muss, dass da noch ein Kuss fehlt. Vielleicht erzählen wir ja den staunenden Enkeln – (also deinen!) –, dass es mal eine Zeit gab, in der sich die Menschen anfassten. Einfach so, weil Berührungen so guttun, weil sie sich mochten und dass das etwas sehr Liebevolles und eine wunderbare vertrauensbildende Maßnahme war und keinesfalls bloß – wie man es in der Social-Distance-Zukunft vielleicht annehmen wird – die gängige Ouvertüre für Sex.

Vier Distanzbereiche hatte der amerikanische Anthropologe Edward Twitchell Hall einmal ermittelt. Eine Intimdistanz bis zu 50 Zentimetern, reserviert für die – ja, klar – tatsächlich ganz eng verbundenen Menschen. Dann eine »Gesprächsdistanz« – zwischen 50 Zentimetern und einem Meter: der sogenannte »Armlängen-Abstand« für einen entspannten Talk unter Freunden und Bekannten. Eine »soziale Distanz« von ein bis vier Metern – die wir vor allem Fremden gegenüber einhalten –, wenn wir beispielsweise auf den Bus warten. Danach kommt dann nur noch die »öffentliche Distanz«, die etwa bei vier Metern beginnt und im Prinzip so ziemlich alle anderen Menschen auf diesem Planeten umfasst. Gerade bewegen wir uns in Distanzzone drei, machen also da kaum noch einen Unterschied zwischen Freunden oder Fremden. Ich hoffe natürlich sehr, dass es nicht dabei bleibt, schon aus Gründen der Vielfalt und weil es echt schwer ist, einen Ersatz zu finden, der ausgleicht, was nun Umarmungen und Küsse nicht mehr leisten dürfen.

Ich glaube sogar, es ist eigentlich unmöglich. Ich hatte eine Tante, die berüchtigt dafür war, einem ganze Essen lang über den Rücken zu streicheln. Immer rauf und runter – runter und rauf. Als Kinder fanden wir das ziemlich verstörend. Aber sie hatte einen reichlich groben Klotz als Mann und sorgte vielleicht so wenigstens für ein bisschen Zärtlichkeit in ihrem Leben.

Ich finde es wirklich hart, dass es diese Notausgänge nicht mehr gibt, dass wir uns nicht mehr ordentlich – also dem Grad unserer Beziehung angemessen – begrüßen dürfen. Dass wir also so tun müssen, als gäbe es etwa zwischen dir und mir – oder meinem Vater und mir – kaum mehr Nähe als zu dem Typen, der auf der anderen Straßenseite gerade einen Parkplatz sucht. Wie schlimm ist es erst, wenn man ganz allein ist? Okay, ich merke, wie ich mich schon wieder in Corona-Depressionen reinsteigere. An dieser Stelle höre ich lieber mal auf … Morgen kommt was Munteres – versprochen –, will ja hier nicht zum Trauerkloß mutieren!

Susanne

Okay, dann darf ich heute auch noch mal Trauerkloß.

Was die von dir erwähnte Abstandsfrage angeht: Vielleicht könnte unser angeborenes und somit integriertes deutsches Abstandsgen ausnahmsweise mal zu was nütze sein. Liegt es an unserem eher kühlen Gemüt, dass wir bisher weniger Todesfälle haben als die Italiener und Spanier? Sind die einfach näher beieinander, was ihnen jetzt zum Verhängnis wird? In Portugal, Spanien, Frankreich und Italien sind Gesprächspartner in der Regel nur eine Ellbogenlänge voneinander entfernt. Wir hingegen bevorzugen einen fast doppelt so weiten Abstand – die sogenannte Fingerspitzenzone. Die bezeichnet den Bereich von den Schultern bis zu den Fingerspitzen.

Was ich damit sagen will: Wir sind auf Abstand konditioniert. Ich selbst kenne auch das komische Gefühl, wenn mir jemand, der mir ansonsten körperlich nicht nah ist, zu sehr auf die Pelle rückt. Irgendwas in mir krampft da. Will das nicht. Andere Länder, andere Sitten. Was für uns schon übergriffiges Näheverhalten ist, gilt anderswo als völlig normal. Für uns sind 60 Zentimeter Abstand und weniger die intime Zone, vorbehalten für Vertraute und Verliebte, und in arabischen Ländern gilt es hingegen fast als Beleidigung, wenn man im Gespräch nicht den Atem des Gegenübers spürt. Wir spüren den Atem des anderen eigentlich erst, wenn er uns kurz darauf die Zunge in den Hals steckt. Und wir haben relativ viel Platz. Leben oft nicht so beengt. Das heißt, wir können Abstand halten. Auch was das Zusammenleben an sich angeht. Viele junge Südländer leben im Gegensatz zu uns oft mit ihren Eltern. Sind ihnen nahe. Zum Teil aus ökonomischen Gründen, zum größten Teil aber aus Anhänglichkeit und Liebe. Man hat ein anderes Verhältnis zu seinen Eltern. Zur Familie. Die italienische Mama ist nicht durch Zufall so berühmt. Hier bei uns beschränken sich familiäre Kontakte häufig auf die obligatorischen Feiertagsbesuche und das eine oder andere Kaffeetrinken bei der Schwiegermutter alle vier Wochen. In südlichen Ländern findet man uns herzlos. »La famiglia« ist und bleibt das Allerwichtigste.

Jetzt befeuert ausgerechnet dieses enge Miteinander die Todeszahlen und die Verbreitung des Virus. Wer hätte je gedacht, dass unsere unterkühlte Art und unser häufig mangelnder Familiensinn mal positiv sein könnten? Ob uns das Virus wirklich dauerhaft noch mehr auf Abstand gehen lässt? Oder weckt diese Zeit eine ganz neue Sehnsucht in uns? Wird das einer der angeblichen positiven Effekte der Corona-Krise? Werden wir zutraulicher? Anhänglicher? Nähesuchende?

Wir werden es erleben. Hoffentlich bald. Ab morgen auch kein Trauerkloß mehr. Großes Indianerinnenehrenwort.

VOM GRAU GESTRÄHNTEN ZEBRA UND DEM MOPS
TAG 19

Constanze

Heute war ich mal wieder in der Stadt. Das klingt seltsam. Ich wohne da ja eigentlich. Also in der Stadt. Aber mitten drin in der City war ich bestimmt seit zwei Wochen nicht. Für mich eine schon sehr lange Zeit. Anlass war ein Termin, den man nicht am Telefon erledigen konnte – ich habe ein lange geplantes MRT wahrgenommen. Und weil ich nun ohnehin unterwegs war, bin ich mal wieder in die Kleinmarkthalle zum Einkaufen gegangen. Auch wegen der Abwechslung. Da nimmt man ja derzeit alles mit, was man kriegen kann. Ich war erstaunt, wie es dort eigentlich genauso war wie vor Corona und über die relative Sorglosigkeit vieler Menschen, die einem dann doch viel zu nahe kamen. Es war fast, als wäre nichts. Als hätte man das andere alles bloß geträumt. Auf der Zeil, wo ja sonst der Bär tobt, war dafür dann gar nichts los. Wie ein Sonntag auf dem Land. Bloß mit Fußgängerzone.

Von »Stadt«, also dem, was man sich darunter vorstellt und wie man es kennt – all das Menschengewusel, das Gerenne, die ganze Strebsamkeit –, war da kaum noch etwas übrig. Hat mich ein bisschen an das Buch *Die grüne Wolke* erinnert. Das 1938 erschienene Kinderbuch des schottischen Schriftstellers und Pädagogen Alexander Sutherland Neill wurde von dem von mir sehr geliebten Harry Rowohlt grandios übersetzt – es war übrigens seine erste Übersetzung – und erschien 1971 mit Illustrationen von F. K. Waechter beim Rowohlt Verlag. Die Geschichte: Eine grüne Wolke verwandelt alle Menschen in Stein – außer die Helden, einige Schüler, den Lehrer A. S. Neill und den »99-fachen Millionär« Pyecraft. Letzterer hatte alle zu einer Ballonfahrt eingeladen, weshalb die Genannten überlebt haben. »›Ich finde es ja furchtbar traurig, dass die anderen so jämmerlich umgekommen sind‹, sagt einer der Schüler darin strahlend, ›aber es macht doch großen Spaß, allein auf der Welt zu sein.‹« Kommt dir das irgendwie bekannt vor?

Ich finde, dass die Corona-Haltung zwischen diesen beiden Polen hin und her flitzt wie ein Hase auf Speed: Einerseits sind alle sehr betroffen und haben durchaus Mitgefühl mit all jenen, die die Krise so hart trifft. Andererseits sind wir alle auf der Suche nach dem Guten daran. Freunde schreiben in Facebook, wie sie die »Entschleunigung« auch genießen, und ich bekomme seltsame Filmchen, wie den von einer sehr religiösen Bekannten, in dem es im Wesentlichen darum geht, dass Gott sich Corona ausgedacht hat, damit wir wieder lernen, die wahren Werte zu schätzen und den falschen abzuschwören. Ich hoffe ja sehr, dass Gott deutlich netter ist und auch klüger als der Film.

Ich finde es makaber, aus Corona eine Art erzwungenes Achtsamkeitsseminar oder einen sehr großen Glückskeks zu machen. Oder bin ich da zu streng? Ich fürchte, da wirst du »Ja« sagen!

Was das MRT ergeben hat? Nun ja – ich bin genauso schlau wie vorher. Ich war ja letztes Jahr beim Joggen schwer gestürzt und hatte danach gleich Probleme mit dem rechten Arm. Dachte aber monatelang, es wäre »nur« eine schlimme Stauchung. Offenbar war es aber ein Bruch. Jetzt sollte geschaut werden, ob der mal zusammenwächst. Wegen Corona entfiel aber das Arztgespräch, und ich bekam nur eine CD, die ich dem Orthopäden aushändigen soll. Wenigstens weiß ich jetzt, dass ich kein Fieber habe, das wurde nämlich gemessen, bevor ich die Radiologie betreten durfte.

Susanne

Habe ziemlich Rücken. Aber mental geht es mir heute besser. Ich lebe emotional wie in einem Wellental. Heute bin ich obenauf. Habe das Gefühl, schon einiges erledigt zu haben, und das macht mir gleich bessere Laune. Mit Deiner Hefe – die du mir netterweise abgetreten hast – habe ich heute Morgen erstmals in meinem Leben Brötchen gebacken. Sie sahen gut aus. Gegessen habe ich sie allerdings nicht. Sie sind aber beim Rest meiner Corona-Lebensgemeinschaft gut weggegangen. Ich muss mich ein wenig zügeln. Corona lässt mich zu einem wahren Fressmonster mutieren. Wenn die Ausgangs- und Kontaktsperren aufgehoben werden, werden einige – und darunter ich – anders aussehen. Auf dem Kopf wie ein grau gesträhntes Zebra und am Körper wie ein Mops. Hauptsache, gesund, hat meine Oma früher gesagt, und irgendwie hat sie damit ja auch recht.

War beim Orthopäden und habe den Ausflug fast genossen. Trotz der Schmerzen. Vielleicht weil ich endlich mal was anderes angezogen und mich auch ein bisschen geschminkt habe. Weil ich Menschen gesehen habe. Fast so, als sei es ein ganz normaler Tag. Das hat gutgetan. Von den herrlichen Cortison-Spritzen bei meinem Orthopäden mal ganz abgesehen.

Ich gefalle mir im Jammermodus überhaupt nicht und habe beschlossen, das Gegreine einzustellen und mich mal am sprichwörtlichen Riemen zu reißen. Natürlich habe ich empfindliche finanzielle Einbußen –, aber es ist lange nicht existenzbedrohend. Kein Vergleich mit vielen anderen in diesem Land. Ich habe ausreichend Wohnraum, habe Gesellschaft und kann schreiben. Ja, es gibt Momente der Langeweile. Aber: Langeweile ist auch eine Chance. Hört sich wie eine dusselige Facebook-Wahrheit an, stimmt aber. Mit Freundinnen kann man auch über Videotelefonie Kontakt halten. Oder sich tatsächlich mal einen Brief schreiben. Man kann Päckchen verschicken mit kleinen Trostgeschenken. Man darf hier immer noch raus an die Luft, und ich empfinde es als Privileg. Meine Freunde in Spanien sind quasi eingesperrt. Ein Spaziergang, selbst allein, wäre ein Highlight für sie. Wenn schon Corona, dann am liebsten in Deutschland. Das muss man auch mal sagen. Ich gehe laufen. Endlich wieder regelmäßig, und inzwischen genieße ich es sogar.

Aber das Wichtigste: Alle, die mir am Herzen liegen, sind gesund. Du zum Glück auch. Also bis auf den Bruch natürlich. Und dass du mir am Herzen liegst, einen festen Platz darin hast, ein Dauerabo sozusagen, weißt du ja. Aber es kann ja nicht schaden, das immer mal wieder zu sagen. Gerade jetzt. Vielleicht ist diese Zeit, die Zeit, in der man sich darauf besinnt, zu überlegen, wer oder was wirklich wichtig ist.

Puh – das ist ja fast ein Wort zum Sonntag geworden.

Jetzt konnte ich den Brötchen doch nicht widerstehen. Egal. Die Schauwerte sind in Corona-Zeiten ja eine Größe, die man getrost vernachlässigen kann …

ABSOLUT SPECKFREI
TAG 20

Constanze

Ach, du bist so ein großer Schatz! Mir ist wirklich das Herz aufgegangen. Danke dir! Ja, geht mir genauso wie dir. Ich fühle mich dir gerade jetzt, wo wir doch Abstand halten, sehr nahe. Interessantes psychologisches und auch physikalisches Phänomen. Vielleicht versandet ja wirklich so vieles – und sehr Wichtiges in dem täglichen Getöse. Möglicherweise erfahren wir jetzt, worauf wir tatsächlich ganz gut verzichten können, was uns nur sinn- und nutzlos den Kopf, die Seele, den Gefühlshaushalt verstopft – und den Dingen den Raum nimmt, um die es geht. Zum Beispiel das ganze Theater um die Bikinifigur – das ja normalerweise jetzt seinen ganz großen Auftritt hätte. Aber wo keine Urlaubsreisen, da auch kein Strand, da auch kein Bikini und da auch keine Sorge, was die Sonne an den Tag bringen wird, wenn man sich erst mal entblättert hat. Ich bin zwar ein großer Fan der ja frappant schlüssigen Idee, dass man in dem Moment eine Bikinifigur hat, in dem man einen Bikini anzieht –, aber das wird ja erfahrungsgemäß von den meisten Frauen anders gesehen. Außer jetzt.

Auf unseren Balkonen und Terrassen – so wir welche haben – sehen uns ja nur die, die uns ohnehin öfter mal so ziemlich ohne sehen. Damit entfallen der direkte Vergleich und die ewigen Sorgen, SO auf keinen Fall rausgehen zu können, weil die anderen sowieso alle schlanker, fitter, schöner sind. Stattdessen greifen wir doch zum Brötchen, zum Croissant, zur Schokolade. Sogar ich, die ich normalerweise eher sehr gut drauf verzichten kann, habe heute ein Stück sehr köstlichen Kuchen gegessen. Du weißt ja, sonst nicht so meine Kaloriengruppe. Ich bin eher der Typ »salzig statt süß«. Das Gefühl, dass da draußen alle über unsere Optik urteilen, ist irgendwie weg. Auch weil alle da draußen gerade andere Probleme haben. Irgendwie hat auch der Kampf mit und gegen den eigenen Körper gerade Pause. Klar können wir uns immer noch schminken. Sogar für den Gang zum Arzt und zum Supermarkt oder gerade dafür. Weil wir ja sonst nirgendwo mehr hingehen. Aber wir tun es diesmal wirklich für uns. Denn ehrlich: Es sind im Moment alle so sehr mit sich selbst beschäftigt, dass wir vermutlich auch nackt über die Straße laufen könnten, ohne dass jemand aufschaut. Allenfalls würde noch bemerkt werden, ob wir einen Mundschutz tragen oder nicht, wenn wir mal hüsteln müssen. Das hat auch Vorteile. Schon wegen der grauen Haare, die man derzeit nicht mal eben diskret vom Friseur seines Vertrauens verschwinden lassen kann.

Gestern bin ich bei einem Friseur vorbeigegangen, der sein ganzes Portfolio auf die Schaufensterscheiben geschrieben hatte. Im Angebot fand sich sogar eine »Verlobungsfrisur«. Weißt du, was das ist? Hochzeitsfrisuren kenne ich – meist irgendwas mit Löckchen –, was Gestecktes. Aber Verlobung? Noch nie gehört oder gesehen. Was allerdings eine Corona-Frisur ist, das erleben wir gerade: dunkle Ansätze, herausgewachsene Schnitte. Wir verzotteln im Kollektiv. Vielleicht stellen wir jetzt fest, dass das sehr viel egaler ist, als wir befürchtet hatten.

Jedenfalls wäre ich sehr, sehr gern am Tag 1 nach Corona mit dir im Schwimmbad oder am Strand. Ich denke, wir werden da ein paar sehr entspannten Frauen begegnen – die vielleicht viel zu sehr damit beschäftigt sind, sich darüber zu freuen, dass alles vorbei ist – und sich ins Gesicht sehen zu können, anstatt auf Mundschutze zu starren, und dabei endlich einmal vergessen, den Bauch einzuziehen.

Susanne

Wie so oft hast du sooo recht. Momentan kann mich die Bikinifigur auch mal, aber so was von. Und mal ehrlich: Mit Strand rechne ich in den nächsten Wochen irgendwie nicht. Obwohl ich heute Nacht davon geträumt habe. Ich hatte die Füße im Sand, die perfekt pediküren Füße, und habe eine Dorade gegessen. Das alles mit Blick aufs ruhige blaue Meer. War schön. Und ein absolut speckfreier Traum.

Und auch jetzt nach der Nacht muss ich sagen: Die Lage ist stressig genug, da brauche ich den Speck-weg-Druck nicht noch zusätzlich. Eine Baustelle nach der anderen. Immerhin etwas: Baustellen relativieren sich im Angesicht des großen Ganzen. Es ist halt doch nur Speck. Der kommt und geht. Mal ist er anhänglicher, mal macht er schneller die Flatter.

Morgen haben zwei Freundinnen von uns Geburtstag. Ob wir noch im Lockdown sind, wenn ich Geburtstag feiere? Im November? Ob wenigstens du an deinem Mitte Mai alle zu dir einladen kannst? Das wäre doch mal eine schöne Corona-Zeiten-Hoffnung – sich an deinen großen Esstisch zu träumen. Geburtstag haben in Corona-Zeiten hat etwas sehr Trostloses. Keine Partys, nicht mal ein Freundinnen-Kaffeetrinken und schon gar keine Umarmungen, außer von den Menschen, die im eigenen Haushalt leben. Nicht toll für alte Feierbiester wie mich. Umso schöner, was Menschen sich so ausdenken, um auch jetzt irgendwie zu gratulieren und zu zeigen: Ja, ich weiß, du hast Geburtstag, und ich wäre so gerne mit dir zusammen und würde dich angemessen feiern. Manche stehen auf der Straße und singen, manche schicken aufwendige liebevolle Päckchen, manche drehen süße Videos, manche organisieren einen Autokorso vor dem Haus. Was wohl bei mir los sein wird? Sind ja doch noch ein paar Tage.

Wenn ich sehe, wie die anderen feiern: Es ist irre, wie kreativ wir alle sein können. Langeweile fördert die Kreativität, sagt die Wissenschaft. Das klingt nach einem Freispruch für die Langeweile, die bekanntlich keinen besonders guten Ruf hat. Das Gehirn braucht den Moment der Langeweile, um richtig auf Hochtouren zu laufen. Monotonie bringt unser Hirn dazu, das Unterbewusstsein zu durchforschen, unsere normale ständige Reizüberflutung verhindert das. Einstein soll angeblich irrsinnig gelangweilt gewesen sein von seiner eigentlichen Arbeit auf dem Berner Patentamt als technischer Experte. Da hat er dann – vor lauter Langeweile – die Relativitätstheorie ersonnen.

So weit wird es bei mir sicherlich nicht kommen, aber auch ich merke, wie ich mich neuen Dingen zuwende und plane. Wie Projekte in meinem Kopf Form annehmen. Wie durch die Leere etwas entstehen kann. Ja, ich versuche, dem fucking Corona ein bisschen was Positives abzugewinnen. Rede es mir schön. Ein mühsames Geschäft.

Gleich lege ich mich raus in die Sonne. Den Strand denke ich mir dazu, die frisch pediküren Füße auch. Und später mache ich eine schöne Dorade. Die geht auch ohne Meer.

Erstmals bin ich übrigens froh darüber, im November Geburtstag zu haben. Hoffentlich darf man dann wieder raus und einfach fröhlich vor sich hin leben.

Und um auf deine Frage zu antworten: Ich habe keinen Schimmer, wie eine Verlobungsfrisur aussieht. Irgendwie gebunden vielleicht?

LEUCHTFEUER
TAG 21

Constanze

Heute habe ich meinem Mann die Haare geschnitten. Er wollte es so. Er wollte sogar noch mehr: nämlich, dass ich mit einem Rasierer zu Werke gehe und großräumig arbeite. Aber da hatte ich Angst. Kann mich noch zu gut an Experimente in den Frauen-Wohngemeinschaften erinnern. Gern nach einigen Gläsern Wein. Einmal bin ich morgens aufgewacht, sah aus wie gestern und wurde erst an der Uni von einer Freundin gefragt, was denn da auf meinem Hinterkopf los sei. Da hatte Heike – meine Mitbewohnerin – ein großes Loch reingeschnitten und dann aufgehört. Hatte sie ebenso vergessen wie ich. Na ja, jetzt sieht mein Mann jedenfalls um die Ohren wieder manierlich aus. Beide sind noch dran, und wir denken – noch – nicht über Scheidung nach. Also jedenfalls nicht mehr als sonst. Mehr kann man nicht verlangen.

Freunde haben sich jetzt eine Haarschneidemaschine im Internet bestellt. Übrigens einer der begehrtesten Artikel derzeit. Neben – natürlich – Hefe. Hat schon was von Katastrophenmodus, wenn man anfängt, der Familie die Haare selbst zu schneiden. Ich bin immer noch guter Hoffnung, dass ich am 9. Mai den Termin bei meinem Friseur werde wahrnehmen können. Ist so ein Leuchtfeuer für mich. Klingt ein bisschen banal. Aber dass ich da schon seit zwei Monaten einen Termin eingetragen habe, der vielleicht nicht – wie all die anderen zwischendurch – Corona zum Opfer fallen wird, tröstet mich irgendwie. Ja, echt albern, über welche Kleinigkeiten man sich Gedanken macht. Vielleicht braucht man das als Kontrastprogramm zu all dem Großen und Furchterregenden, das gerade passiert. Oder einfach, weil eben nichts passiert.

Habe vorhin das wöchentliche Telefonat mit meinem Neffen geführt, der in Stockholm lebt. Zuerst haben wir festgestellt, dass wir so gut wie nichts mehr erleben. Also nichts von dem, über das wir vor Corona immer gesprochen haben: die Filme, die wir im Kino gesehen haben, wo wir essen gewesen sind, wen wir getroffen haben. Aber dann hatten wir doch ein Thema: Mein Neffe wunderte sich, wie Schweden in der deutschen Berichterstattung dargestellt wird, als würde die Regierung die Bevölkerung halt- und sorglos in die Infektion laufen lassen. Er meinte: stimmt gar nicht. Wer auch nur irgendwie daheim arbeiten kann, ist angehalten, das zu tun. Studenten bleiben der Uni fern, ebenso die älteren Schüler der Schule. Die Bewohner von Altenheimen sollten – wie hier – nicht mehr besucht werden. Nur in den Grundschulen läuft es wie gewohnt. Dazu sind wohl die meisten Läden und Restaurants geschlossen. Leider auch der Hamburger-Laden, in dem er mittags immer mit seinem Kollegen zum Essen war. Er erzählt, dass der Restaurantbesitzer nicht hätte schließen müssen, sondern dass er das freiwillig gemacht habe. So wie eben die meisten. Hat mich – muss ich sagen – ein wenig irritiert. Ich hatte gestern erst Bilder aus Schweden gesehen, bei denen es so wirkte, als seien die Straßen voller Menschen, als würde sich niemand um Corona scheren. Ich wusste auch nicht, dass Norwegen zwar sehr viele Infizierte hat, aber kaum Todesfälle.

Ist schon sehr verwirrend alles. Ich wünschte, ich hätte damals in Soziologie besser aufgepasst, als wir Statistik hatten, anstatt gerade wegen der vielen Rechnerei das Handtuch zu werfen und zur Pädagogik zu wechseln. Stimmt schon, dass man fürs Leben lernt – gerade auch in den sperrigen Fächern. Gilt natürlich nicht für Latein. Gerade wünschte ich mir, ich könnte das Große Latinum gegen Grundkenntnisse in Hauswirtschaftslehre tauschen, könnte besser und mehr kochen, hätte es irgendwie drauf, den Haushalt mit deutlich weniger Aufwand und größeren Erfolgen irgendwie in Bestform zu halten, und vor allem: könnte Maniküre und Pediküre wenigstens so gut, dass es nicht aussieht, als hätte ich mir bei einem Erdbeben der Stärke 8 die Nägel lackiert. Auch da hast du – mal wieder – die Nase vorn ...

Susanne

Auch ich habe schon Haare rasiert jetzt in Corona-Zeiten. Den Nacken des Liebsten in Form gebracht. Als ich die Haarschneidemaschine, dieses zurzeit heiß begehrte Objekt, in den Händen hielt, war ich kurz davor, mir selbst mal beherzt durch die Haare zu fahren. Einfach so, aus purer Neugier. Um mal zu sehen, wie es aussehen würde. Mein Kopf mit haarlosen Streifen. Habe es dann aber, ein Rest Verstand scheint noch vorhanden, doch gelassen.

Wüsste ich, dass die Kontaktsperre jahrelang anhält, hätte ich es vielleicht tatsächlich gewagt. Aber vielleicht braucht es für einen solchen Entschluss noch mehr Langeweile. Ich merke, in mir rumort es komisch. Irgendwie bin ich in Stimmung für Unsinn. Dabei wäre genug Sinnvolles zu tun. Ich könnte – wie der große Rest da draußen – endlich mal alles ausmisten. Vom Keller bis zum Dachboden. Diese bei mir kurz aufkeimenden Schübe erledigen sich leider immer sehr schnell. Es macht mir keinen Spaß, auch wenn ich weiß, wie fantastisch man sich danach fühlt. Aber das Wissen und das Tun sind ja dummerweise zwei Dinge. Mein Faulheitsgen ist ausgesprochen Virus-robust. Immerhin. Wenigstens zum Sport raffe ich mich auf. Nicht aus Begeisterung, sondern nur, um noch Schlimmeres zu verhindern. Und für das Immunsystem, was ja momentan in aller Munde ist. Ich renne. Fast täglich. Aber bei dem, was ich esse, ist das nur der sprichwörtliche Tropfen auf dem heißen Stein.

Heute habe ich einen Artikel in einer Tageszeitung gelesen, der sich über all die bescheuerten Corona-Tagebücher aufregt. Dieses

Befindlichkeitsgeschreibe. Dieses ewige: Was können wir aus der Krise Gutes mitnehmen? Ich weiß auch nicht, ob wir jetzt alle bessere Menschen werden. Schön wäre es, aber ich glaube, da braucht es mehr als Corona. Erstaunlich allerdings ist, dass genau diese Zeitung auch jede Menge Artikel in der Richtung aufweist. Na ja. Wenn zwei das Gleiche tun, ist es noch lange nicht dasselbe.

Ich versuche mich zurzeit als Hobbystatistikerin. Lese Zahlen über Zahlen, interpretiere vor mich hin und bleibe fast immer ratlos zurück. Was die Schweden angeht: Heute stand in der Zeitung, dass dort die Ferien beginnen und überlegt wird, die Maßnahmen zu verschärfen. Berichte aus dem Land, aus erster Hand wie über deinen Neffen, sind natürlich um einiges aussagekräftiger.

TAGESLICHTTAUGLICH
TAG 22

Constanze

Was wir uns wohl für langfristige Projekte vornehmen würden, wüssten wir, dass wir noch mindestens ein Jahr daheimbleiben müssten?! Erinnerst du dich? Ich habe ja mal einen Friseursalon im Kölner Frauengefängnis besucht, um mit den Frauen zu sprechen, die dort eine Ausbildung zur Friseurin machen. Darüber, wie wichtig eigentlich Schönheitspflege ist. In einem Umfeld, in dem es erstens sehr, sehr wenige Männer gibt und man zweitens sowieso immer nur dieselben Leute sieht. War sehr interessant zu erfahren, dass diese besonderen Umstände so etwas wie ein Dopingmittel für die Experimentierfreude sind. Die Friseurinnen dort haben alle Hände voll zu tun, um die Wünsche zu erfüllen. Da werden nicht einfach bloß »Spitzen« geschnitten. Da probieren die Frauen so ziemlich alles aus, was man auf dem Kopf ausprobieren kann. Extreme Haarfarben und Schnitte, die sie sich »draußen« nie trauen würden. »Wir haben Zeit!« oder »Wächst ja raus und nach!«, lautet die Devise. So verrückt das klingt: Irgendwie ist ja gerade jetzt, wo nichts mehr geht, theoretisch so ziemlich alles möglich.

Was haben sich viele Firmen lange Zeit unendlich angestellt, ihre Mitarbeiter im Homeoffice arbeiten zu lassen. Da kamen bisweilen sogar Leute vom Arbeitsschutz, die Lichtverhältnisse, Sitz- und Schreibtischhöhe prüften. Jetzt kannst du dir bei der Arbeit klaglos auf einem Küchenhocker den Rücken ruinieren, an einem Laptop, der zwischen dem Geschirr vom Abendbrot steht. Nun braucht es bloß »irgendwie« zu gehen. Vielleicht ist das ja auch so eine Erfahrung, die nachhaltig sein wird: dass Firmen entdecken, es ist durchaus möglich, von daheim aus zu arbeiten – ohne Verluste an Qualität und Quantität. Aber jetzt erfahren die Leute auch, dass es doch gar nicht so easy ist, die eigene Wohnung zu einem Arbeitsplatz zu machen. Sich zu organisieren und zu strukturieren. Gut, wir beide sind da womöglich nicht gerade die besten Beispiele für diese Art von Disziplin. Gab auch vor Corona schon Tage, an denen ich noch im Pyjama direkt vom Bett an den PC geschlappt bin und es bis mittags nicht geschafft habe, mich in einen präsentablen Zustand zu bringen. Was sicher den Irrtum, Autorinnen könnten bis in die Puppen im Bett liegen, zumindest bei Paketzustellern zementiert hat.

Ich habe ja früher – als es noch Telegramme gab – auch mal bei der Eilpostzustellung gejobbt und kenne von daher auch sämtliche Erscheinungsformen von Menschen, die man tagsüber daheim antrifft. Würde sagen: ein weites Feld von ganz nackt über Feinripp, Filzschlappen, String-Slip, Bademantel bis Edel-Jogginganzug und Kaschmir-Morgenmantel. Ich stelle mir vor, wie Deutschland jetzt wohl gerade an der Wohnungstür aussieht. Vermutlich genauso. Etwas aufgeschreckt, weil man es kaum noch gewohnt ist, dass jemand an der Tür klingelt. Etwas ängstlich, ob der ungewohnte Kontakt wohl riskant sein könnte. Und, ja, in unterschiedlichen Stadien der Verwahrlosung, aber auch der Experimentierfreude. Möglicherweise sollten wir froh sein, dass man sich daheim nicht mal eben so selbst tätowieren kann. Wer weiß, auf welche Ideen wir da noch kommen würden.

Susanne

Nachdem ich deinen Eintrag gelesen habe, bin ich sofort ins Bad und habe mich ein wenig tageslichttauglicher hergerichtet. Schon weil ich den Paketboten – falls er denn heute kommt – nicht verstören will. Habe es geschafft, den Schellack von meinen Füßen abzubekommen, und bin das erste Mal seit Langem unten ganz ohne. Ich glaube, dass meine Nägel dieses erzwungene Time-out genießen. Gewöhne mich auch schon dran. Ich kann die Gedanken der Knackifrauen sehr gut nachvollziehen, habe aber beschlossen, die Finger von meinen Haaren zu lassen. Ich werde nicht selbst färben und auch das Ansatzspray nur im äußersten Notfall verwenden. Du hattest recht, als du gesagt hast, das Ergebnis würde nicht nach blond, sondern eher urinsteingelb aussehen. Dann doch lieber grau.

Welche Projekte würde ich in Angriff nehmen, wenn ein weiteres Jahr Corona-Homestay dazukäme? Allein der Gedanke führt zu leichten Lähmungserscheinungen. Würde ich mit dem Sofa verwachsen oder tatsächlich Tatkraft entwickeln? Jeden Tag eine halbe Stunde Spanisch lernen, wäre ein mögliches Vorhaben. Obwohl ich keine Ahnung habe, wann ich überhaupt je wieder die Möglichkeit haben werde, Spanisch zu sprechen. Wann werden wir wieder reisen dürfen? Wann gehen die Grenzen auf? Wie teuer werden die Flüge dann sein? Fragen, die irgendwie in weite Ferne gerückt sind. Reisen. Wusste ich diese Möglichkeit je wirklich zu schätzen? Muss man mir erst Dinge verbieten, damit ich sie wertschätze? Wie schön wäre es, jetzt schon eine Reise in Aussicht zu haben – zu wissen, nur noch zwei oder drei Monate, dann werde ich wieder auf Malle an meinem Lieblingsstrand sitzen, mit Blick aufs Meer und die Füße im warmen Sand.

Telefoniere mit meinem Freund Bernd, der ehemals aus dem Osten kam. »Tja, nicht reisen zu können, da kann ich mich gut dran erinnern!«, sagt er. »Was meinst du, was das für ein herrliches Gefühl ist, wenn du wieder darfst. Allein zu wissen, wenn du willst, kannst du. Man muss ja nicht. Aber das reine Dürfen ist schon eine Wohltat für die Seele.« – »Es geht ja alles rum!«, beendet er unser Gespräch. Ja, es geht rum, die Frage ist nur, wann. Unsere Kanzlerin hat gesagt, wir müssen geduldig sein. Du weißt, Geduld ist nicht meine große Stärke. Aber in diesem Fall bin ich einsichtig. Und für meine Verhältnisse sehr gehorsam und pflichtbewusst. Es geht nun mal gerade nicht anders. Ich habe das kapiert. Es könnte alles sehr viel schlimmer sein. Mir geht das Gemaule da draußen auf den Nerv. Es meckern ja weniger die, die wirklich Grund dazu hätten. Denen gerade die Existenz den Bach runtergeht, die schlimm beengt wohnen, die nicht mehr wissen, was tun mit Mann und Kindern. Ich gehöre nicht dazu. Fühle mich nachgerade Corona-privilegiert. Nicht nur, weil du, die beste aller Hefe-Dealerinnen, mir schon wieder ein Stück ergattert hast. Und weil das so ist, halte ich einfach mal die Klappe und warte ab.

Werde mir jetzt ein paar neue Spanisch-Vokabeln in den Kopf hauen und dann überlegen, was es später zum Abendessen gibt. Morgen kann ich dich dann spanisch begrüßen …

Hasta mañana, guapa!

LAUFEND AUF DEM LAUFENDEN
TAG 23

Constanze

Oh, da kommen gleich Urlaubsgefühle auf. Ich denke an den schönen Markt in Santanyi auf Mallorca, an das Cafe, wo wir das eine oder andere Mal saßen und uns die Leute angeschaut haben. Manchmal kamen Bekannte vorbei und haben sich dazugesetzt. Undenkbar gerade. Von wegen »geht alles vorbei«. Bis es mit der DDR vorbei war und die dort endlich auch mal wieder etwas weiter herumkamen als bis an die Ostsee oder nach Ungarn, hat es ja schon 'ne ganze Weile gedauert.

Immerhin ist eines ziemlich sicher: Wir werden früher vom Corona-Haken sein. Trotzdem ist manches unwiderruflich. Daran hat mich gerade meine Fitness-App erinnert. Sie teilt mir ohnehin fortlaufend mit, dass meine Geh-Bilanz in diesem Jahr schon deutlich schlechter ist, als sie es im letzten Jahr gewesen war. Da hatte ich es immerhin auf durchschnittlich knapp sechs Kilometer pro Tag gebracht. Mittlerweile bin ich bei etwa fünf. Da ich nicht vorhabe, nun mit einem Marathon anzufangen, wird es dabei bleiben. Gestern zum Beispiel war ich bloß 700 Meter unterwegs. Klar, wohin auch gehen, wenn alles geschlossen ist? Gut, heute waren es dann wieder mal zehn Kilometer. Aber darin ist schon das Joggen enthalten. Jeden zweiten Tag schaffe ich das derzeit immerhin. Auch, weil ich nun abends nicht mehr ausgehe, sondern einfach mal länger am PC sitze. So wie gerade. Es ist schön, im Park zu sein. Unter Leuten. Oder was man eben gerade unter »unter Leuten« versteht. Ich finde, es achten schon die Allermeisten auf Abstand. Das sieht manchmal lustig aus – als hätten wir alle eingebauten Magneten, die einander abstoßen. Ich habe eigentlich noch nie so viele Menschen dort joggen sehen. Manche spielen Federball – oder sitzen einfach nur auf der Wiese und lesen.

Mir gefällt, dass doch einige Väter mit ihren zum Teil noch sehr kleinen Kindern unterwegs sind und offenbar eine Menge Spaß am Spielen haben. Und natürlich ist es wunderbar, dass nicht mehr gegrillt wird. Ist seit diesem Jahr ohnehin in dem Park um die Ecke verboten. Aber ich nehme an, dass es in anderen Parks, wo es noch erlaubt wäre, nicht anders ist. Ist mir eh schon immer schleierhaft gewesen, weshalb man nicht mal einen Tag lang ohne verkohltes Fleisch auskommen kann. Und wieso diese Billig-Aluschalen, die den Rasen nachher aussehen lassen, als wäre ein Flammenwerfer Amok gelaufen, überhaupt noch erlaubt sind. Letztes Jahr bin ich sonntags schon gar nicht mehr joggen gewesen, weil man ohnehin nur noch in dicken Grillwürstchen- und Schwenksteak-Wolken unterwegs war. Nichts für eine Asthmatikerin wie mich. Und ja auch total ungesund für die, die sich den ganzen Tag darin aufhalten.

Ist schon kurios, wie eine Krankheit, die sich auf Atemwege spezialisiert hat, nun für frischere Luft sorgt: Kaum noch Flugzeuge am Himmel, viel weniger Autoverkehr. Es wäre zynisch, die möglicherweise dadurch verlängerten Leben gegen die Corona-Opfer aufzurechnen. Aber vielleicht lernen wir ja daraus, welch enorme Effekte schon kleine Veränderungen haben können – wie etwa ein Tempolimit oder eine autofreie Innenstadt.

Grillt ihr eigentlich? Im Garten? Und überhaupt: Was gibt es bei euch an Ostern zu essen? Wirst du deine Mutter besuchen? Ihr habt euch ja jetzt ewig nicht gesehen.

Susanne

Hola, qué tal?

Habe wirklich und wahrhaftig eine halbe Stunde Spanisch gelernt. Zur Simultandolmetscherin wird es noch nicht reichen, aber es hat gutgetan. Einfach den Kopf mal mit etwas anderem als ständig neuen Zahlen und Fakten und Meinungen rund um das miese Virus vollzuballern.

Seit gestern schaue ich nicht mehr jede Sondersendung und checke stündlich die aktuellen Infizierten- und Todeszahlen. Ich habe es mir verboten. In mir wächst die Erkenntnis, dass es mir nicht guttut. Mein Kopf will nicht mehr. Wohin mit all den Infos?, schreit er mich an. Eine Freundin nennt mich schon Graf Zahl. Das ist der aus der Sesamstraße, falls du mit dem Namen nichts anfangen kannst. Ich könnte mittlerweile problemlos bei Sandra Maischberger, Anne Will oder Maybrit Illner sitzen und Expertisen vom Stapel lassen. Aber es gibt da draußen genug selbst ernannte Experten, die einem wahnsinnig auf den Wecker gehen. Niemand weiß doch, was wirklich passiert. Diese Unsicherheit sucht in all der Zahlenmanie ein Ventil. Wo bleibt der oder die, die uns sagen: »Das ist die Lage, und so wird's gemacht«? Was ist das für eine merkwürdige neue Sehnsucht?

Als mündige Bürgerinnen – ich hoffe, das sind wir – hat man ja den Drang, selbst zu entscheiden. Sich eine Meinung zu bilden und dann danach zu handeln. Das fällt mir momentan echt schwer.

Im Gegensatz zu dir laufe ich aktuell mehr als zuvor. Dieses noch »Rauskönnen und Rausdürfen« führt dazu, dass ich auch rausgehe. Vielleicht weil ich Angst habe, die Regeln könnten sich verschärfen und ich Dummbatz hätte in den letzten freien Momenten meine Chance nicht genutzt.

Ich kenne mich, dann würde ich reumütig zu Hause sitzen

und am Ende noch anfangen, rumzujammern. Etwas, was mir nicht zusteht. Ich habe sowohl im nationalen und vor allem im internationalen Vergleich wenig zu jammern. Aber mit dem Jammern ist das ja so eine Sache. Darf man jammern, wenn es anderen noch schlechter geht? Als ich vor Jahren mal ein wenig larmoyant war, hat eine Kollegin mich sehr streng getadelt: »Denk mal an Monika Lierhaus!«, hat sie nur gesagt. Ich war sofort angemessen beschämt. Aber geht nicht schlimmer immer? Was hätte sie Monika Lierhaus gesagt? Denk mal an Stephen Hawking? Ich finde, man darf auch mal ein bisschen auf niedrigschwelligem Niveau klagen, vor allem, wenn es nicht zum Dauerzustand wird.

Jedenfalls laufe ich. Das ist gut. Du weißt ja, ich liebe das Gefühl nach dem Sport. Dieses »Ich habe es erledigt«-Gefühl. Dieses leicht Heroische. Wenn man sich überwunden hat. Und beim Laufen höre ich Podcasts. Ich mag diese Form der Unterhaltung oder Wissensvermittlung.

Lass uns doch Ostern mal gemeinsam laufen. Gemütliches Durch-den-Wald-Hoppeln. Mit Sicherheitsabstand und viel frischer Luft ohne Grillschwaden. Essenspläne für Ostern machen wir erst heute Abend. Auf Grillen wird es aber eher nicht hinauslaufen. Zwei von uns dreien hier essen ja kein Fleisch, und da wird's mit dem Grillen eher schwierig. Ich halte dich auf dem Laufenden.

Ob ich meine Mama sehen werde? Ich weiß es noch nicht. Sollte das Wetter tatsächlich so herrlich werden, könnte ich ihr wenigstens mal vom Gartenzaun aus zuwinken. Oder wir könnten uns eine Runde anschreien mit und wegen des nötigen Abstands. Mal sehen.

Wie sieht dein Osterprogramm aus?

LEIDLICH NORMAL
TAG 24

Constanze

Noch ist ja ein wenig Zeit und für mich ein leidlich normaler Arbeitstag. Ich sitze am Schreibtisch und schaue auf den Neubau gegenüber. Ist ein bisschen wie bei Hitchcocks »Das Fenster zum Hof«. Das Haus hat neun Etagen, und jetzt, wo alle daheim sind, sieht man mal, wer da überhaupt wohnt.

Gegenüber wohl eine Familie mit kleinen Kindern. Die haben Zeichnungen ans Fenster gehängt – so, dass die Bilder nach außen zeigen. Mangels anderem Publikum sollen wir Nachbarn die Werke bestaunen. Schon süß. Ganz oben auf der Penthouse-Terrasse sehe ich ein Paar, das sich selbst in schwindelnder Höhe nur noch mit Mundschutz herauswagt. Was denken die, wie weit andere spucken können?

Ich weiß nicht, ob man nicht auch zu viel Respekt vor Corona haben kann. Eine Freundin, die in einer Reihenhaussiedlung lebt, hat erzählt, ihre Nachbarn – beide knapp über siebzig – würden nicht mal mehr in den eigenen Garten gehen. Auch nicht mit Mundschutz. Schlimm, sich vorzustellen, wie viele zu Tode erschrockene Menschen es da draußen vermutlich gibt, die in ihren dunklen Wohnungen sitzen und hoffen, das Virus geht vorbei und bemerkt sie nicht.

Aber natürlich gibt es auch das Gegenteil, Julia Söhngen, eine Kollegin, hat gestern auf Facebook Folgendes berichtet:

Eben in der radiologischen praxis: »hustenanfall in der nebenkabine. die mta bittet die ältere patientin, in den ellebogen zu husten, nicht in die hand. ›was? wohi? elleboche, den hab isch net.‹ – ›doch, natürlich haben sie den. schauen sie bitte mal, so husten wir.‹ die patientin: ›ach, die armbeusch! naaa, des is mir aastrengend!‹

mta: ›ich bitte sie, das machen doch jetzt alle so.‹ patientin: ›jaja, wenn des alle mache, isch abbä net. isch war schon immä degesche.‹ mta: ›das ist jetzt aber eine regel!‹ patientin: ›ach, jetzt weiß isch, was sie wolle! sie meine wesche corona? seie se unbesorscht, des hab isch net.‹

Würde übrigens Posing Kalorien verbrauchen, dann wäre diese Woche Markus Söder der Fitness-König: In dem Kampf um die beste Performance in der Kategorie »potentester Landesvater« hat er jetzt mit einem Foto vor einem Berg Schutzmasken punkten wollen. Das Bild wurde direkt am Flughafen aufgenommen, wo die Masken aus China gerade gelandet waren. Sah ein bisschen aus, als wäre er Großwildjäger und würde vor einem toten Elefanten posieren. Ja, ich weiß, was du sagen wirst: Ist doch toll, dass er die rangeschafft hat. Aber mich nervt dieses Großmannsgetue. Als hätten wir alles Vati zu verdanken. Wie übrigens auch die dauernden Fragen im Fernsehen – vor allem an Männer –, die ja an sich schon immer mehr von Politik verstehen sollen als wir Frauen: »Finden Sie, dass die Kanzlerin sich richtig verhält?« Eine ähnliche Frage zum Söder'schen Auftritt habe ich noch nie gehört.

Apropos Mund-Nasen-Schutz: Gestern ist die erste Lieferung gekommen. Selbst genäht. Für einen guten Zweck. Sehr hübsch, frühlingshaft und bei 60 Grad waschbar. Sie liegen hier bereit. Falls es noch schlimmer wird.

Und du? Trägst du mittlerweile so eine Maske? Drücke dich!!

Susanne

Auch meine Mundschutzmasken (hier im Tagebuch darf man sie ja ungestraft so nennen, ohne eine Abmahnung zu kassieren) sind endlich geliefert worden. Ich habe mir vorgenommen, ab jetzt beim Einkaufen und bei meinen wenigen Tätigkeiten außer Haus immer eine Maske zu tragen. Der Vorsatz ist wie so oft das eine, die Verwirklichung das andere. Ich dachte, ich hätte ein Maskengesicht, mochte schon immer meine Augen lieber als den ganzen Rest Kopf. Habe mir vorgestellt, dass ich als Chirurgin im klassischen Arbeitsoutfit sicherlich gut aussehen würde. Pustekuchen. Ich habe ein Mützengesicht, einen Brillenkopf, wie meine Mutter sagt, aber definitiv kein Maskengesicht. Egal. Hier geht es nicht um ein modisches Accessoire, tadle ich mich selbst. Das hier hat mit Verstand zu tun. Und mit Vernunft. Probiere zunächst das beigefarbene Modell, das mir eine Freundin geschenkt hat. Beige auf noch mozzarellafarbener Winterhaut ist eine gewagte Mixtur. Ich sehe aus, als hätte ich das Virus schon. Habe aber zum Glück noch mehr Modelle. Vor Wochen habe ich bestellt und wurde dann jeweils nach dem Bezahlen informiert, dass die Lieferung sich leider um ein paar Wochen verschiebt. Leicht panisch habe ich es dann bei immer neuen Quellen versucht. Wahrscheinlich werde ich in der Adventszeit auf einem Berg Masken sitzen. Deshalb hier schon ein Warnhinweis an alle meine Freunde: In diesem Jahr kann euer Adventskalender sehr, sehr viele Masken enthalten. Von optischen Aspekten mal ganz abgesehen: Ich fühle mich mit der Maske unwohl. Ein wenig wie eingesperrt. Aber wenn das alles ist, nehme ich es ab sofort klaglos in Kauf.

Bekomme einen Anruf einer Bekannten. Ihr Mann ist an Corona verstorben. Ein Siebenundsechzigjähriger ohne Vorerkrankung. Bin schlimm traurig. Der Tod an sich ist furchtbar, aber so zu sterben? Drei Wochen künstliches Koma, ohne Besuch zu bekommen? Drei Wochen, die meine Bekannte in ihrer Wohnung in Quarantäne verbracht hat. Allein, einsam und in unendlicher Sorge um ihren Mann. Nun ist das passiert, was sich niemand je hätte vorstellen können. Er ist tot. Was sagt man bei so einer Nachricht? Wie kann man angemessen reagieren? Am Telefon. Ich bin unsicher und voller Mitleid. Was für eine Scheiße. Die Arme. Der Arme. Dieses Drecksvirus.

Eine halbe Stunde später, noch mitgenommen von der Nachricht, lese ich wieder irgendwelche Nachrichten in den sozialen Netzwerken. Es lange jetzt, es sei an der Zeit, mal die Beschränkungen zu lockern. So viele Tote seien es ja nun auch nicht. Für mich haben die Zahlen jetzt ein Gesicht. Das Virus ist in meinem Umfeld.

Also bitte, Schatzi: Trag deine Maske. Auch wenn niemand so ganz genau weiß, was es bringt. Schaden wird es ja nicht. Pass auf dich auf.

Und Danke für das neue Gold in meinem Kühlschrank. Werde sehr um meine Hefe beneidet. Man vermutet schon einen Promi-Hefefaktor. Von wegen.

Backe jetzt schnell noch ein Brot.

ALLTAG AS USUAL
TAG 25

Constanze

Heute wäre einer der besten und ältesten Freunde meines Mannes aus der Schweiz angereist. Er ist wie ein Familienmitglied, und es wäre schön gewesen, ihn hierzuhaben. Mein Mann fährt einmal im Jahr für etwa zehn Tage zu ihm in einen sehr idyllischen Vorort von Bern. Sein Freund kommt zweimal im Jahr nach Frankfurt. Einmal zum Museumsuferfest im August und an Ostern. Fällt dieses Jahr natürlich flach und damit die ganze Feiertags-Choreografie: Wir wären mit ihm in die Stadt gegangen, ins Theater, ins Kino. Hätten mit ihm und unseren Lieblingsnachbarn morgen am Karfreitag Grüne Soße gegessen – wie das in Frankfurt so Tradition ist. Gilt ja mittlerweile auch offiziell als Kulturgut – diese leckere kalte Soße aus sieben Kräutern, die direkt vor den Toren der Stadt in den Gärten von Oberrad gezogen werden. Wir hätten selbstverständlich zu viel Wein und Bier getrunken. An Samstag wäre er mit meinem Mann in das Wellnessbad gegangen und nachmittags zu irgendeinem Fußballspiel: Bundesliga oder Regionalliga. Egal welches, Hauptsache, »aufm Platz«. Wir hätten am Sonntag – wie immer – eine Tischreservierung »im Föhl« in Neu-Isenburg, dem Apfelweinlokal unseres Vertrauens, gehabt und allenfalls morgens einen Kaffee getrunken, weil wir länger geschlafen hätten und mein Vater immer schon spätestens um zwölf sein Essen auf dem Tisch sehen will. Wir nennen das »finnische Zeit«, weil nur noch die Menschen in Finnland dieses bizarre Bedürfnis haben, praktisch direkt nach dem Frühstück schon die nächste Mahlzeit zu sich zu nehmen.

Wie ein Film läuft das Ostern »as ususal« vor meinen Augen ab, und wenn ich mir das so vorstelle, finde ich es eigentlich kurios, wie routiniert unser Leben vor Corona war. Und zwar nicht nur, was den Alltag, sondern was die ganze Jahresplanung anbelangt. Ich will nicht mal sagen, dass ich es gut finde, wie wir alle da rausgerissen werden. Und meine Hoffnung, dass wir als achtsamere, klügere, geläuterte Menschen aus der Krise gehen werden, die nun aber ganz genau wissen, was zählt, und die die Lektion gelernt haben, für die ja – leider viele – Corona halten (als würde Gott seit Neuestem eine Hausaufgabenbetreuung betreiben), hält sich deutlich in Grenzen. Ich staune nur darüber, wie sehr man sich im Moment gefangen fühlt in den stets gleichen Abläufen – obwohl man es doch vorher ganz genauso war. Wenn nicht schlimmer. Diese Idee, dass man nach Corona in die große Freiheit entlassen wird und dass die darin besteht, alles ganz genauso zu machen wie vorher, ist schon seltsam.

Ich denke darüber nach, ob wir das Ostern 2021 – so uns nicht wieder ein anderes Virus querschießt – mal ganz anders feiern werden. Also schon österlich. Aber eben mit einem ganz anderen Programm. Wäre ja verrückt, das ewig Gleiche der Corona-Tage gegen das ewig Gleiche der Vor-Corona-Zeit einzutauschen. Ganz sicher wird es auch nicht so wie dieses so stille und sesshafte Ostern. Immerhin ist schon alles vorbereitet: Lachs ist gekauft, Grüne Soße auch und all das Equipment, das man dafür braucht. Morgen werden wir bei meinem Vater kochen und essen. Samstag treffe ich mich vermutlich mit einer Freundin, die allein lebt, und werde mit ihr – selbstverständlich auf Abstand – einen Spaziergang machen. Sonntag wird wieder bei meinem Vater gekocht. Dann ist meine Schwester da. Darauf freue ich mich und auch auf die Videokonferenz, die wir mit den vier Kindern meines Bruders vereinbart haben: mit Lara, die in Göteborg als Notfall-Medizinerin direkt an einer der unendlich vielen Corona-Fronten arbeitet; mit Nikolei, der in Stockholm lebt und für eine Unternehmensberatung tätig ist – vom Homeoffice aus. Mit Alicia in Finnland, die ihren Job in einem Café schon seit drei

Wochen nicht mehr ausüben kann; mit Simon, der jetzt von daheim aus Maschinenbau studiert. Wird meinen Vater begeistern, all seine Enkel mal zu sehen. Und natürlich, dass das Osteressen pünktlich um zwölf auf dem Tisch steht. Obwohl ich kurz davor bin, einfach mal auszuprobieren, was passiert, wenn es erst um 12.30 Uhr serviert wird. Also: Falls es zu allem dann auch noch ein Erdbeben gibt, hat Gott vermutlich von seiner Hausaufgabenbetreuung aufgeschaut und ist sauer, dass wir uns nicht an das elfte Gebot gehalten haben: Du sollst deinem Vater NIEMALS erst nach zwölf etwas auftischen.

Susanne

Auch für mich werden diese Ostertage so ganz anders als in den letzten Jahren. Seit acht Monaten bin ich kein Single mehr und werde die Feiertage somit mit Mann an meiner Seite verbringen. Mit Mann und seinem Kind. Meine eigenen sind weit weg in der Hauptstadt, und wegen C. (ich mag das Wort schon gar nicht mehr ausschreiben!) werden sie in diesem Jahr auch nicht mal eben vorbeikommen. Ich habe ihnen Osterpäckchen geschickt, Trostgeschenke. Ein wenig zu groß und opulent für den Anlass, Ostern gab es bei uns bisher Schokolade und je nach Alter ein Häschen oder ein Buch oder eine Hör-CD. Aber ich finde, in C.-Zeiten darf man auch mal ein wenig generöser sein. Habe meinem Sohn ein Apfelweinfässchen und die passenden Gläser und meiner Tochter eine Küchenmaschine geschickt. Allesamt Objekte ihrer Begierde. Gendermäßig natürlich eine Wahl, über die man diskutieren könnte …

Die letzten Jahre war ich für die Osterwoche zumeist auf Mallorca. Oftmals war es kühler als in Deutschland, und immer haben zahlreiche Freunde es sich nicht nehmen lassen, mir genau das ausführlich in ihren WhatsApp-Osterwünschen darzulegen. Wärmer ist es auch in diesem Jahr hier. Mallorca ist zurzeit ja sowieso keine Option. Ich wäre eigentlich da. Eigentlich – aber unsere Flüge sind storniert worden, und ob wir das Geld je wiedersehen, steht in den Sternen.

Auf Mallorca habe ich Ostern immer sehr viel Zeit mit Freunden verbracht. Legendär ist der wunderbare Osterbrunch auf einer Finca eines befreundeten Paares. Eine Finca, so wunderschön, dass man bei jedem Besuch aufs Neue Schnappatmung und heftigen Sozialneid unterdrücken muss. Auch die klassischen spanischen Osterprozessionen an Karfreitag habe ich mir oft angeschaut. Gruselige Aufmärsche mit düsterer Musik, immer ein wenig an Klu-Klux-Klan erinnernd.

Diese Ostern verbringe ich im Haus meines Freundes, wo ich mich seit Anbeginn der C.-Teilzeitquarantäne, nur mit einem kleinen Trolley bestückt, eingenistet habe. Erstaunlich, wie lange man mit so wenig Gepäck auskommen kann. Etwas, was ich erst jetzt im zarten Alter von siebenundfünfzig und befeuert von C. kapiere. Aber wo sollte ich all die herrlichen Klamotten auch tragen? Abends auf der Couch beim Netflix-Gucken? Wir haben gerade die neue Staffel der spanischen Kultserie »Haus des Geldes – Casa de Papel« angefangen und somit über die Feiertage wenigstens ein bisschen Spaniengefühl.

Nach acht Monaten Beziehung rund um die Uhr miteinander zu leben – das ist fix. Ich bin normalerweise eine sehr zurückhaltende Person, was das Zusammenleben angeht. Nach dem Motto: »Step by Step.« Aber irgendwie hat das auch sehr viel Schönes, und es beschleunigt Entscheidungen. Wenn man das schafft, dieses Rund-um-die-Uhr-Zusammensein, dann kann eigentlich nicht mehr viel schiefgehen.

Ich bin – trotz C. – sehr glücklich in diesen Tagen. Fühle mich unglaublich wohl und aufgehoben. Bin dankbar, dass mir beide

Männer (der Liebste und der Sohn) das alles so leicht machen. Dass sie so lieb mit mir sind.

Morgen gibt es auch hier traditionell Grüne Soße – natürlich selbst gemacht – nach Familienrezept. Als Frankfurterin gehört sich das so. Der Liebste hat heute so viel eingekauft, dass wir an den Rand der Kühlschrankkapazitäten gekommen sind, obwohl er sogar zwei besitzt. Wir werden über die Feiertage demnach nicht verhungern. Ich liebe es zu wissen, dass die Kühlschränke gut gefüllt sind. Mein Moppel-Ich-Gen halt, das gerade seine zweite oder die dritte oder vierte Blütezeit erlebt.

Sonntag werden wir meine Mama besuchen, die ich sehr lange nicht mehr gesehen habe. Natürlich nur, wenn das Wetter schön bleibt und wir im Garten sitzen können. Weit voneinander entfernt und doch näher als seit Wochen. Ich freue mich darauf.

Grüße deine bezaubernden Neffen und Nichten. Meine werde ich – so wie meine Kinder in diesem Jahr – Ostern leider nicht sehen. Aber es wird ja auch im nächsten Jahr ein Ostern geben und dann hoffentlich mit der gesamten Mischpoke.

BEUTESCHEMA
TAG 26

Constanze

Heute ist Karfreitag – Kick-off des Osterwochenendes. Muss man sich immer mal wieder vergegenwärtigen und sich auch vergewissern, dass man noch nicht ganz Datum-verwirrt ist. Gar nicht so einfach. Gestern wurde ich gefragt, welchen Tag wir haben – und ich brauchte schon eine Weile, bis ich mich in Gedanken bis zum 10. April durchgerechnet hatte.

Früher hätte man damit gute Chancen auf eine Entmündigung gehabt. Als ich so Mitte zwanzig war, war ich mal bei so einen Prozess dabei und hätte – ehrlich gesagt – auch nicht alle Fragen so auf Anhieb beantworten können: Welches Datum haben wir heute? Wie viel Geld ist auf Ihrem Konto? So Dinge, die im Moment total verschwimmen – weil man sich nicht täglich darum zu kümmern braucht. Oder weil sich – wie auf meinem Konto – derzeit nicht viel tut. Zum Glück ist es sehr viel schwieriger geworden, einem Menschen die Geschäftsfähigkeit abzusprechen, sonst hätten vermutlich gerade sehr viele Menschen sehr gute Chancen, einen Vormund vor die Nase gesetzt zu bekommen.

Habe gerade eine Stunde auf dem Balkon gesessen. Ist ja fast schon hochsommerlich draußen. Umso verrückter, wie leer die Straßen sind. Bei meinem Vater war niemand »uff de gass«, wie man hier so schön sagt. Bis auf die vier Männer vor der Stehpizzeria, die nun auf Durchreiche umgestellt hat. Schon trostlos, dass man an so einem Feiertag mittags beim Pizzabäcker ansteht, anstatt um eine große Tafel zu sitzen oder wenigstens mit einem lieben Menschen zu zweit an einem Tisch vor einem selbst gekochten Essen. Vermutlich alles Single-Männer, denen Corona einen Strich durch die Tinder-Rechnung gemacht hat. Und die immerhin so klug sind, sich nicht bei den – vermutlich schon älteren Eltern – bekochen zu lassen. Meinst du, Corona ändert die Beuteschemata bei der Partnersuche? Wird vielleicht weniger nach Pamela-Anderson-Doubles geschaut werden (natürlich in ihren aktiven Baywatch-Zeiten) als vor allem nach jemandem, mit dem man gut und viel und intensiv Zeit verbringen kann? So wie du einen gefunden hast (und umgekehrt). Nicht, dass dein Freund nicht auch David-Hasselhoff-Qualitäten hätte – also natürlich nur optisch. (Auf keinen Fall möchte man einen Mann, der sich morgens zu einem rüberbeugt und anfängt, »I am looking for freedom« zu singen ...) Aber das ist ja nicht mal die halbe Beziehungs-Miete. Schon wunderbar, wie das mit euch einfach so funktioniert. Ohne Diskussionen, ohne dass man sich erst groß einmendeln müsste. Eigentlich gar kein »Härtetest«, sondern die Bestätigung, dass es da draußen tatsächlich noch Lebensmenschen gibt und es sich aber so was von lohnt, die Augen offen zu halten. Ich habe ja schon seit Längerem einen, und okay, es ist natürlich längst nicht mehr so honeymoonmäßig und rundum beglückend und so, dass man sich dauernd staunend die Augen reibt darüber, wie einem DAS Glück nur passieren konnte. Aber das muss man meinem Mann mal lassen: Er sorgt dafür, dass diese herrliche Anfangszeit wenigstens immer mal wieder aufblitzt und mir gelegentlich doch einfällt, warum wir verheiratet sind. Und: Man kann mit ihm sehr gut Corona-Hausarrest haben. Vorausgesetzt, man erwartet keine langen Spaziergänge. Aber das ist eine ziemlich übersichtliche Einschränkung, und fürs Laufen habe ich ja zum Glück dich!! Wie überhaupt für einiges sehr Wesentliche in meinem Leben!

Susanne

Interessante Frage, ob Corona das Beuteschema der Singles verändern wird. Ich glaube, jetzt – während man als Single zu Hause hockt und sich ausgiebig eine oder mehrere Runden bemitleidet – wäre man ad hoc sehr viel gnädiger und würde die Suchparameter ein wenig breiter auslegen. Ich denke aber, das legt sich ganz schnell, wenn C. irgendwann tatsächlich vorbei sein sollte. (Ja, ich glaube an ein Ende …)

Und mal ehrlich: Ich glaube, da draußen gibt es momentan auch viele Frauen, die sich insgeheim gerne mal für die C.-Phase zurück in ihr Singleleben beamen würden. Dieses Dauernd-Zusammensein erfordert schon einiges an Frustrationstoleranz. Es fehlen die wunderbaren Puffer des Alltags. Das Sozialleben jenseits der Partnerschaft. Das fröhliche Beisammensein mit Freundinnen.

Umso toller, dass ihr zwei das so vortrefflich meistert. Nach all den Jahren. In der Phase der ersten Verliebtheit ist alles ja wirklich sehr viel einfacher. Man ist hormonell so überdosiert, dass man es ja auch auf einer einsamen Insel aushalten würde. Sich sogar danach sehnt. Ein bisschen ist es auch so mit Corona (nur ohne die Sehnsucht selbstverständlich). Die erste Phase schafft man gut. Sie ist eine Herausforderung. Wie bei allen Anfängen – egal, ob es sich ums Diäten, ums Verlieben oder um ein neues berufliches Projekt handelt. Der Anfang hat was. Man hat ausreichend Motivation und auch Bereitschaft, die Aufgabe anzugehen. Aber die lange Strecke macht einen irgendwann verdammt mürbe. Wenn sich beim Diäten auf der Waage nichts bewegt, wenn im Job immer irgendeiner querschießt oder wenn, wie jetzt, sich so gar keine Perspektive auftut: Soll das ewig so weitergehen? Braucht der Mensch nicht immer einen kleinen Lichtstrahl am Horizont? »Die Zahlen könnten einen vorsichtig zuversichtlich stimmen«, meldet das RKI. Ist das schon der berühmte

Hoffnungsstreif? Oder steckt da in den meisten Aussagen, die man zurzeit so hört, noch sehr viel Konjunktiv?

Belastungen und Einschränkungen sind leichter auszuhalten, wenn ein Ende sichtbar ist.

Dieses Nicht-Wissen und Nicht-Planen-Können ist anstrengend, und ich finde, man merkt, wie sich die Stimmung im Land aufheizt. Viele haben die Schnauze ziemlich voll. Auch der Fünfzehnjährige, mit dem ich momentan zusammenlebe. Sein Langeweile-Level hat den absoluten Höchststand erreicht, und er vermisst seine Freunde. Ich kann das verstehen. Ich hätte auch gerne: Life und Business as usual. Aber ich habe Verständnis, dass die Regierung zögerlich mit Versprechungen ist. Immerhin weiß man ja aus Erziehungsfragen: Man sollte nichts versprechen, was man dann nicht halten kann. Gilt eigentlich für alle Bereiche des Lebens.

Wenn man uns jetzt auflagenmäßig vom Haken lässt, um dann in zwei Wochen wieder die Zügel anzuziehen, wäre das, glaube ich, noch schwieriger. Dann lieber jetzt konsequent bleiben und sukzessive nach und nach wieder mehr Alltag erlauben.

Was meinst du?

Irgendwelche Durchhalteratschläge von deiner Seite?

Hab einen schönen Karfreitag!

AUF DER ZIELGERADEN
TAG 27

Constanze

Nö, ich habe keine. Vielleicht muss man einfach sagen: schöne Scheiße! Anstatt dauernd noch das Gute im Langweiligen finden zu wollen. Manchmal entlastet das ja enorm, wenn man einfach mal total mies und jaunerig drauf sein darf, ohne dass einem da gleich jemand mit Optimismus und kreativen Vorschlägen zum Zeitvertreib die ganze schöne schlechte Laune verdirbt. So eine halbe Stunde am Tag. Das würde ich für eine vertretbare Dimension halten.

Habe gerade gelesen, dass die Bewegung im Lande wieder ordentlich Fahrt aufnimmt. Also nicht die sportliche, sondern vielmehr die von Orten zu Orten und Menschen zu Menschen. Klar, ich kann mir nicht vorstellen, wie das ist, mit vielen in einer kleinen Wohnung zu hocken – mit einem hohen und ziemlich explosiven Anteil an genervt-gelangweilten Jugendlichen. Und auch Männern, denen nun deutlich die Ausreden fehlen, die man sonst so gern glaubt: dass es ein enorm wichtiger Job ist, der sie von der Mitarbeit im Haushalt und der Kinderbetreuung fernhält. Jetzt sind sie daheim und sollen sich auch mal kümmern. Ein Freund hat mir von einem seiner Kollegen erzählt, der nun schon familiensystemrelevante Einkäufe in Baumärkten erfindet, um möglichst lange von daheim wegbleiben zu können. Und Baumarkt deshalb, weil dort – was man so hört – derzeit die längsten Warteschlangen sind. Er hat zwei noch recht kleine Kinder, und er hat keine Lust, sich mit ihnen zu beschäftigen.

Corona bringt überhaupt wohl vieles an den Tag, vor dem man am liebsten wegrennen würde. Verstehe ich. Aber nicht, wie man das mühsam durch Kontaktauflagen Errungene so leichtfertig wieder aufs Spiel setzen kann. An einem Punkt, wo wir vielleicht schon Lockerungen in Sicht hätten, zu riskieren, wieder ganz von vorne anfangen zu müssen. Du weißt, ich bin nicht gerade ein Fan der Corona-Panik – aber wir sollten wirklich dringend eine Weile die Füße ruhig halten. Auch wenn das bedeutet, dass wir noch weiter »verwildern«. Und das in einem Alter, in dem das leider nicht mehr als »süß« oder »cool« durchgeht, sondern bloß als ungepflegt und verlottert.

Als ich sehr viel jünger war, konnte man ja einfach so aus dem Bett kriechen und rausgehen – und sah trotzdem oder gerade deshalb hinreißend aus. Dem trauere ich schon ein wenig nach. Allein wegen der vielen Zeit, die man sich im Bad gespart hat. Bin ich sehr froh drum, das erlebt zu haben. Denn heute ist das offenbar ja nicht mehr so einfach drin. Jedenfalls, wenn man sich die Influencerinnen und Bloggerinnen auf Instagram und YouTube so anschaut. Da steckt in jedem Gesicht mehr Aufwand als in einer vierstöckigen Hochzeitstorte. Gut, man könnte sagen: hat sich gelohnt! Aber auch: Echt schade um diese ganzen wunderbaren Jahre, in denen man auch einfach so schön sein könnte. Und irgendwie wirkt die exzessive Beschäftigung mit sechzehnteiligen Lidschatten-Sets und überhaupt einem Equipment, mit dem man die ganze Sixtinische Kapelle noch mal ausmalen könnte, gerade etwas deplatziert. Oder ist alles erlaubt, was einen ablenkt? Sollten wir uns vielleicht gerade jetzt besonders hübsch machen, wo – fast – niemand guckt? Auch als Nachweis, dass wir es eben doch für uns und nicht für die anderen tun? Anders gefragt: Wenn du jetzt eine Videokonferenz hast oder Facetime – bist du dann oben »Hui!« und unten in Jogginghosen und Birkenstock?

Susanne

Ganz ehrlich – ich bin noch nicht mal oben besonders »hui«. Sitze auch jetzt komplett naturbelassen am PC und tippe. Male mich sehr viel weniger an als sonst. Meine Haut ist sicherlich sehr erstaunt. Diese Hipster-Instagrammer, die jetzt angeblich völlig im Originalzustand ihre Posts absetzen und dabei einfach nur fantastisch und glamourös aussehen, gehen mir unglaublich auf den Keks. Diese dauerhafte Selbstinszenierung. In jeder Lebenslage. Deren Homestay-Look wäre für mich schon fast Gala-tauglich. Das zu sehen ermüdet mich. Strengt mich schon an, wenn ich nur hingucke. Den Job möchte ich auch nicht haben. Bin nachgerade erleichtert, wenn ich bei Telefonaten wie mit meiner Schwester oder mit Freundinnen sehe, dass sich in meinem Umfeld fast überall eine gewisse Nachlässigkeit breitmacht.

Habe vor diesem Eintrag mit meiner Mutter telefoniert. Ihr Mann war zum Spargel-Shopping. Mit Maske. »Musste das sein?«, frage ich ein wenig streng. Mein Stiefvater ist immerhin fünfundachtzig Jahre alt und gehört somit ziemlich eindeutig in die Risikogruppe. »Er will welchen essen, dann muss er auch welchen kaufen!«, antwortet meine Mutter mit ungewohnter Nüchternheit. Sie erklärt mir das Prozedere, wenn er dann wieder zu Hause ist: »Er darf nichts anfassen – nicht mal die Türklinke – und muss, sofort nachdem er das Haus betreten hat, Hände waschen. Unter meiner Aufsicht.« Meine Mutter als Handwaschpolizistin. Lustig. Sie freue sich auf unseren Besuch morgen und habe schon einen Kuchen gebacken. Das freut wiederum mich.

Es sind die kleinen Dinge, die den Rest an Stimmung aufrechterhalten. Ich denke genau wie du: Wir sollten jetzt auf der Zielgeraden nicht schwächeln. Nicht dass der Anfangsaufwand für die Katz war. Das wäre ja, als würde man fünf Tage lang fasten und sich dann eine Schweinshaxe mit Kartoffelpüree reinhauen. Aber fürs Darben mag der Mensch eben gerne belohnt werden.

Uns allen ist zurzeit sehr nach Belohnung. So funktionieren wir eben. Verzicht ist kein Spaß, aber danach kann man es krachen lassen. Das macht den Verzicht erträglicher. Aufs Krachenlassen freue ich mich schon jetzt. Und Vorfreude ist ja bekanntlich eine der allerschönsten. Also versuchen wir uns eben an der Vorfreude zu ergötzen. Fast schon Wort-zum-Sonntag-tauglich, der Satz.

Na ja, jetzt mache ich mich doch mal Oster-hübsch. Dieses ganze Geschreibe über die Nachlässigkeit und die leichte Verwahrlosung hat ein dezentes Aufbegehren geweckt. Gehe noch schnell ein bisschen Butter und Mehl kaufen. Vielleicht sogar ein wenig Nagellack, um morgen für den Ausflug zu meiner Mutter einigermaßen passabel auszusehen.

Hefe habe ich ja dank dir noch. Dann mache ich einen schönen Osterhefezopf, und der Sonntag kann kommen.

OSTERHEFEZOPF-BEAUTY-CONTEST

TAG 28

Constanze

Dein Osterhefezopf hatte echt das Zeug zum Siegertreppchen beim Osterhefezopf-Beauty-Contest! Wirklich professionell sah er aus. War fast so, als hätten wir schon WhatsApp mit Geschmacksstoffen. Alle Achtung! Du wirst eine Menge Backkenntnisse aus dieser Zeit mitnehmen.

Mein Ostern war eher ungesüßt. Mein Vater hatte zwar gebacken. Aber wir haben bei ihm nichts davon gegessen. Er mag es nicht, wenn nicht alle ein Stück Kuchen nehmen. Und da ich sowieso schon mal ausfalle – gibt es auch für die anderen nichts, und wir nehmen den Kuchen komplett immer mit zu uns nach Hause. Als Bäckerstochter habe ich schon als Kind offenbar genug Kuchen gehabt, und seitdem gehört das nicht mehr unter die Top Ten meiner Lieblingsessen. Anders bei meinem Mann. Zu meinen Anziehungskräften gehört für ihn absolut der Umstand, dass ich eine Bäckerstochter bin. Perfekt wäre es natürlich, findet er, wenn in Deutschland die Vielehe erlaubt wäre und er gleichzeitig noch mit einer Metzgerstochter verheiratet sein könnte. Aber so kommt er immerhin auf die halbe Kalorien-Miete. Ein Viertel des Kuchens ging deshalb an ihn. Der Rest an die Nachbarn.

Trotzdem, glaube ich, wird mein Mann mit einem leichten Minus auf der Waage aus dem Lockdown hervorgehen. Die Kantine seines Arbeitgebers hat nämlich jetzt eine Weile geschlossen, und es macht schon was aus, wenn man mittags nicht bereits eine volle Mahlzeit hatte. B. aus M., mit der ich vorhin telefoniert habe (lieben Gruß von ihr an dich!), hat mir das bestätigt. Sie hat – nur weil sie nun im Homeoffice ist und also weit weg von Schnitzel und Currywurst zum Mittag – bereits zwei Kilo abgenommen, erzählte sie. Und dann sagte sie noch, dass ihre so lang herausgewachsenen Fußnägel so schlimm aussähen, dass es einem bei ihrem Anblick sofort den Appetit verschlägt. Sie bot mir an, mir ein Foto zu senden. Habe ich aber dankend abgelehnt.

Trotzdem: Corona bringt also ganz neue Diät-Ideen hervor. Die Schwägerin einer Freundin arbeitet im Krankenhaus. Die meinte, man müsse sich das Virus als sehr korpulent und total unsportlich vorstellen. Einmal mit einem Atemzug herausgeschossen, würde es tatsächlich nur knapp zwei Meter schaffen, um dann wie ein Sack Kartoffeln einfach auf den Boden zu plumpsen. Meine Freundin zieht daraus die Konsequenz, ihre Einkaufstaschen nicht mehr auf den Boden zu stellen und daheim mehr Augenmerk auf die Flächendesinfektion zu legen. Ich glaube langsam, Corona sitzt – wie wir beide, du und ich – jeden Tag am Schreibtisch, um sich immer neue To-do-Listen für uns auszudenken.

Es war ein sehr ruhiger, sehr ereignisloser Ostersonntag. Und ich dachte daran, wie es vor einem Jahr war und wie wir uns nicht mal in unseren kühnsten Träumen haben ausmalen können, dass das passiert, was gerade passiert. Wir hatten vielleicht Terroranschläge auf dem Zettel – soweit man das auf Zettel haben kann –, aber DAS? Auf keinen Fall. Corona hat das Katastrophen-Portfolio also ordentlich aufgestockt. Und ich fürchte mich ein bisschen vor dem, was noch so alles drin ist an Ereignissen, die wir uns – bislang wenigstens – nicht mal vorstellen können. Kannst du dich an die Autowerbung erinnern, in der es hieß, »Alles ist möglich«?! Damals dachten wir, das sei eine gute Nachricht. Mittlerweile bin ich mir da aber nicht mehr so sicher.

Hat der Hefezopf so gut geschmeckt, wie er aussah? Und ist noch was übrig? Morgen ist ja auch noch ein Osterfeiertag!

Susanne

Danke für die Hefezopf-Komplimente. Er hat wirklich annähernd so gut geschmeckt, wie er aussah. Kleine optische Formschwächen werden beim nächsten Versuch hoffentlich ausgebügelt. Ich denke, es bleiben genug weitere C.-Tage, um am Hefezopf-Feinschliff zu arbeiten. Vor allem habe ich jetzt genug Hefe. Ein Schulkamerad hat mir geschrieben und ausgesprochen charmant gefragt, was er mir in diesen Zeiten Gutes tun könne. Eher scherzhaft habe ich geantwortet: »Du könntest mich mit Hefe glücklich machen!« Drei Tage später haben wir uns auf einem Parkplatz bei Neu-Isenburg getroffen, und er hat mir einen riesigen Block Hefe überreicht: 500 Gramm. Die Zusammenkunft hatte was Konspiratives. Oder was von einer Drogenübergabe. Ich werde definitiv lange in seiner Schuld stehen und bin selten um etwas so beneidet worden wie um meinen Hefeblock.

Dass dein Mann mit einem Kilominus aus dieser Krise hervorgehen wird, ist beneidenswert. Ich denke, das ist eher krisenuntypisch. Essen hat so verdammt viel Trostpotenzial, und ich nütze dieses Potenzial ausgiebig. Gestern habe ich eine Packung Marzipaneier vertilgt. Selbst höflich betrachtet, kann man es mit keinem anderen Verb treffender beschreiben.

Heute Morgen – noch im Bett – habe ich einen interessanten Artikel gelesen. Corona zeige, wer in Deutschland die Macht habe. Experten – egal ob Virologen, Soziologen, Philosophen, Ökonomen, Therapeuten ... eint eines: ihr Geschlecht. Es sind Männer. Hätten wir keine Kanzlerin, könnte man daran zweifeln, ob in diesem Land überhaupt Frauen leben. Die Macht ist eben männlich, und das zeigt die Krise mal wieder überdeutlich.

Bin ich da schon phobisch? Extrem und nachgerade besessen? Ist das totaler Quatsch? Schaltet man in Talkrunden, die ja quasi rund um die Uhr laufen, gibt es schon mal Frauen. Aber zumeist sind es Pflegekräfte oder auch mal eine Supermarktkassiererin. Dienende Funktionen eben. Keine Bestimmerinnen. Selten mal eine Politikerin oder eine Wissenschaftlerin. Markus Söder hat gesagt – so steht es in dem *Zeit*-Artikel* von Jana Hensel: »In der Krise wird oft nach dem Vater gefragt!«

Meine Güte, in welchem Jahrhundert lebt der denn? Welches Rollenbild steckt da in seinem Kopf? Das macht mich ganz schön wütend.

Das Kaffeetrinken mit meiner Mama und ihrem Mann war schön. Sie gesund und munter zu sehen hat mich glücklich gemacht. Wir saßen mit ganz viel Abstand im Garten und haben leckeren Kuchen gegessen. Sehe selbst schon wie ein lebendes Osterei aus. All die Hefeprodukte scheinen in mir ihre Wirkkraft zu entfalten. Ich gehe ordentlich auf. Denke, nach Corona muss ich ganz dringend fasten. Sehr lange fasten.

Aber egal. Noch ist ja nicht »Nach Corona«. Bin sehr gespannt, ob jetzt nach den Osterfeiertagen das Reglement gelockert wird. Am Mittwoch treffen sich die Verantwortlichen. Die Erwartung ist groß. Egal, wie sie entscheiden: Irgendwer hat garantiert was zu meckern. Zu früh zu viel Lockerung – zu lange zu viele Repressalien. Bin froh, dass ich diese Entscheidungen nicht zu treffen habe.

Hätte gerade Lust auf Strand und Meer. Noch ein bisschen durchhalten. Schaffen wir, gell.

---

* Jana Hensel, »Die Krise der Männer«, in: *zeit online,* 13.4.2020.

AUSNAHMEBEZIEHUNGS-ZUSTÄNDE
TAG 29

Constanze

Habe gerade gelesen, dass das Beste am Reisen ohnehin die Planung sei – also jedenfalls fürs Gemüt. So gesehen zwingt uns Corona auch zu unserem Glück. Acht Wochen soll dieser Effekt andauern. So lange war ich überhaupt noch nie in Ferien. Ich glaube, anderthalb Monate waren mal das Maximum. Einmal habe ich die in Griechenland verbracht. Einmal war ich so lange in Thailand. Das war schön. Auch wegen dieses Gefühls, unendlich viel Zeit zu haben und eben nicht mit jedem Tag knausern zu müssen. Ab der Hälfte, finde ich immer, rast die Zeit – also bei den Zweiwochenferien. Nach sechs Wochen habe ich mich dann aber auf Daheim gefreut. Die Krux an der Theorie von der beglückenden Vorfreude ist allerdings gerade, dass man nicht mal konkret planen kann. Hat Ursula von der Leyen ja dringend von abgeraten, irgendwas zu buchen. Wäre aber ohnehin nicht auf diese Idee gekommen. Man weiß ja nix: ob man dieses Jahr überhaupt noch mal ins Ausland kommt oder wenigstens in einen anderen Teil Deutschlands als in den, in dem man gerade hockt. Ich habe im Februar schon Sylt gebucht. Eine Woche ab Mitte Juni. Noch habe ich das nicht ganz abgeschrieben. Daran halte ich mich fest. Aber ich merke, wie mich das allein auf die Möglichkeit hin, dass das ins Wasser fallen könnte, betrübt.

Was mich gerade sehr froh macht – so verrückt es klingt: dass es draußen wenigstens ein bisschen regnet. ENDLICH. Ich glaube, seit fünf Wochen gab es jedenfalls hier keinen einzigen Tropfen. Der Park um die Ecke ist schon in einem ähnlich elenden

Zustand wie letztes Jahr, als es aussah, als hätten wir hier einen Mistral gehabt, der die halbe Sahara zu uns rübergeweht hat. War ja vor Corona unser drängendstes Problem im öffentlichen Bewusstsein: die Klimaerwärmung. Und ist ja immer noch eine mindestens so große Katastrophe wie Corona. Bloß dass nicht mal annähernd so radikale Maßnahmen deshalb ergriffen wurden. Auch das ist ziemlich verrückt. Vielleicht liegt es daran, dass man tatsächlich ganz unmittelbar erlebt, wie Menschen an Corona sterben. Aber eben nicht, wie sie an der Klimakatastrophe zugrunde gehen. Warum ist das eine große Unglück wichtiger als das andere?

Jaja, ich weiß, ich gehe dir damit ein wenig auf die Nerven, aber ich muss es trotzdem hier einmal schreiben: Auch die 20 000 bis 30 000 Menschen, die jährlich an einem Krankenhauskeim sterben, haben nicht mal annähernd denselben Betroffenheitseffekt wie die Corona-Toten. Obwohl man nicht mal einen Lockdown bräuchte, um die zu retten. Sondern bloß mehr Personal, strengere Hygienevorgaben – so wie in den Niederlanden. Wo man das Phänomen – fast – nicht kennt. Ist es, weil man da langfristig viel Geld in die – desinfizierten – Hände nehmen müsste? Weil das Problem menschengemacht ist und eben nicht – wie Corona – irgendwie ein Schicksalsschlag, für den keiner wirklich etwas kann? (Außer vielleicht die habgierigen Wirte in Ischgl?! Und der Chinese, der unbedingt eine Fledermaus auf dem Teller haben musste?)

Ja, man möchte schon lieber in Deutschland als etwa in Italien im Krankenhaus liegen. Aber ehrlich – wie du immer so schön sagst – bloß weil die anderen eine noch schlechtere Schulnote haben, bedeutet das nicht, dass nicht überhaupt noch viel Luft nach oben ist. In Deutschland sind 40 000 Pflegerstellen unbesetzt. Kommen auf einen Pfleger dreizehn Patienten. In Norwegen sind es drei Patienten pro Pfleger. Ich hoffe wirklich sehr, dass wir nicht vergessen, vor allem DARÜBER zu sprechen, wenn die

Corona-Lage sich etwas beruhigt hat, und vor allem: dementsprechend zu wählen.

Susanne

Natürlich hast du so was von recht. Mit der Klimakatastrophe ebenso wie mit den Krankenhauskeimen und dem Pflegepersonal.

Was jetzt bei Corona alles machbar ist, hat auch mich erstaunt. Wie viel Einsicht die Menschheit haben kann. Aber warum nur ist unsere Einsicht so irre selektiv? Wird sich unsere Sicht aufs Klima nach Corona verändern? Werden wir – die wir momentan gar nicht fliegen dürfen und können – bereit sein, auch fürs Klima auf die Flugbremse zu steigen?

Habe gelesen, dass sich die Tiere in den Städten breitmachen. In Santiago de Chile ist ein Puma gesehen worden, in Tel Aviv schlendern Schakale durch die Parks. In Madrid chillen die Pfauen, und in Barcelona bummeln Wildschweine an den Schaufenstern der Luxusboutiquen vorbei. Tierschützer beobachten insgesamt eine erhöhte Paarungsbereitschaft bei vielen Arten. Der Mensch störe sie zurzeit eben weitaus weniger. Keine Bergsteiger, keine Radfahrer, überhaupt kaum Sportler, keine Hubschrauber, wenig Verkehr und damit mehr Ruhe.

Weiß man, ob es auch bei den Menschen eine erhöhte Paarungsbereitschaft gibt? Hat das schon mal jemand untersucht? Haben die Menschen mehr Sex in Zeiten von Corona?

Mehr Zeit haben sie ja auf alle Fälle. Trotz Homeschooling und Co. Weil vieles an sonstigem Zeitvertreib wegfällt. Man muss nicht noch eben zum Pilates oder ins Gym, nicht zum Volkshochschulkurs, und rund um die Uhr Netflix gucken ist ja auch nix. Wir gehen nicht aus, treffen keine Freunde, und wahrscheinlich blickt der eine oder die andere dann doch mal aufs

Sofa neben sich und denkt an vergangene aufregende Zeiten. Wenn nicht jetzt mehr Sex, wann dann? Sexspielzeug ist einer der wenigen Corona-Wirtschaftsgewinner. Dabei sitzt das Spielzeug ja eigentlich schon abholbereit auf der Couch. Man muss es nur mal wieder benutzen.

Ob es nach Corona mehr Schwangerschaften gibt? So wie in China? Da sind die Scheidungszahlen und die Schwangerschaften sprunghaft angestiegen. Wir werden es mit Sicherheit erfahren. Ich denke, es wird jede Menge Masterarbeiten, Promotionen und Studien über die Corona-Zeit geben. Spätestens dann werden wir Bescheid wissen.

So oder so: Wenn die Menschen wieder mehr zueinanderfinden, hat das auf jeden Fall viel Schönes … Habt einen herrlichen Abend!

FRUSTRATIONSTOLERANZ
TAG 30

Susanne

Gerade ein sehr langes Beziehungsgespräch geführt. Zum Glück nicht über meine Beziehung. Eine Freundin hat mich um Rat gefragt. Alles, was sich in den letzten zwei Jahren bei ihr und ihrem Freund aufgestaut hat, hat sich jetzt in C.-Zeiten an die Oberfläche gekämpft und wütet. Sie sitzen zu Hause in Quarantäne, dürfen nicht raus und sind kurz davor, sich verbal zu zerfleischen. All der Stress, den sie ansonsten in ihrem normalen Leben ohne C. haben, hat sich bisher als vortrefflicher Puffer vor den Unzulänglichkeiten in der Beziehung erwiesen. Jetzt – zurückgeworfen nur auf sich selbst ohne Rahmenprogramm – scheint die Situation zu eskalieren. Sie benehmen sich wie zwei Tiger in einem zu engen Käfig. Corona katapultiert einen sehr schnell in einen Ausnahmebeziehungszustand. Ich hoffe, ich konnte ein wenig zur Deeskalation beitragen. Ein wenig gerumpelt hat es bei den beiden in den letzten Jahren immer mal wieder. Aber jetzt ist das dezente Rumpeln zu einer Art Erdbeben von mittlerer Stärke geworden. »Ich bin einfach nicht gewohnt, dass er rund um die Uhr zu Hause hockt!«, beschwert sich meine Freundin. »Er kann nichts mit sich anfangen. Er nervt. Ehrlich gesagt allein durch seine Anwesenheit.« Die zwei wohnen recht angenehm und hocken sich nicht in einem Einzimmerapartment auf der Pelle. »Ihr könnt euch doch zurückziehen, euch auch mal ein wenig aus dem Weg gehen!«, gebe ich ihr zu bedenken. »Aber ich weiß doch trotzdem, dass er da ist und leise vor sich hin quengelt. Ich komme mir vor wie eine unbezahlte Animateurin!«, klagt sie. »Unsere Quarantäne läuft in hoffentlich sechs Tagen aus, aber wie ich diese Tage überstehen soll, ohne dass wir uns trennen, weiß ich echt nicht!« Dabei kann meine Freundin schon qua Beruf sehr gut Beschäftigungsangebote machen: Sie ist Erzieherin und schon dadurch verdammt quengelresistent. »Du weißt doch, wie man gelangweilte Seelen bespaßt!«, sage ich deshalb. »Mario ist siebenundfünfzig und nicht fünf. Da sollte man doch erwarten, dass er ein halbwegs erwachsener Mann ist«, antwortet sie. Er sei latent aggressiv, unzufrieden, und sie fühle sich schon, als hätte sie das Virus in die Welt gesetzt. »Ich bin gerade an allem schuld. Daran, dass sein verdammtes Fitnessstudio zu ist, dass es keine Bundesliga gibt und dass er einen kleinen Bauch bekommen hat. Weil ich angeblich zu viel koche. Ich sehne mich geradezu nach einem Haufen Drei- bis Fünfjähriger. Jetzt habe ich ihm vorgeschlagen, doch mal ein Buch zu lesen, und da ist er fast explodiert.« Ich empfehle dann doch, besser die guten Vorschläge zu lassen. Er muss halt selbst lernen, mit seiner Langeweile zurechtzukommen. Wäre eine WG aus lauter Männern, die am Rad drehen, nicht eine schöne Lösung?

Zum Glück langweile ich mich nur sehr selten, und bei dir habe ich auch nicht den Eindruck. Ist denn dein Mann anders als sonst? Lernt man sich in diesen Zeiten erst so richtig kennen? Lege mich jetzt mal eine halbe Stunde zum schnellen Mittagsnickerchen in den kleinen Garten. Welch ein Privileg.

Bin gespannt, was die Regierung morgen an Lockerungen verkündet. Dass es welche geben wird, davon bin ich überzeugt. Das Volk verlangt nach Erleichterung. Was erwartest du?

Ich denke, dass sie die Grundschüler oder die Abschlussklassen wieder in die Schule lassen. Nach den Osterferien am nächsten Montag. Das hieße, der pubertierende Nachwuchs darf noch eine Weile daheimbleiben. Das nenne ich mal eine wirkliche Herausforderung! Dagegen ist ein gelangweilter Mann doch Pillepalle.

Constanze

Alle Menschen bringt Corona also dann doch nicht zusammen. Sieht so aus, als würden sich diejenigen, die sich sonst eher distanzierter gegenüberstanden – Nachbarn etwa – annähern, während es bei denen, die ohnehin eng gewesen sind, eine gewisse Sprengkraft entwickelt. Vielleicht merken wir jetzt erst unsere Aufmerksamkeitsdefizite? Dass Beziehungen – also die meisten – heute auf maximale Ablenkung ausgelegt sind, einfach nicht dazu gedacht, dass Mann und Frau viel beieinanderhocken? Wenn ich denke, dass meine Eltern – nachdem sie Eltern geworden waren – praktisch zehn Jahre am Stück abends daheim waren (bis auf ganz wenige Ausnahmen), ehe sie mir zutrauten, auf meine beiden jüngeren Geschwister aufzupassen: schon Wahnsinn. Aus Corona-Perspektive beinahe olympisch. Für sie war das allerdings ganz selbstverständlich, und sie waren nicht mal besonders glücklich. Im Gegenteil. Wir waren tagsüber viel allein, weil meine Mutter ganztags arbeitete und mein Vater, der Bäcker, zwar physisch anwesend war, aber ab 13 Uhr schlief, um in der Nacht wieder arbeiten zu können. Meine Mutter meinte, das sei ihnen einfach klar gewesen: Wenn man Kinder hat, führt man halt kein ausschweifendes Nachtleben mehr. Ich weiß nicht, wie viele Paare von denen, die wir kennen, das auf so eine lange Strecke für sich für vertretbar halten würden. Mit meinem Mann läuft das – weil du gefragt hast – eigentlich sehr gut. Wie gesagt: Wir haben ja wirklich günstige Bedingungen, weil er tagsüber noch »auf Arbeit« geht und neu nur ist, dass ich jetzt auch abends immer daheim bin. Aber das funktioniert: Wir machen uns schön Abendbrot – unterhalten uns, schauen fern, gehen spazieren. Wir sind wirklich eine gute Wohngemeinschaft.

Meine Theorie ist ja ohnehin, dass das eine – die Liebe – und das andere – das Zusammenleben – auf verschiedenen Schauplätzen stattfinden (sollten). Man also einen Mann zwar sehr lieben kann, aber deshalb noch lange nicht gut mit ihm leben können muss. Wir beide – du und ich – kennen ja durchaus auch Paare, die von Anfang an nicht zusammengezogen sind, weil sie sich gesagt haben: Ich kann so nicht leben wie er oder sie. So chaotisch, so pedantisch – wie auch immer. Was mich anbelangt: Ich will auch Diskussionen um Ordnung nicht mit Romantik vermengen. Das passiert ja schnell. Dann ist man »total enttäuscht«, wenn der Mann kaum mehr Ordnung braucht als ein Iltis in seinem Bau oder wenn er es gern möglichst düster hat und man selbst die lichte Weite liebt. In solchen Fällen ist der Haushalt ein einziger Beziehungskrisenherd.

Aber ich habe diesbezüglich auch gut reden. Mein Mann tut wirklich viel. Man könnte sagen: Die niederen Arbeiten in der Küche sind komplett an ihn gegangen: Spülen, Aufräumen, Müll entsorgen. Auch das Katzenklo fällt in sein Ressort. Das mache ich nur dann, wenn er mal allein im Urlaub ist. Kommt im Jahr einmal vor und dauert maximal zehn Tage. Kürzlich hat er sogar Hemden gebügelt. Man könnte natürlich jetzt sagen: Na und? Sind ja auch seine. Aber wir haben hier die Arbeit nicht nach feministischen Grundsätzen aufgeteilt, sondern nach Frustrationstoleranz. Für Hemden braucht es ein wenig mehr Geduld, als mein Mann gewöhnlich vorrätig hat.

Kennst du ja – dein Geduldsfaden ist ja sonst auch eher kurz. Erstaunlich eigentlich, dass du so unendlich viel Langmut hast. Wo ist sie hin, deine Ungeduld? Auch in Quarantäne? Ich glaube übrigens, dass ab morgen tatsächlich eine leichte Lockerung eintritt. Allerdings unter der Voraussetzung, dass wir vernünftig bleiben. Könnte sein, dass an diesem Punkt dann die Rechnung mal wieder nicht aufgeht.

TRITTBRETTFAHRERSTOLZ
TAG 31

Susanne

Tja, wo ist sie hin, meine Ungeduld? Gute Frage. Ich stehe nahezu klaglos im Supermarkt Schlange und harre der Dinge. Ich weiß, untypisch für mich. Aber ich neige zu einem gewissen Pragmatismus. Wenn ich eh nichts ändern kann, keinen Einfluss auf Entscheidungen habe, dann kann ich mich zügeln. Scheint also wirklich in Quarantäne zu sein, meine nölende Ungeduld.

Immerhin ein Gutes. Ob sie sich nach den Krisenzeiten ungeduldig wieder in Position bringt, die Ungeduld? Oder habe ich sie dauerhaft ein bisschen ausgebremst? Wir werden es sehen.

Ich bin hoffnungsfroh, immerhin eine Form des Erkenntnisgewinns aus dieser Zeit mitzunehmen. Ansonsten habe ich keine Quantensprünge gemacht, was die Persönlichkeitsentwicklung angeht. Ich habe keine neue Sprache gelernt, keine Webinare besucht und noch nicht mal energisch ausgemistet. Stattdessen weitergearbeitet wie immer, ein bisschen mehr Netflix geguckt und Brot und Hefezopf gebacken (und gegessen!).

Beim Abendessen gestern (das Kind hat perfektes Risotto mit Pilzen gezaubert) haben wir Wetten über mögliche Lockerungen gemacht. Der Fünfzehnjährige hofft sehnlichst auf den Neustart der Schule. Was für eine faszinierende Tatsache! Ein Jugendlicher, der sich auf die mögliche Schulwiedereröffnung mehr freut als je auf große Ferien! Er hat aber die ungute Vorahnung, dass ausgerechnet seine Altersgruppe noch eine Runde zu Hause bleiben muss. Allein der Gedanke, weitere Wochen nur mit dem Vater und dessen Freundin zu verbringen, ist nicht gerade ein Stimmungsaufheller. Bald müssen wir dem Jungen was ins Essen machen, um ihn bei Laune zu halten. Gestern hat er aus lauter Verzweiflung sein Zimmer umgeräumt, feucht durchgewischt und Klamotten aussortiert. Jetzt steht seine Retterin in der Corona-Zeit – die Playstation – an einer anderen Wand. Ich habe ihm vorgeschlagen, mal ein Buch zu lesen, aber so abgedreht ist er noch nicht. Er schaut mich an, als hätte ich ihm gesagt, er solle nackt durch den Ort rennen. Sollte er tatsächlich anfangen zu lesen, müssen wir uns wahrscheinlich wirklich Sorgen um seine psychische Verfassung machen.

Der Mann an meiner Seite, in dieser Zeit durchaus wörtlich zu nehmen, ist sich unsicher, was er von möglichen Lockerungen halten soll, ob die nicht womöglich zu früh kommen, und ich träume davon, dass wir beide unser Samstagvormittagsritual wieder aufnehmen können. Den Stadtbummel mit Besuch im Laden unserer Freundin Blanka, das Kaffeetrinken mit ihr draußen in der Sonne vor ihrem Modegeschäft. Wird sie ihren Laden öffnen dürfen? Endlich ihre Frühjahrskollektion präsentieren können? Endlich wieder verkaufen dürfen? Ich habe wahnsinniges Mitleid mit all den Besitzern dieser kleinen Läden. Wie sollen die das schaffen? Hätte ich was zu sagen, dürften sie ihre Läden öffnen. Mit ein paar Auflagen. Schließlich hat der Baumarkt auch auf. Jedenfalls hier in Hessen. Die Menge an Kundschaft lässt sich ja regeln.

Ich bin mir sicher, dass die Mundschutzpflicht kommt. Eine erstaunliche Wende, immerhin haben die Virologen und Sachverständigen aller möglichen Disziplinen ja wochenlang gesagt, dass man nur die anderen schützt, wenn man einen trägt. Aber wenn jeder durch seinen Mundschutz das entfernte Gegenüber schützt, sind doch alle geschützt, oder?

Ich überlege, ob ich mir heute Nachmittag was Schickes anziehe. Ab 14 Uhr tagen die Ministerpräsidentinnen und -präsidenten, und dann werden wir mehr wissen.

Gespannte Grüße.

Constanze

DAS wollte ich doch noch abwarten: die Bekanntgabe unseres Lebens für die nächsten Wochen. Vorher hatte man ja den Eindruck, die am Corona-Fahrplan beteiligten Politiker nutzten Corona vor allem dazu, sich selbst ein Empfehlungsschreiben für die nächste Kanzlerkandidatur zu verfassen. Hat mich ein wenig nervös gemacht, ob da am Ende wirklich das für uns Beste herauskommt. Aber nun bin ich ganz froh damit. Zumal die kleineren Geschäfte wieder öffnen dürfen und meinem vor Ewigkeiten vereinbarten Friseurtermin am 9. Mai nun offenbar nichts mehr im Wege steht. Und nicht nur meinem.

Als ich vorgestern in der Kleinmarkthalle war, erzählte die Verkäuferin an dem Stand, an dem es den leckersten Kartoffelsalat der Stadt gibt, ich könne mir in meinen kühnsten Träumen nicht vorstellen, was AUF IHREM Kopf los sei. Weshalb sie jetzt seit vier Wochen bloß Mützen trägt, damit die Katastrophe bedeckt ist. Auch für Mariella Ahrens und das Fernsehpublikum wäre es sicher schön, mal wieder Fachpersonal an den Kopf lassen zu können. Auf RTL haben sie ernsthaft Sendezeit dafür verbraucht, zu zeigen, wie die Schauspielerin von einem »Promi-Friseur« per Video das Haaransatzfärben gezeigt bekommt. Sie sagte übrigens, sie habe sich noch nie die Haare selbst gefärbt. Das ist doch mal eine schöne Umschreibung für ein offenbar doch ziemlich komfortables Leben. Selbst ich – die ich bei jedweden Beauty-Maßnahmen im Selbstversuch sofort zwei linke Hände habe – habe mir schon mal die Haare selbst gefärbt. Allerdings aus Versehen. Es sollten eigentlich Strähnchen werden, und damit sich der ganze große Aufwand auch lohnt, habe ich das Zeug damals ein winziges bisschen länger drin gelassen, als es auf dem Beipackzettel empfohlen wurde. Ich dachte – wie immer – dass viel auch viel bringen müsste und sich der Aufwand ja auch lohnen sollte. Am Ende hatte ich einen weißen Helm auf dem Kopf und musste mir die Haare streichholzkurz schneiden lassen, um das Debakel in leidlich geordnete Bahnen zu lenken. Ich würde das nicht mal unter Aufsicht wiederholen.

Ich habe mich übrigens mit der Kleinmarkthallenstandbetreiberin nicht nur über Frisuren unterhalten. Sondern auch über Naomi Klein, die kanadische Journalistin und Globalisierungskritikerin, die schon nach dem Hurrikan Katrina in ihrem Buch *No Logo** gewarnt hatte, dass Katastrophen dazu genutzt werden könnten, die kleinen Unternehmen und Geschäfte vom Markt zu fegen und einen Konzentrationsprozess der Großen voranzutreiben. Wir sprachen über die amerikanische Essayistin, Schriftstellerin und Regisseurin Susan Sontag, die wir beide sehr schätzen, wie wir feststellten, und die Ähnliches schon früher angemahnt hatte. War schon lustig, da am Würstchen-und-Kartoffelsalat-Stand zu stehen – und zwischen Frisurenproblemen und Soziologieseminar hin und her zu switchen.

Was hebt deine Stimmung? Ich meine: außer zu backen?

Kuss von praktisch gegenüber ...

---

* Naomi Klein, *No logo. Der Kampf der Global Players um Marktmacht – Ein Spiel mit vielen Verlierern und wenigen Gewinnern*, Fischer Verlag, Frankfurt a. M. 2015.

ALLTAG MAL FRAGIL
TAG 32

Susanne

Was hebt meine Stimmung? Gute Frage! Der Blick aufs Konto ist es jedenfalls nicht. Schon reichlich unerfreulich zurzeit. Die Ausgaben laufen weiter, die Einnahmen sind leider mehr als überschaubar. Ich will in dieser Hinsicht nicht jammern, aber die fehlenden Lesungen und Sendungen schmerzen schon. (Jetzt habe ich doch gejammert.)

Ich bin mit den kleinen Schritten der Lockerung genau wie du recht zufrieden. Immerhin.

Der Fünfzehnjährige hier war nach der Verkündung hingegen bedient. Schule für die Abschlussklassen in eineinhalb Wochen, hieß es erst und dann für Abschlussklassen und einen Teil der Grundschüler ab 4. Mai. »Was ist mit uns?«, hat er entsetzt gefragt. Den mittleren Klassenstufen ergeht es im Moment wie den mittleren Kindern, den sogenannten Sandwichkindern: Sie sitzen zwischen allen Stühlen – fliegen unter dem Aufmerksamkeitsradar. »Ihr werdet so lange zu Hause bleiben, dass ihr euch nach Corona untereinander nur noch am Geruch erkennt!«, flachse ich. Er findet die Bemerkung nur semiwitzig. Dass Schule je ein solcher Sehnsuchtsort werden könnte, wer hätte das noch vor zwei Monaten für möglich gehalten?

Immerhin: Datenanalysten sehen Deutschland als Vorbild im Kampf gegen Corona. Weltweit landet Deutschland auf Rang zwei hinter Israel, wenn es um die Sicherheit der Bevölkerung im Kampf gegen Corona geht. Europaweit liegen wir auf Platz eins. Wir sind, das kann man mit Fug und Recht behaupten: Corona-Streber. Spüre eine Form von Trittbrettfahrerstolz in mir. So als hätte das eigene Kind völlig überraschend eine Zwei plus geschrieben. Ja, ich weiß – bekloppt. Aber es ist ein gutes Gefühl, oben dabei zu sein und von allen Seiten mit Lob und Anerkennung überhäuft zu werden. Wenn man das sagt, wird man inzwischen oft verbal abgewatscht und als obrigkeitshöriges doofes Ding abgestempelt. Trotz internationalen Lobs mehren sich die Stimmen im Land, die sagen, wir wären Marionetten und ließen uns wie willenloses Vieh von der Regierung lenken. Einige gehen sogar noch erheblich weiter: Das alles sei eine gezielte Aktion, um unsere Freiheitsrechte massiv einzuschränken. Mit der Regierung halbwegs zufrieden zu sein, gibt einem in gewissen Kreisen den Status eines dummen Schafs. Einem, das brav hinter der Herde hertrottet, egal, wohin es geht. Klar weiß niemand, was das Virus angerichtet hätte, hätten wir nichts getan und einfach so weiter vor uns hin gelebt. Mit all den herrlichen Freizeitaktivitäten. Vieles an und um diese Krise ist nun mal sehr spekulativ. In einem Jahr werden wir mehr wissen, und dann kommen sicherlich viele um die Ecke, die sagen: Ich habe es ja gleich gewusst! Siehste.

Aber so lange finde ich unsere vergleichsweise geringen Todeszahlen sehr beruhigend. Immer, wenn ich einen Blick auf die Statistik werfe, bin ich ein bisschen froh.

Constanze

Tja, das Gegenmodell zu dem Modell »Füße stillhalten« wurde uns ja heute in Michigan vorgeführt. Dort will man sich keinesfalls gefallen lassen, vor Corona geschützt zu werden. Da gingen Leute mit Gewehren auf die Straße, um gegen die Maßnahmen der Gouverneurin zu protestieren. Natürlich – wie man so schön sagt – Schulter an Schulter. Man könnte glauben, das kommt davon, wenn man die Bevölkerung so konsequent von Bildung fernhält, oder dass, wer nicht hören will, bald fühlen wird: wie es ist, infiziert zu sein oder Familienangehörige infiziert zu haben.

Die Chancen stehen blendend. Immerhin 1900 Menschen sind bis heute in Michigan bereits an Covid-19 gestorben. Man könnte die Demo also auch als eine Bewerbung um den Darwin-Award verstehen – du weißt schon: Seit über 20 Jahren bekommen diejenigen den Preis zu Ehren des Vaters der Evolutionstheorie, die den menschlichen Genpool verbessern, indem sie sich selbst daraus entfernen

Aber es ist auch ein Beispiel dafür, wie Corona eben nicht der große Gleichmacher ist, sondern wie der Virus die am härtesten trifft, die ohnehin dahin gehend am gefährlichsten leben: dicht zusammengepfercht in engen Wohnungen, miserabel bezahlt, Existenzen unterhalb der Armutsgrenze, mit Aussicht, dass ihnen ohnehin nicht zu helfen wäre. Denn – das habe ich im *Spiegel* gelesen – eine Woche Corona-Behandlung in einer amerikanischen Klinik kostet 75 000 Dollar. Ich will nicht entschuldigen, dass sich bei der Demo in Michigan eine Teilnehmerin beschwerte, dass sie nun nicht mehr ins Nagelstudio und auch nicht mehr zum Friseur darf, und nicht gedenkt, sich das gefallen zu lassen. Ich will nur verstehen, wie man so entsetzlich dumm sein kann, nicht für ein besseres Gesundheitssystem auf die Straße zu gehen und sich ausgerechnet vor den Karren der Konservativen spannen zu lassen – von denen wurde der Protest nämlich organisiert.

Gelingt mir leider nicht immer. Ganz und gar unmöglich ist es mir bei jenen, die wir in unserem Dunstkreis haben (zum Glück keine engen Freundinnen, DAS würde mich dann doch sehr, sehr erschüttern …): Akademikerinnen, mit Zugang zu allen Informationsquellen, die man nur haben kann, und eigentlich auch mit dem wichtigsten Werkzeug überhaupt ausgestattet – dem Wissen, wie man Meldungen hinterfragt, überprüft. Trotzdem bewegen sie sich intellektuell bloß in der Horizontalen – ohne einmal in die Tiefe zu gehen. Im Gegenteil – sie scheinen sich so flachgelegt sogar ziemlich wohlzufühlen. Vermutlich in der irrigen Überzeugung, im Besitz von Geheimwissen und also klüger als die Wissenschaftler zu sein, indem sie eben hinter allem eine Verschwörung vermuten: Die Chinesen haben das Virus gemacht; Bill Gates hat es in die Welt gesetzt, um später teuer seinen Impfstoff verkaufen zu können. Ehrlich, die sind auch nicht besser als die Demonstranten in Michigan, die sich mit ihren Sturmgewehren tatsächlich – wie man so schön sagt – selbst ins Knie schießen. Die sind im Gegenteil viel, viel schlimmer. Dumm ist ja nicht, nichts zu wissen – dumm ist ja vor allem, nichts wissen zu wollen. Ich finde, man kann sich qualifiziert entscheiden, einfach mal zu tun, was die Regierung empfiehlt. Und das tun wir gerade. Zum Glück jedenfalls immer noch die meisten.

NICHT DIE NERVEN VERLIEREN
TAG 33

Susanne

Wieder mal feinstes Eisdielenwetter. Gucke in das kleine Gärtchen hier und habe Visionen von Spaghetti-Eis.

Ich mag deine Definition von Dummheit und bin auch immer wieder erstaunt, dass Leute, die ich bisher durchaus geschätzt habe, einen ziemlich kruden Schwachsinn von sich geben. Was mich am allermeisten nervt: Sie posten munter seltsame Videos und achten kein bisschen auf irgendwelche Quellen. Es braucht nur ein, zwei Klicks, um herauszufinden, welche Organisationen oder Personen hinter den Videobotschaften stecken. Oft genug homophobe Holocaust-Leugner und Hardcore-Impfgegner. Es gibt sehr seltsame Allianzen. Bei manchen der Videoposter vermute ich eine Form von Aufmerksamkeitsdefizit. Endlich können sie mal richtig querschießen und sich als Widerständler generieren. Obwohl ich das meiste wirklich sackdoof finde, lasse ich diese Videos trotzdem zumeist unkommentiert. Scheue ich die Auseinandersetzung? Ich glaube einfach, dass Diskussionen mit diesen Leuten ziemlich unsinnig sind. Die Grabenkämpfe darüber, ob und wie gefährlich Corona ist, treibt, wie ich gehört habe, Freunde auseinander.

Ich kenne das Phänomen vor allem von Flüchtlings-Diskussionen. Wenn Freunde in wichtigen Fragen rund um Moral oder Weltgeschehen so diametral anders ticken, macht das die Beziehung fragil. Fragil – ein hübsches Wort, das unsere Kanzlerin in einer Ansprache zur Beschreibung der Lage genutzt hat. Ich weiß, wie sehr du das Wort magst. Es ist aber auch ein bezauberndes

Wort. Zerbrechlich und zart. Alles Adjektive, die einem bei mir eher nicht einfallen. Bezaubernd mag ich übrigens auch. Und blümerant. Ein wunderschönes Wort, das einen Zustand beschreibt, in dem ich mich momentan häufig befinde. Manchmal kann ich Corona komplett aus meinem Hirn verbannen und genieße diesen Zustand, diese Phase der erzwungenen Terminlosigkeit. Dieses Dahinwabern durch einen sehr stark reglementierten Alltag. Das hat irgendwie was. Man muss wenige Entscheidungen treffen, denn die Wahlmöglichkeiten sind rar. Mal an die Luft gehen, mal zum Supermarkt. Mal Risotto kochen, mal Brot backen. Und dazwischen arbeiten. Lustigerweise habe ich Sehnsucht nach Dingen, die ich sonst gar nicht so häufig tue. Ich will ins Kino. Ins Theater. Würde gerne Bahnen im Hallenbad ziehen, obwohl ich Schwimmen nicht mal besonders mag.

Ab Montag sollen die Eisdielen aufmachen. Ein Lichtblick. Sehe mich mit Spaghetti-Eis auf der Terrasse sitzen. Visionen sind doch was Herrliches.

Constanze

Unter all den Fragen, die wir uns für unser Mutter-Buch ausgedacht hatten, um unsere Mütter besser kennenzulernen, war auch eine, die lautete: Was würdest du tun, wenn du nur noch ein paar Wochen zu leben hättest? Ich habe sie meiner Mutter gestellt, als ich schon wusste, dass sie bald sterben wird – aber sie noch dachte, sie hätte noch eine Chance. Sie sagte damals nicht: »Ich würde auf jeden Fall noch die Welt bereisen!« Oder: »Am liebsten würde ich jedem eine knallen, der mir mal das Herz schwer gemacht hat!«, oder: »Ich würde meine Jugendliebe suchen und noch einmal küssen wollen!« Sie sagte: »Ich würde mir wünschen, dass alles so bleibt, wie es ist. Und vielleicht noch mal ein paar Tage nach Sylt fahren. Du weißt schon, in das schöne Hotel, das uns immer zu teuer war!« Das fiel mir heute ein, als ich um acht Uhr an der Kasse von tegut stand. Wie toll es eigentlich ist, einen ganz normalen Alltag zu haben. Einen, in dem man sich vor allem darüber Gedanken machen DARF, ob man lieber an die See fährt oder in die Berge; wie man den Mann dazu bringt, seine Schuhe aus dem Flur zu räumen; und ob die neue Falte auf der Stirn gedenkt zu bleiben. Und wie einem das immer erst einfällt, wenn dieser paradiesische Zustand in Gefahr ist. So wie jetzt.

Ich wünsche mir echt meine Sorgen von vor zwei Jahren zurück. Nicht die vom letzten Jahr, als noch einige neue dazukamen – weil wir uns für unser letztes Buch mit dem Zustand dieses Planeten beschäftigten. Damals – also davor – hätte ich mich etwa noch sehr über einen so sonnigen Frühling gefreut. Jetzt macht es mir Angst, wenn ich sehe, dass es auch die nächsten zehn Tage nicht regnen soll.

Gleichzeitig könnte ich den ganzen Apokalyptikern da draußen wirklich eine scheuern. Ich will mir auf keinen Fall jetzt schon sagen lassen, dass eh alles zu spät ist, oder mir vorrechnen lassen, wie viel schlimmer es noch wird. So wie von manchen Medien – wo man noch glaubt, Leser damit zu generieren, dass man ihnen die Zukunft tiefschwarz malt.

In einer dieser medialen Krawallschachteln wurde gestern vermeldet, dass es bis August nicht mehr regnen soll. Wie wollen die das im April schon wissen? Wollen die uns alle lähmen? Soll alles viel zu groß werden, als dass noch jemand etwas tun kann? Ist das das geheime Ziel?

Aber wie ja offenbar tatsächlich nie wirklich ALLES schlecht ist, gibt es wenigstens eine gute Nachricht: Nachdem mein Mann am Wochenende den zutiefst bedauernswerten Zustand seines geliebten Westerwalds gesehen hat, dass dort mindestens ein Drittel der Bäume umgefallen ist. Und nachdem ich – die alte Spaßbremse – darauf hinwies, dass es da einen direkten Zusammenhang zwischen sterbenden Wäldern und Fleischkonsum gibt, haben wir jetzt schon den dritten Abend fleischlos gegessen. Nein, frage nicht – wie wir in den Westerwald gekommen sind. Eigentlich waren wir auch gar nicht da. Also nicht offiziell. Obwohl: Bisschen rumfahren darf man ja, und wir haben es ja zu zweit getan. Und es hat sich sehr gelohnt. Immerhin gab es einen Erkenntnisgewinn. Merkst du, wie ich mich anstrenge, nicht die Nerven zu verlieren? Morgen werde ich dafür eine todsichere Methode anwenden: Dir schreiben, was mich gerade wirklich glücklich macht. Trotz allem …

GIT UP AND DANCE
TAG 34

Constanze

Als ich eben »Tag 34« schrieb, kam mir die Zeit plötzlich unendlich lang vor. Zumal mit der Aussicht auf Verlängerung. Zwar eine mit Lockerungsübungen – aber offenbar rechnet man mit einem steten Wiederaufflammen der Infektionen. So wie damals bei der Spanischen Grippe. Habe mir deshalb gleich noch eine Maske bestellt. Die Hälfte meiner Bestände geht ja an meinen Mann, und bei einem Teil der Bestellungen geht es mir wie dir: werde von einer Woche auf die nächste vertröstet. Was glauben die, wofür wir die brauchen? Um in 20 Jahren die Schnabeltassen im Altenpflegeheim warm zu halten?

Ich verstehe, dass es im Moment ein Riesenaufkommen an Paketzustellungen gibt, das kaum zu bewältigen ist, aber seltsamerweise hat es ein Versender innerhalb von zwei Tagen geschafft, beim anderen warte ich schon zwei Wochen.

Vergiss bitte, was ich gestern über die vermeintlich sorgloseren Zeiten geschrieben habe. Stimmt ja gar nicht. Vor zwei Jahren war auch viel sehr Schlimmes los: Eine Freundin – starb an Lungenkrebs. Mein Vater war ganz kurz vor dem Versagen seiner Nieren ins Krankenhaus gekommen. Da sieht man mal, wie man dazu neigt, sich die Vergangenheit rosarot zu denken. So gesehen ist die aktuelle Lage zwar immer noch nicht schön, schneidet jedoch im Vergleich gar nicht so schlecht ab.

Doch nun mal zum Wesentlichen: Wollte ja heute vor allem darüber schreiben, was mich glücklich macht, und das ist absolut die Musik. Ich bin immer wieder total überrascht, wie sich meine Laune von einer Sekunde auf die andere total hebt, wenn ich mir die Kopfhörer aufsetze und mich durch meine Playlist höre. Als würde man einen Schalter umlegen oder eine fantastische Droge einwerfen. Ich bin fast immer nur mit Musik unterwegs, wenn ich nicht gerade euren so großartigen Podcast höre. Daheim läuft meistens Klassik, weil das nicht so vom Arbeiten ablenkt. Sonst bin ich ein absoluter Sampler-Hörer – und liebe deshalb etwa Soundtracks. Auch, weil man damit auf ganz neue Band-Ideen kommt. Was gar nicht geht: Metal, Techno, Electro, Schlager. Sonst aber fast alles. Mit Musik kann ich Zeitreisen unternehmen und komme damit locker bis in die 1970er – zu den ersten Klassenpartys – oder in die 1980er – in die Frankfurter Klubs, die es heute nicht mehr gibt. Nicht, dass ich besonders musikalisch wäre. Überhaupt nicht. Das Einzige, wofür ich in immerhin acht Jahren Klavierunterricht von einer unfasslich geduldigen Klavierlehrerin jemals gelobt wurde, war, dass ich vom Blatt spielen kann und eben nicht dauernd auf meine Finger schaue. Was übrigens leider auch keine große Kunst ist, wenn man mal einen Schreibmaschinenkurs gemacht hat. Oder zwei – wie ich –, weil mein Vater fand, dass das zur weiblichen Grundausbildung gehört. Und weil eine Frau, wenn alle Stricke reißen, ja immer noch in einem Büro ihr Geld verdienen kann. Und nein: Ich kann GAR NICHTS mehr auf dem Klavier spielen. Also auswendig. Mit Noten vermutlich auch nur noch »Hänschen klein«.

Das zweite Dilemma, das aus dem ersten folgt: Ich bin auch nicht besonders gut im Tanzen. Klar hatte ich im dafür richtigen Alter Tanzstunden. Aber nicht aus Neigung, sondern weil meine Eltern das so wollten – die beide übrigens großartige Tänzer gewesen sind. Trotzdem gehe ich echt gern tanzen und habe mir jetzt im Internet Möglichkeiten gesucht, mein sehr dürftiges Repertoire aufzurüsten. Man muss ja mal was tun fürs eigene Stimmungsmanagement, und da gibt es nun mal fast nichts Besseres als Musik UND Bewegung. Ich habe tolle Angebote gefunden. Zum Beispiel von der britischen Royal Academy of Dance. »You are never tutu old for ballet« heißt das Programm, das man sich auf YouTube anschauen kann und das sich an über Fünfundfünfzigjährige wendet. Jede Woche gibt es dort eine neue »lesson« für die »Silver Swans« online. Da werde ich mal reinschauen. Und ich habe mir den »Dance for Git up« vorgenommen. Der sollte selbst für einen Bewegungslegastheniker wie mich zu machen sein. Was meinst du? Machst du mit?

Susanne

Habe mir gerade den Git-up-Tanz angeschaut. Das nenne ich mal ein ambitioniertes Projekt. Du weißt, ich bin von uns beiden die absolute Bewegungslegasthenikerin. Ich erinnere mich an Gymnastikkurse mit diesem Brett, das vor einem stand. Man musste immer draufsteigen, absteigen, Drehungen vollführen, mal rechter Fuß, mal linker. Knie hoch, zur Seite und dabei noch die Arme irgendwie in unterschiedliche Richtungen strecken. Ich glaube, es hieß »Step Aerobic«, und es war eine Weile unglaublich populär. Ich habe es gehasst. Schon weil ich mich richtig dusselig angestellt habe. Es hat meistens nicht mal fünf Minuten gedauert, bis mich die Trainerin im Visier hatte. »Du da hinten, komm mal hier vor!« Dann musste ich in die erste Reihe vorrücken, um noch mehr unter Beobachtung zu stehen. Der nächste Schritt war auch eigentlich immer der gleiche: »Lass einfach die Arme weg, dann ist es vielleicht machbar für dich!«

Das hatte fast was Traumatisierendes. Vorgeführt vor der gesamten Gruppe, ein ähnlicher Moment wie in der Mathestunde, wenn man an die Tafel gerufen wurde, um etwas vorzurechnen, und nicht den Hauch einer Idee hatte, wie das gehen sollte. Mit anderen Worten: Ich denke nicht, dass die Chance besteht, dass ich diesen Tanz lernen werde. Ich war nicht mal in der Tanzstunde. Das galt in meinem Jahrgang als das Synonym für grauenvolle Spießigkeit. Es hätte mir – rückblickend betrachtet – wahrscheinlich nicht geschadet. Einmal hat mein Vater auf einem Ball gesagt, ich solle mit ihm tanzen. Ich habe mich unglaublich gesträubt und beteuert, dass ich leider so gar nicht tanzen kann. Er könne führen, und ich müsse mich nur dem Takt und ihm fügen. Vielleicht liegt es daran, dass ich mich generell nicht wahnsinnig gerne füge, aber es war ein Desaster. Nach zwei Minuten hat mein Vater (von wegen: »Ich kann führen, mit mir kann jede tanzen«, Mann!) unseren Versuch beendet und mich zum Platz gebracht. »Hoffnungslos!«, war sein Kommentar.

Insofern habe ich reichlich Bedenken, was den Git-up-Dance angeht. Aber ich werde es angehen – wenn wir uns dann tatsächlich irgendwann sehen, hast du zumindest einiges zu lachen. Man darf sich selbst ja nicht so wichtig nehmen. Ich glaube, das ist im Leben elementar. Und im Moment noch mal besonders entscheidend. Eigene Befindlichkeiten müssen zurzeit mal zurückstehen, quasi in die zweite Reihe treten. Ja, das ist ein wenig schade. Aber nötig. Suche mir jetzt ein Tutorial für den Tanz raus und lege los. Bin gespannt, wie die Herren hier im Haushalt reagieren!

Hab ein zauberhaftes Wochenende!

LEBENSHINTERGRUND-GERÄUSCHE
TAG 35

Constanze

Das mit den Eisdielen ist schon irgendwie verrückt. Einerseits »dürfen« die nun wieder Eis anbieten. Andererseits sind die Bedingungen, unter denen man als Kunde das Angebot annehmen kann, so harsch, dass man genauso gut auch sagen könnte: Bevor du dein Erdbeervanilleschokoladeneis haben darfst, musst du mit Taucherbrille und Schnorchel und auf einem Bein hüpfend »Die Glocke« von Schiller aufsagen, eine Waffel hochhalten und hoffen, dass der Eisverkäufer sein Bällchen genau dorthin platzieren kann – wenn er es über eine Distanz von mindestens anderthalb Metern wirft. Seltsame Entscheidungen sind unter den nachvollziehbaren. Ist ein bisschen wie beim Wichteln – manchmal gibt es da ja auch durchaus Nützliches, aber eben auch eine Menge Dinge, bei denen man sich ernsthaft fragt: DAFÜR wurden wirklich Produktionsbänder angeworfen? Strom verbraucht? Plastikmüll in Kauf genommen? Was ist das überhaupt?

Heute habe ich auf dem Balkon den Geräuschen der Nachbarn gelauscht. Oben wurden Teller aufgedeckt. Unten hat meine Nachbarin mit ihrem Sohn darüber diskutiert, ob die Hose, die er offenbar neu hat, zu eng ist oder nicht. Nebenan auf dem Balkon blätterte jemand lautstark Zeitungsseiten um. Ich fand's toll. Lauter Lebensäußerungen und Zeichen, dass man nicht allein, sondern unter vielen Menschen ist. Wenn schon nicht körperlich, so doch wenigstens noch akustisch. Dann wollte ich eine Freundin anrufen, hatte mich aber in der Telefonbuchzeile geirrt und eine andere dran gehabt. Eigentlich eher eine Bekannte, mit der ich sicher schon seit drei oder vier Jahren nicht mehr gesprochen habe. Sie hat sich natürlich sehr gewundert. Ich mich auch. Allerdings habe ich es mir nicht anmerken lassen, sondern gerade noch so die Kurve bekommen und behauptet, dass man jetzt – in Corona-Zeiten – ja gern auch mal wissen will, wie es allen so geht. Als ich es sagte, kam es mir selbst sehr plausibel vor, und ehrlich: Eigentlich habe ich mich sogar gefreut, wenigstens auf diese Weise mal wieder mit ihr zu sprechen. Hätte ich sonst NIE getan.

Telefonieren erlebt überhaupt wieder eine Renaissance, habe ich den Eindruck, weil wir uns – wo wir uns nicht mehr sehen können – doch mehr zu sagen haben, als in eine WhatsApp-Nachricht passt. Und es ist schön, wenigstens die Stimme zu hören, wo schon alle anderen Sinneseindrücke in Quarantäne bleiben müssen.

Weil ich so im Schwung war, habe ich dann auch gleich eine Freundin in Köln angerufen. Ich mag sie sehr gern, sie ist klug, lustig und hat schon mordsviel gestemmt in ihrem Leben – trotzdem habe ich ewig nicht mit ihr gesprochen. Am Ende haben wir eine Stunde telefoniert. Sie erzählte, dass sie sich nach fünf Wochen strikter Ausgehsperre gestern einmal wieder mit Freundinnen am Rhein getroffen habe. Selbstverständlich nur in Zweiergruppen und mit dem gebührenden Abstand. Wir haben darüber gesprochen, wie unfasslich wichtig Freundschaften gerade jetzt sind, wo es so schwer ist, sie mit Verabredungen zu pflegen. Und dass Freundschaft im Moment – ähnlich wie Nachbarschaft – so etwas wie ein enorm beruhigendes Lebenshintergrundgeräusch ist. Möglicherweise etwas heruntergedimmt – aber hörbar. Man kann allerdings die Lautstärke jederzeit aufdrehen – anrufen – sprechen – spazieren gehen.

Schon ein gutes Gefühl. Auch, wenn mir natürlich die Umarmungen fehlen. Das wird so ziemlich das Erste sein, was ich tun würde, wäre Corona über Nacht verschwunden: meinen Vater, dich, unsere Freundinnen in den Arm nehmen. Es gibt ja schon sehr viele Leute, die längst an ihrer Post-Corona-Liste arbeiten. Hast du auch so eine? Was sind bei dir die Top Five der Dinge, die du dann als Erstes tun würdest? Ich meine: außer mir einen fantastisch bühnenreifen Git-up-Dance vorzuführen!

Susanne

Mit dem bühnenreifen Git-up-Dance-Auftritt habe ich einige Bedenken. Ich bin schon mit dem Schritt-für-Schritt-Tutorial ohne Musik komplett überfordert. Ich bin mir nicht sicher, ob Corona lange genug dauert, dass ich mir diese Fertigkeit draufschaffen kann. Aber die Hoffnung stirbt zuletzt … und ich habe Spaß beim Rumgetapse. Muss über mich selbst lachen.

Es ist Sonntag. Stille liegt über dem Ort, in dem ich momentan lebe. Wieder strahlt die Sonne. Dabei braucht die Natur Regen mehr denn je. Alles ist jetzt schon brottrocken, nicht nur im Westerwald. Auch hier kann man sehen, wie dringend die Natur Regen bräuchte. Für die Psyche ist die Sonne allerdings herrlich.

Wir sind jetzt über einen Monat im Social-Distancing-Modus. Heute beim Frühstück sagte der Liebste, er sehne sich danach, mal wieder essen zu gehen. Rauszukommen. Menschen zu sehen. Überlege kurz, ob ich beleidigt sein sollte, weil ich nicht genüge. Aber es geht mir ja genauso. Wir haben das Haus heute noch gar nicht verlassen. Noch nicht mal zum Spazierengehen. Es macht mehr Spaß, durch den Wald zu laufen, wenn man ein Ziel hat. Das nette Café oder den hübschen Landgasthof. Draußen zu sitzen und einen kühlen Sauergespritzten zu trinken wäre schön. Dabei das Gerede vom Nebentisch zu hören. Ein menschliches Grundrauschen sozusagen.

Stattdessen arbeite ich und habe nebenher mal wieder Brot

gebacken. Ist mein Brotbackwahn eine Form der Übersprungshandlung? Wahrscheinlich. Oder sind es die glücklich machenden Kohlenhydrate, die im Brot stecken? Obwohl es draußen warm ist, gelüstet es mich nach Trostessen. Kartoffelbrei mit Soße, Grießbrei, Milchreis, Pudding, Schokolade. Kuchen, Teigwaren, Fettiges und Süßes. Es ist nicht die passende Zeit für einen Salat.

Du hast nach meiner Top-Five-Liste für die Nach-Corona-Zeit gefragt: Umarmungen stehen auf meiner Liste ebenfalls sehr weit oben. Ich würde sehr gerne meine Kinder in die Arme schließen und ausgiebig herzen. Sie überhaupt mal wieder sehen. Vielleicht tatsächlich ins ferne Berlin fahren und beide herrlich zum Essen ausführen. Auch auf der Liste: Ein Abend mit Freundinnen – ohne Schutzmasken – im Restaurant. Ein Abend ohne Spuren von Corona. Sorglos und entspannt. Leicht. Ich würde gern mal wieder durch die Stadt bummeln, durch eine Stadt voll mit Menschen, die reden, lachen, drängeln und in der Sonne sitzen und Eis essen. Ich habe Lust, meine Lesungen, die allesamt ausgefallen sind, nachzuholen. Ich freue mich darauf, in Buchhandlungen zu stöbern.

Erstaunlicherweise sind Friseurbesuch und Nagelstudio in meiner Prioritätenliste weit nach unten gerutscht. Die Wochen »ohne« haben für eine gewisse optische Entspannung gesorgt. Es ist letztlich doch nicht das, worauf es ankommt.

KATASTROPHEN-MÜDIGKEIT

TAG 36

Constanze

Heute habe ich von einem neuen Corona-Frühsymptom gelesen. Angeblich bekommt jeder fünfte Infizierte, noch bevor die Krankheit ausbricht, blaue Flecken an den Füßen oder auch eine Art Ausschlag. Habe mich sofort vom ordnungsgemäßen Zustand meiner Füße überzeugen müssen. Langsam werde ich zum Hypochonder. Jedes Kratzen im Hals, jeder Schnaufer beim Treppensteigen, jedes Schnupfenanzeichen löst Alarm aus. Fühle mich abends beim Einschlafen und morgens vor dem Aufstehen wie so ein Pilot vor dem Abflug, der eben noch mal sämtliche Funktionen durchcheckt, bevor er sicher ist, dass alles in Ordnung ist und er starten kann. Ziemlich nervig. Zumal ich erstens Asthma habe und eh oft einen kratzigen Hals und zweitens gerade die Pollen fliegen UND man wegen des ständigen Wechsels von ziemlich heiß (tagsüber) zu echt noch saukalt (nachts) schon mal einfach eine Erkältung haben kann. Ebenso wie Kopfschmerzen. (Merkst du, wie ich mich schon selbst beruhigen muss?!)

Heute habe ich das erste Mal meinen Mund-Nasen-Schutz länger getragen. Ich war in Öffentlichen unterwegs und im Supermarkt und dachte, das könnte schon mal eine kleines Training sein für die Maskenpflicht, die – das glaube ich – sicher kommen wird. Ist nicht so einfach, so ein Ding vor dem Gesicht zu haben. Man bekommt eine Ahnung davon, wie es wäre, als Frau immer einen Niqab vorrätig halten zu müssen. Gut, wenigstens sieht man noch unsere Haare. Aber mehr als die Hälfte all unserer Ausdrucksmöglichkeiten ist komplett bedeckt, und das verändert und verfremdet schon vieles. Man sieht nicht mehr wirklich, in welcher Stimmung jemand ist – klar, man erkennt noch an den Augen, ob der andere lächelt. Aber der Gesamteindruck ist schon ziemlich starr, sehr uniformiert, gleichgeschaltet, distanziert. Ein Großteil unserer Individualität ist einfach verhängt.

Vielleicht lernen Männer ja nun am eigenen Leib, dass so eine Gesichtsbedeckung für Frauen nicht einfach bloß ein kulturell verankertes Accessoire ist – sondern eine Zumutung, eine Gängelung und Einschränkung –, wenn man es aus keinem weiteren Grund tragen soll, als dass man eine Frau ist und Männer sich – angeblich – nicht beherrschen können beim Anblick eines nackten Frauengesichts. Andererseits: Die Maske verhängt auch eine Menge der Falten. Ebenso etwaige Hängebäckchen oder Hautprobleme. Ausgaben für Anti-Aging-Cremes, Zahn-Bleachings und auch für Lippenstift können wir uns erst mal sparen. Ebenso für Restaurantbesuche. Die müssen ja nach wie vor geschlossen bleiben, die Gaststätten. Dafür sind seit heute wieder kleinere Läden geöffnet.

Es hat gutgetan, Blanka in ihrem wunderbaren neuen Supermercado besuchen zu können, zu sehen, wie hübsch alles geworden ist. Noch einmal – mit Mundschutz und auf Abstand – darüber zu sprechen, wie andere diese Zeit gerade erleben. Wie viel Kraft es kostet, jetzt so einen Betrieb aufrechtzuerhalten und durchzubringen, wie es Blanka gerade tut, die dabei trotzdem noch den Eindruck herzaubert, als gäbe es hier bei ihr nicht nur herrliche Klamotten, sondern auch so etwas wie eine Auszeit aus dem ewig gleichen Coronacoronacoronacorona, den Sorgen, der Angespanntheit. Sie hat uns wunderschön-stylische Stoffmasken geschenkt. Und ich war echt überrascht, wie man selbst einem so banalen Gebrauchsgegenstand so viel Fröhlichkeit und Glamour verleihen kann. Ich habe mich sehr darüber gefreut. Ich werde das pinkrote Prachtstück sicher aufheben – auch wenn Corona hoffentlich bald bloß noch ein ziemlich trostloses Kapitel unserer

Geschichte sein wird. Es steht irgendwie auch für eine Haltung, an die man sich vermutlich in der Post-Corona-Ära durchaus öfter mal erinnern sollte ...

Susanne

Was für ein ereignisreicher Tag. Allein diesen Satz sagen zu können, ist in C.-Zeiten etwas ganz Besonderes. Weltweit passiert unsagbar viel, obwohl die Welt sillsteht, aber im heimischen Kosmos tut sich eher wenig. Insofern giere ich wie sicherlich viele andere auch nach Abwechslung. Ich war heute, da die Geschäfte bis 800 Quadratmeter wieder aufmachen dürfen, endlich mal wieder in der Stadt, und wir beide haben uns dort getroffen. In der süßen Boutique unserer Freundin Blanka. Mit ordentlichem Mindestabstand und Maske auf dem Gesicht. Ich hoffe, du hast das Strahlen in meinem Gesicht trotzdem gesehen!

Ich hatte ein bisschen Angst, dass die Stadt von Menschenmassen nur so überflutet wird, aber nein. Es war überschaubar. Lange Schlangen habe ich nur vor zwei Läden gesehen: vor einer Schneiderei und einem Kurzwarenladen. Dass Gummiband mal der heiße Shit sein würde – die Hefe der Nicht-Lebensmittel sozusagen –, wer hätte das je gedacht? Und die Schlange vor dem Schneider hätte der sich wohl niemals vorher auch nur erträumt. Schlau, wie er ist, hat er umgesattelt: von der klassischen Änderungsschneiderei zum Stoffmaskenhersteller. Clever.

Noch immer tragen nicht allzu viele Menschen Maske. In der Frankfurter Innenstadt etwa ein Drittel der Leute. Ab nächster Woche gilt in Bayern die Maskenpflicht wie jetzt schon in einzelnen Städten wie Hanau, Halle und Jena. Jena war bundesweit die erste Stadt, die die Maskenpflicht eingeführt hat. Seither gibt es dort keine Neuinfektionen mehr.

Ich glaube, flächendeckend werden die Menschen nicht freiwillig die Maske tragen. Ohne Pflicht wird da nichts gehen. Es wird nicht mehr lange dauern, und dann gibt es garantiert welche von Chanel oder Louis Vuitton. Oder Hennes und Zara. Passend zum jeweiligen Outfit. Mit Spitze, ein wenig Strass oder irgendwelchen witzigen Sprüchen. Maskenmode. Farblich abgestimmt zur Sandale oder zur Stiefelette.

Ich bemerke inzwischen vermehrt rund um mich ein Phänomen, das man in der Wissenschaft »Disaster fatigue« nennt. Katastrophenmüdigkeit. Eine Jetzt-ist-es-auch-mal-gut-Stimmung macht sich breit. Das leicht Aufregende der Pandemie vom Anfang, dieses Grauen, das man nicht kannte, ist vorbei, und das Mühsame bleibt.

Der Mensch ist zu Einschränkungen bereit, aber wenn sie ein Open End haben, zermürbt das auf Dauer alle. Die Aggressivität wächst, die Kritik auch. Unsere Kanzlerin warnt uns davor zu denken, wir hätten die Situation schon im Griff und könnten uns alle mal locker machen. R – die Reproduktionsrate – dürfe nicht über 1,0 steigen. Ob die jetzigen Lockerungen den Konsonanten, der momentan so wichtig für uns ist, in die Höhe treiben werden, das werden wir in etwa zehn Tagen wissen. Gerät R außer Rand und Band, müssen wir buchstäblich »zurück auf Los«. Ich will mir das Geschrei, das dann losbricht, gar nicht vorstellen. Privilegien, die man gerade bekommen hat, lässt man sich ungern wieder nehmen.

Hoffe, dass wir uns in dieser Woche noch mal in der Stadt sehen werden!

Ach, und zum Schluss das Tages-Highlight heute (außer unserem Treffen selbstverständlich! Und dem Masken-Geschenk von Blanka): Habe auf dem Heimweg an meiner Lieblingseisdiele in Frankfurt gehalten und drei Becher Spaghetti-Eis geshoppt. Für den Liebsten, seinen Sohn und mich. Das Leben kann auch in Corona-Zeiten sehr schön sein.

AUFMERKSAMKEITEN
TAG 37

Constanze

Um das Spaghetti-Eis beneide ich dich! Wie hast du das noch leidlich angefroren heimgebracht? Mich macht schon der Gedanke an das aufwendige Prozedere müde, überhaupt an ein Eis zu kommen. Dass man es zwar direkt »anlecken« darf, bevor es einem die Arme herunterrinnt, aber keinesfalls sofort essen. Das geht erst mit 50 Metern Abstand von der Eisdiele. Und ist das nur hier in Hessen so? Wie erklärt man das seinem Kind? Wie erklärt man überhaupt Kindern die momentane Situation? Eine für sie sicher total abstrakte Gefahr?

Ist ja offenbar schon für die Erwachsenen schwer zu verstehen. Die kommen einem überall zu nahe, oder sie sind – wie eine ältere Frau gestern in der Straßenbahn – übertrieben panisch: Sie stand direkt an der Tür und hat ein junges Pärchen angepampt, das eingestiegen und an ihr vorbeigegangen ist. Außer die beiden hätten ein Fenster eingeschlagen, hätte es keinen anderen Weg gegeben. Ich habe heute Nacht prompt geträumt, ich würde in einem total überfüllten Zug sitzen, in dem sich keiner um das Kontaktverbot schert. Erst dachte ich, wenn sich keiner Sorgen macht, ist es vielleicht auch gar nicht schlimm. Aber dann blieb der Zug an einer Station einfach stehen. Niemand sagte, warum. Da habe ich nicht etwa doch plötzlich Angst vor einer Ansteckung bekommen – sondern mir war das alles mit einem Schlag zu nahe, und ich bin ausgestiegen.

Vielleicht wird das später so sein: dass wir ein ganz anderes Verständnis von Nähe und von »zu nahe« haben werden? Das werden harte Zeiten für Taschendiebe und die ÖPNV-Grabscher. Du weißt schon, die Männer, die sich immer ein wenig zu eng an einen gedrängt haben, um dann empört zu behaupten, dem wäre nicht so. Falls man überhaupt etwas gesagt hat.

Ab Montag – das wurde gestern Abend entschieden – sollen wir immer eine Maske im öffentlichen Nahverkehr und beim Einkaufen tragen. Finde ich gut. Zumal meiner Erfahrung nach mindestens ein Drittel der Menschen da draußen und drinnen in Straßenbahnen und Bussen wenig beeindruckt zu sein scheint von dem, was einem blühen kann, wenn man sich ansteckt.

Zum Glück sind unsere Maskenvorräte gestern Abend noch unverhofft aufgestockt worden. Ich hatte unseren chinesischen Nachbarn im Aufzug getroffen. Er hatte ein Paket im Arm. Habe ihm gratuliert, dass seine Päckchen offenbar ankommen, während die von mir vor 14 Tagen schon bestellten Masken – die auch für meinen Vater gedacht sind – offenbar spontan zu einer Weltreise aufgebrochen waren. Am Abend brachte unser Nachbar dann ein ganzes Paket Mund-Nasen-Schutzmasken vorbei. Ungefähr 50 Stück. Total nett. Die werde ich heute zumindest teilweise zu meinem Vater mitnehmen. Damit er weiterhin seine kleinen Ausflüge zu Penny machen kann. Ich weiß, viele werden jetzt an dieser Stelle schon fast reflexhaft entgeistert fragen: Wie kann er nur? Und ich werde wieder antworten: Der Mann ist groß! Und jetzt verrate mir bitte, wie du das mit dem Eis gemacht hast.

Susanne

Es scheint der Tag der generösen Maskengeschenke zu sein. Nachdem uns unsere Freundin Blanka gestern eine sehr schöne Maske geschenkt hat, pink-orange – ein richtiger Eyecatcher –, erreichte mich heute ein kleines Päckchen von Alex mit vier sehr hübschen Masken in unterschiedlichen Designs. Ziehharmonikastyle und glatt. Geblümt und eine mit kleinen Matrioschkas. Was für eine Freude!

Überhaupt sind Päckchen immer ein Tages-Highlight für mich. Ich bekomme sehr viel mehr Post als sonst. Vor allem sehr viel erfreulichere. Grüße von Freunden, kleine Aufmerksamkeiten, hier ein Buch, da eine Flasche Wein. Das hebt die Stimmung immens.

Versuche auch, aufmerksamer zu sein. Habe meiner Tochter alte Rollerblades nach Berlin gesandt, und die Begeisterung war gigantisch. Rollschuhfahren scheint wieder im Trend zu sein. Die Generation Fitnessstudio muss sich ja jetzt auch neue sportliche Betätigungsfelder suchen. Habe gefühlt noch nie so viele Menschen beim Joggen und Radfahren gesehen. Selbst der Jugendliche, mit dem ich momentan im Haus wohne, hat heute gesagt, er überlege mal, mit mir zu laufen. Hat er bis gestern vehement abgelehnt. Behauptet, da würde er fast noch lieber spazieren gehen! Was Corona alles kann. Gestern lag er im Garten und hat – Achtung – gelesen. Ein Buch! Wunder können passieren, man muss nur langen Atem haben. Oder Corona. Okay, es war eine Lektüre für die Schule. Aber immerhin. Ein Anfang.

Was das Spaghetti-Eis angeht: Ich habe es im Auto transportiert und dann zu Hause noch mal eine Runde in das Tiefkühlfach gestellt. Kein wirklich toller Trick.

Was die Grabscher und Taschendiebe angeht: Good news, finde ich. Es gibt ja fast nichts Ekligeres als diese Kerle, die in Bus und Bahn verstohlen versuchen, sich an einem zu reiben. Bäh. Widerliche Zeitgenossen.

Was deinen Papa angeht: Ich schimpfe mit meiner Mutter auch, wenn sie in den Supermarkt geht, sehe es aber ähnlich wie du. Sie sind groß und wissen um die Gefahr. Mehr als ermahnen kann man sie nicht. Ein bisschen kann ich sie auch verstehen. Mal rauszukommen, wenn auch nur in den Supermarkt, ist eine Abwechslung. Sie ist sonst sehr, sehr brav. Zumeist lässt sie sich von meiner Schwester einkaufen, die neben ihr wohnt. Manchmal, aber nur manchmal mag sie selber gehen. Weil man, so sagt sie, dann doch auf andere Ideen kommt. Allein durchs Gucken inspiriert wird. Ich glaube, sie will einfach auch nur mal Leute sehen.

Es gibt Menschen, die sich in den sozialen Medien lauthals über ältere Leute beschweren, die überhaupt noch rausgehen. »Die sollen drinbleiben! Wegen denen machen wir den Scheiß doch!« Ich finde diesen rüden, unfreundlichen Ton ganz schrecklich. Geradezu menschenverachtend. Zum einen werden wir alle mal alt sein (ziemlich bald übrigens!), und das scheinen viele zu vergessen. »Wegen denen geht die Wirtschaft den Bach runter!«, sagen einige. Nein, es ist das Virus, das uns und die Wirtschaft lahmlegt. Und das Menschen tötet. Schutz verdient jeder in dieser Gesellschaft. Ausnahmslos. Wer das übersieht oder vergisst oder solch zynische Kommentare abgibt, ist vor allem eines: asozial. Das musste jetzt mal raus.

Empörte Grüße.

AUS DER BALANCE
TAG 38

Constanze

Weißt du, was wir ja komplett ausgelassen haben auf der großen Corona-To-do-Liste? Die Heimwerkerei. Habe nur immer gehört, dass die Schlangen vor den Baumärkten noch länger sind als die vor den Supermärkten, über die das Gerücht in Umlauf war, man könne dort endlich wieder Toilettenpapier erstehen (… was meist nicht stimmte). Und habe von einem Bekannten gehört, dass er diese Gunst der Stunde ausgenutzt hat, um möglichst lange Fehlzeiten von daheim zu erklären. In Wahrheit brauchte er aber weder neue Wandfarbe noch einen Kreuzschraubenzieher – sondern bloß eine Auszeit von Kinderbetreuung und Haushalt. Die überwiegend meisten, die dort geduldig ausharren, um an Werkzeuge, Gartengeräte, Tapetenkleister, Akkuschrauber, Terrassenholz, Lacke, Gips, Grünbelagentferner zu kommen, haben aber Großes vor: die Zeit zu nutzen, um Haus und Hof in Bestform zu bringen.

Bisschen gewagt. Schließlich passieren die meisten Unfälle immer noch daheim – übrigens vor allem Stürze, weil die Leiter wackelt. Ja, klar könnte die Frau die Leiter festhalten. Aber die meisten mir bekannten Männer haben leider nicht mal die zwei Sekunden, die wir Frauen brauchen, um SOFORT als Hilfsarbeiterin in das Projekt »neue Flurlampe anbringen« einzusteigen. Dabei möchte man im Moment auf keinen Fall den Mann notfallmäßig in eine Klinik bringen müssen. Andererseits wäre er da immerhin vor einer Sache sicher: die bittern und hochverdienten Vorwürfe, die man ihm machen würde. Man darf ja seine Lieben in der Klinik nicht mal mehr besuchen.

Mein Mann hat zum Glück momentan in Sachen Handwerk

keinerlei Ambitionen. Und ich bin sowieso raus. Ich habe zu Wohngemeinschaftszeiten ausreichend gemalt und lackiert. Selbst Wohnungen von Leuten, die ich nicht mal wirklich kannte. (Eine komplizierte Geschichte – deshalb nur so viel: war so.) Ich brauche eigentlich vor meinem hundertsten Geburtstag keinen Farbroller mehr anzufassen.

Aber um uns herum wird fleißig gewerkelt. Der Nachbar unten hat den Flur und das Bad neu gestrichen. Im Erdgeschoss wird Parkett verlegt, und irgendwo im Haus hat jemand eine neue Küche bekommen. Nebenan wurde außerdem gerade genug Material aus dem Auto gepackt, um den Tadsch Mahal nachzubauen. In Originalgröße selbstverständlich.

Dauernd klopft und bohrt es von allen Seiten. Ich wäre ja bereit, die Balkonpflanzen umzutopfen. Die hätten es wirklich nötig. Aber ich will für die Materialbeschaffung nicht gleich einen halben Tag auf einem Baumarktparkplatz herumstehen müssen. Vielleicht hänge ich endlich mal ein paar Bilder auf, die schon seit Jahren darauf warten. Damit ich am Ende nicht so dastehe, als hätte ich die Corona-Hausaufgaben (bitte wörtlich nehmen) geschwänzt. Ich fürchte, dass ich nach der Krise in fantastisch aufgeräumte, total blitzblanke, mordsmäßig gestylte Wohnungen kommen werde, während unsere dagegen eher so aussieht, als hätten wir sie unseren beiden Katzen zur freien Gestaltung überlassen und die hätten sich noch Freunde eingeladen.

Was für Haushaltsunfälle gilt, trifft ja überhaupt auch für Sportverletzungen zu – du bist heute beim Joggen gestürzt!!! Und zwar ordentlich. Bin ich echt froh, dass du hoch qualifizierte medizinische Fachkräfte in der Nähe hast ... Klar: Eigentlich sollte man sich derzeit vielleicht überhaupt nicht mehr bewegen, um nichts zu riskieren. Aber das wäre am Ende das vielleicht überhaupt Schlimmste: sich so total kaltstellen und einschüchtern zu lassen. Zum Glück bist du nicht nur eine Heldin, sondern sowieso genau richtig: nicht überängstlich, aber mit dem gebührenden

Respekt unterwegs. Eine Balance, die gerade immer weniger Menschen zu halten scheinen.

Habe gerade gelesen, dass die deutschen Hausbesitzer die Regierung in Mallorca mit geharnischten Briefen eindecken. Sie verlangen Sonderregelungen für sich, wollen – trotz des Reiseverbots – auf die Insel und ihre Immobilien dort bewohnen. Möglicherweise wollen sie da auch unbedingt streichen oder tapezieren, weil sie das in ihren deutschen Adressen schon erledigt haben. Ich tippe aber eher auf Todessehnsucht in Tateinheit mit fortgeschrittener Verblödung.

Susanne

Ich finde es auch bemerkenswert, wie viele Männer einen solch enormen Heimwerker-Tatendrang entwickeln. Wenn diese unbändige Energie in andere Bereiche fließen würde – unvorstellbar, was da möglich wäre. Statt Pflege des Eigenheims, Pflege der Liebsten – welch wunderbare Vision! Ich denke ja, es handelt sich um eine klassische Übersprungshandlung. Der berühmte Zoologe Konrad Lorenz – ja, genau der mit den Graugänsen – hat dafür ein wunderbares Beispiel aus der Tierwelt: Zwei Hähne streiten sich um Territorium. Es gibt zwei Möglichkeiten: Kampf oder Flucht. Beides hat Vor- und Nachteile. Beides macht Sinn. Was machen die Hähne? Sie picken erst mal 'ne Runde Körner. Das ist eine klassische Übersprungshandlung.

Auch hier wurde sehr viel gestrichen und ausgemistet. Zwei Baumarktbesuche mit Anschaffung einer Stichsäge (die kann man immer mal brauchen, wie du sicherlich ahnst!). Wusste bisher nicht, dass man eine Stichsäge zum Streichen braucht, aber was verstehe ich schon vom Heimwerken. Verletzt hat sich hier aber nicht der Heimwerker mit den neuen Gerätschaften, sondern mal wieder ich. Ich neige aus unerfindlichen Gründen zur Selbstverletzung. Nachdem ich mir beim Tulpenverpackungsaufschneiden ein sehr scharfes Messer volle Pulle in den Daumen gerammt habe (… das ich heldenhaft selbst wieder aus selbigem gezogen habe!), bin ich gestern, wie du ja weißt, beim Joggen gestürzt. Das Ende vom Lied kennst du noch nicht: ein nächtlicher Besuch in der Unfallklinik. Nicht wegen meiner blutig aufgeschürften Knie, die optisch einiges hermachen, sondern wegen meiner linken Hand, die, je länger der Abend dauerte, umso mehr wehtat.

In Corona-Zeiten ist so ein Klinikaufenthalt sehr anders als sonst. Direkt am Eingang bekommt man erst mal Fieber gemessen. Die Begleitperson darf nicht mitkommen und wird in eine Wartehalle verwiesen. Es gibt extra Corona-Räume, und die Atmosphäre hat etwas sehr Unheimliches. Mal abgesehen davon, dass eine Notaufnahme nie ein besonders heimeliger Ort ist. Es sei nur halb so voll wie sonst, erzählt mir ein irre netter Krankenpfleger, Corona ängstige die Menschen. Außerdem werde sehr viel weniger Sport getrieben, und schon deshalb sei bei ihnen viel weniger los. Unfallklinik halt.

Trotzdem dauert so ein Besuch. Eine junge Ärztin hat Dienst. Sie ist allein zuständig. Nach drei Stunden, Röntgen, CT und dazwischen immer wieder Warten, habe ich einen Gips an der linken Hand. Wäre ich elf, hätte ich mich sehr gefreut. Damals wollte ich unbedingt auch mal einen Gips. Damit alle drauf unterschreiben können. Frage den Pfleger, ob er der Erste sein will, der auf meinem ersten Gips unterschreibt. Schon anhand dieser Frage kann man sehen, wie alt ich inzwischen bin. Man könne auf diesen Gipsen nicht mehr unterschreiben, informiert mich der nette Mann. Die Hand ist so eingegipst, dass sich Zeigefinger und Daumen nicht mehr berühren können, das heißt: Der Pinzettengriff ist unmöglich. Mit anderen Worten: Ich kann links nichts mehr greifen. Allein das BH-Aufmachen ist eine gewisse Herausforderung.

Aber du weißt ja – ich liebe Herausforderungen. Und das Gute: Ich bin von jeglicher Küchenarbeit freigestellt. Selbst Brotbacken entfällt. Ich muss mir neue Betätigungsfelder suchen.

Balance halten ist gerade echt das Gebot der Stunde. Ich finde es auch verdammt schwierig.

Ich drücke dir den verbliebenen Daumen für die passende Balance und den großen Rest.

SPRACHLOS
TAG 39

Constanze

Ich hätte sehr gern auf deinem Gips unterschrieben! Bisschen enttäuschend, dass das nicht mehr geht. Der einzige Benefit, den so etwas haben kann: einfach abgeschafft.

Manches würdigt man erst, wenn es nicht mehr geht. Das ist auch so eine Corona-Erfahrung. Besonders bitter ist sie gerade für alle, die Eltern oder Großeltern im Altenheim haben und vielleicht schon manchmal etwas stöhnten, weil die Besuche so schwer in einem hektischen Alltag unterzubringen waren. Jetzt geht gar nichts mehr, wie mir heute auch eine Freundin erzählte, die in so einer Einrichtung arbeitet. Die Bewohner dort sind nun schon seit Wochen allein mit sich und den Pflegekräften … die aber natürlich jetzt gerade wenig Zeit haben. Ich dachte, okay, das ist nicht schön. Doch man sieht im Netz immer mal wieder rührende Szenen, wo Senioren sich aus dem Fenster mit ihren Kindern und Enkeln unterhalten. Und für den sehr guten Zweck des Überlebens findet man den Einsatz wirklich nicht besonders hoch. Wirkt immer so, als gäbe es da eine eindeutige Verhältnismäßigkeit und als sei das alles doch irgendwie zu managen.

Was es aber wirklich bedeutet, erzählte mir meine Freundin: Sie hatten in dem Altenpflegeheim einen sehr dementen Mann, der jeden Tag Besuch von seiner Frau bekam, die noch in ihrer Wohnung lebt. Sie aß mit ihm zu Mittag – reichte ihm das Essen an. Er hatte keine Erinnerung daran, wer sie war, und man hätte nun denken können, auch er hätte von einem Tag auf den anderen immer wieder vergessen, dass da überhaupt mal jemand bei ihm war. Seit die Frau nun aber nicht mehr kommen konnte, hat er immer weniger gegessen. Obwohl sich die Hilfspflegekräfte

Zeit nahmen und sich zu ihm setzten, war nichts zu machen. Manchmal hat er sich einfach auf den Boden gelegt und an die Decke gestarrt. Man merkte ihm an, dass er traurig war, ohne dass er sich darüber artikulieren konnte. Jetzt ist er am Wochenende gestorben. Weiter erzählte die Freundin: Eine Bewohnerin konnte ihren Sohn wegen Alzheimer nicht mehr erkennen. Aber er habe sie trotzdem dreimal die Woche besucht. Das geht nun nicht mehr. Er sei zutiefst deprimiert, von diesem Teil seines Lebens nun total abgeschnitten zu sein. Auch all die kleinen Einkäufe, die winzigen Extras im Auftrag der Senioren, die man ihnen von »außen« (klingt schon ein wenig nach Knast?!) immer mitgebracht hat – mal Schokolade oder ein besonderes Duschgel oder eine Zeitung – fallen jetzt total weg. Weil auch die Ehrenamtlichen nicht mehr kommen, die das erledigt haben. Es sind ja nicht überwiegend die unternehmungslustigen, fitten Senioren, die in den Heimen leben. Es sind ja die ganz Alten, die Pflegebedürftigen und Hilflosen, die dort sind. Auch die, die gar nicht verstehen, was jetzt los ist, und die sich fühlen müssen, als wären sie Teilnehmer eines furchtbaren Sozial-Experiments.

Einerseits klar: Das sind alles Umschreibungen für »Hochrisikogruppe«, andererseits sind das aber auch Menschen, die auf den letzten Lebensmetern besonders darauf angewiesen sind, mit ihren Lieben zusammen sein zu können mit Anspruch auf Berührungen, Ansprache, Nähe. Das ist schon ziemlich grausam, wie das nun nicht mehr stattfinden darf, und zwar auf unbestimmte Zeit. Ganz zu schweigen davon, dass, selbst wenn eine oder einer der Betagten im Sterben liegt, man nicht mehr zu ihm oder ihr darf. Ich würde durchdrehen. Wirklich.

Aber – wie immer – ist nicht alles schlecht. Meine Freundin ruft regelmäßig Angehörige von Bewohnern an, um ihnen zu sagen, wie es ihren Lieben geht. Das tut sie regelwidrig. Sie ist nämlich nicht autorisiert, Auskunft zu geben. Aber sie sagt, es würde den Angerufenen stets ein sehr großer Stein vom Herzen fallen, wenn sie sagen kann: »Gestern hat Ihr Mann sich sehr gefreut, als es sein Lieblingsessen gab.« Wenigstens ein kleiner Trost. Aber auf den kommt es ja gerade ganz besonders an.

Susanne

Ja, kleiner Trost ist in diesen Tagen sehr viel wert. Die Seele braucht Streicheleinheiten. Ich bin irrsinnig froh, dass meine Eltern nicht in Heimen wohnen und ich sie zum einen noch sehen kann (ja, trotz der Riesenentfernung, aber immerhin …), und zum anderen, dass sie nicht dement sind und um die Situation wissen. Wie gruselig muss es sein, sich hilflos und alleingelassen zu fühlen und nicht zu wissen oder zu verstehen, was eigentlich los ist.

Was mit gerade sehr viel Sorge bereitet: zu sehen, wie sich eine enorme Empathielosigkeit rasant verbreitet. Es scheint salonfähig geworden, Sätze zu sagen wie: »Das sind alte Menschen, die würden so oder so in den nächsten Jahren sterben!« – »Unsere Kinder leiden unter dem Social Distancing nur für die Alten! Das ist doch nicht länger zumutbar!« – »Da gehen Leute pleite, nur weil wir die Alten und Kranken schützen. Das klingt hart, aber der Preis, dieses vermeintlichen Schutzes ist echt zu hoch.«

Mir wird schlecht, wenn ich so etwas höre. Wie verroht sind wir? Wo bleibt da jede Menschlichkeit? Kommt tatsächlich – wie bei Brecht – erst das Fressen und dann die Moral? Geht es jetzt um reinen Darwinismus – Survival of the fittest? »So ist das Leben!«, meint eine Bekannte. »Wir können doch nicht für ein paar wenige unser Leben hintanstellen!« Ich schäme mich für solche Aussagen. Ich verstehe, dass es manche sehr hart trifft. Das gelangweilte Kinder ein Horror sein können. Dass es wahnsinnige Angst macht, nicht zu wissen, wie und ob es finanziell weitergeht. Aber den Tod anderer billigend in Kauf nehmen? »Die sterben eh bald! Und haben Vorerkrankungen!«, argumentiert eine Bekannte, »wenn überhaupt, beschleunigt Corona den Prozess.«

Dieses Alten-Bashing ist widerlich. Waren die etwa Skifahren oder beim Karneval, beim Starkbieranstich, auf großen Reisen oder beim Fußball? Wohl eher nicht, aber die Hauptleidtragenden werden nun einmal sie sein. Neulich hat sich eine Freundin ereifert, weil sie eine alte Frau im Supermarkt gesehen hat. »Kann die nicht einfach zu Hause bleiben?« Ich bin sprachlos, wenn ich so etwas höre, und du weißt, Sprachlosigkeit ist sonst weniger mein Problem. Könnte man nicht stattdessen fragen: »Kann ich für sie einkaufen?«

Ich will solche Menschen, herzlose Menschen, nicht in meinem Umfeld haben und glaube inzwischen, dass Corona und die Einschätzung der Lage Menschen auseinandertreiben werden. Ich bin auch müde davon, mir ständig Christian Lindner anzuhören. Dieses Dauergenöle und ständige Ereifern. Hätte er damals Regierungsverantwortung übernommen, könnte er jetzt mitreden. Klar darf er, wie jeder andere auch, eine Meinung haben. Aber es ist immer einfach, ein bisschen rumzuquengeln. Ich sehe und verstehe, dass er seine Klientel bei Laune halten will. Aber es weiß doch niemand so genau, was jetzt richtig wäre und ist. Ich finde das vorsichtige Herantasten unserer Regierung vollkommen in Ordnung.

Habe es gerade geschafft, mir mit einer Hand die Haare zu waschen. Kleiner Erfolg. Immerhin.

PERFEKTION IN DER WARTESCHLEIFE
TAG 40

Constanze

Ja, die Alten gehen mir auch nicht aus dem Kopf. Vielleicht, weil ich selbst näher an der Schnabeltasse bin als am Skateboard (seufz!). Sie werden vermutlich am längsten von uns Corona-Kontaktverbote haben. Heikel in einem Alter, in dem einem ohnehin nicht mehr viel Zeit bleibt. Dort, wo man praktisch schon die Tage zählen kann, hat unsere Freundin für eine erstaunliche Notlösung gesorgt. Sie leitet eine Palliativstation, und auch dort herrscht ein striktes Besuchsverbot. Also hat sie hat alle Patienten mit iPads ausgestattet. Die Angehörigen können jetzt wenigstens mit den Kranken skypen. Wer zu alt ist, um das zu händeln, dem wird jemand nach Hause geschickt, der das mit ihm arrangiert. Das hat mich sehr beeindruckt. Es bleibt ein Albtraum, ausgerechnet jetzt in so einer Lage allein zu sein. Vielleicht auch sterben zu müssen, ohne noch einmal die eigene Frau, den Mann, die Kinder umarmt zu haben. Und umgekehrt: den lieben Menschen nicht auf dem letzten Weg begleiten zu können. Aber es wird getan, was eben möglich ist.

Unfasslich dazu sind im Vergleich Leute, die es für sich als unzumutbar empfinden, auf Kontakte zu verzichten, auf Fußball oder Shopping, »bloß für die Kranken und Alten«. Als wären sie vollimprägniert dagegen, auch mal schwach zu sein und hilfebedürftig. Als würden sie damit rechnen, mit hundert Jahren bei bester Gesundheit einfach so tot umzufallen. Umgekehrt muss man sagen, dass all die Einbußen, diese so schwerwiegenden Einschränkungen, der ganze Verzicht – der da am größten ist, wo die

Einschnitte am massivsten sein müssen – umso länger währen werden, je unvernünftiger, sorgloser, rücksichtsloser wir alle sind, die wir uns draußen bewegen können. Zu den Leidtragenden gehören ja auch die Frauen, die jetzt Homeoffice und Kinderbetreuung zu stemmen haben. Ein Freund, Manager in Heimarbeit, erzählte am Telefon, wie seine Mitarbeiterinnen immer dünnhäutiger werden. Wie langsam alle Dämme brechen. Wie die Frauen mit dem Rücken an der Wand stehen.

In einem der Zeitungsverlage, für die ich arbeite, können die Mitarbeiter nun ihre Kinder in die Notbetreuung geben, weil wir Journalisten als »systemrelevant« gelten. Die Kolleginnen könnten weiterhin daheim arbeiten. Aber gerade die mit Kindern oder dem Ehemann im Homeoffice sehnen sich nach Gesellschaft und ihren Büros – und bringen nun die Kinder mit. Davon sind wiederum die kinderlosen Kollegen oder die, deren Nachwuchs ohnehin schon ausgezogen ist, nicht begeistert. Die meisten waren in den Redaktionen geblieben. Nun fürchten sie, dass über die Kinder – die man vermutlich nur bedingt zum Abstandhalten bewegen kann – das Virus an die Eltern und von denen wiederum an alle anderen weitergegeben wird. Es ist zum Verrücktwerden: Jede Entscheidung zieht einen unübersichtlichen Rattenschwanz von Konsequenzen nach sich. Und bei allem habe ich den Eindruck, dass wir uns eigentlich überhaupt nicht mehr rühren können. Das ist wie in einem Haus zu sitzen, das zwar viele Etagen und Fenster, aber keine Türen hat. Und sollte man versuchen, ein Loch in die Mauern zu stemmen, muss man befürchten, dass das ganze Gebäude einstürzt. Wäre das ein Traum, würde man an dieser Stelle definitiv aufwachen. Aber ich fürchte, das ist keiner. Manchen muss man das aber offenbar immer noch erst beibringen.

Susanne

Wie gerne würde ich dir den Ausgang aus dem Haus aufzeigen. Aber mir geht es ja ähnlich wie dir. Je mehr man nachdenkt, umso komplizierter wird es.

Ich habe gestern mit meiner alleinerziehenden Schwester telefoniert, die nicht mehr weiß, wie sie diese Situation handhaben soll. Sie hat drei Kinder im Homeschooling und dazu eine kleine Firma mit keinerlei Aufträgen. »Kein Rückgang, sondern einfach null. Nullkommanull. Nada. Nichts.« Sie bangt um ihre mühsam aufgebaute Existenz und um ihre Mitarbeiter. Richtig in Rage bringen sie all die Anforderungen der Schule. Meine große Nichte schafft es wunderbar, sich selbst zu organisieren, aber die beiden Kleinen, sieben und zehn, brauchen Anleitung, Motivation und auch Kontrolle. »Wann soll ich das machen, ich versuche gerade unsere Existenz zu retten. Wie stellen die sich das vor? Der Tag hat nur 24 Stunden!«

Was Eltern beim Homeschooling im Moment zu leisten haben, ist eigentlich bei genauer Betrachtung nicht machbar und auch unzumutbar. Haushalt schmeißen, Job retten, Homeoffice und dazu die Kinder anhalten, ihre To-do-Listen abzuarbeiten und dabei bitte keinen der Anwesenden umzubringen. Wer kann schon noch Geometrie aus der Achten? Was war noch mal ein Oxid? Wie schafft man es, bei Laune zu bleiben, dass man sich nicht rund um die Uhr anzischt? Denken manche Lehrkräfte, man hätte sonst nichts zu tun und bräuchte auch ein wenig Animation? Warum gibt es kaum Onlineunterricht? Warum keine klaren Zeitvorgaben?

Natürlich höre ich auch von Eltern, bei denen alles mühelos flutscht. Wo die Kinder immer im Zeitplan sind, nebenher noch Mandarin lernen und täglich einsam ihre Joggingrunden drehen, um dann abends gemeinsam mit den Eltern herrliche Menüs zu zaubern und danach vor dem Zubettgehen noch eine Runde Etüden von Bach auf dem Klavier zu spielen. Eine ganz neue Spezies: Die Corona-Streber. Eltern, die kurz davor sind, nach noch mehr Aufgaben zu fragen, weil ihre Sophie-Marie damit ja gar nicht ausgelastet ist. Eltern, die Zeit haben, in größere Mailkorrespondenz mit den Lehrkräften einzusteigen. Eltern, die ständig Rundmails schreiben. Langweilen die sich? Können die nicht stattdessen die Hauptstädte der Welt auswendig lernen oder Origami-Schwäne falten? Eltern, deren Kinder nie vor der Playstation hängen, sondern ihre genau eingeteilte Freizeit mit Lesen verbringen. Wahrscheinlich sind das auch die Eltern, deren Kinder schon mit einem Monat immer durchgeschlafen haben und die mit zwei keine Windel mehr brauchten. Diese fantastischen Vorzeigekinder, die man insgeheim hasst, weil sie einem die Unvollkommenheit der eigenen Kinder immer wieder deutlich vor Augen halten. Es ist die Zeit des Durchwurschtelns. Perfektion hat jetzt mal zu warten. Von mir aus darf Perfektion überhaupt warten – immer –, aber das wäre ein anderes Thema.

Die wenigsten von uns sind Hobbypädagogen, und fast alle sind auch sehr froh, die Schule hinter sich zu haben. Jetzt werden wir zurückkatapultiert. Ohne danach gefragt zu haben.

Ein Hoch auf die Schulpflicht. Wenn die Schulen wieder öffnen, wird sicher in vielen Haushalten gefeiert. Ich kann's verstehen.

BEST OF BÖSE
TAG 41

Constanze

Corona hat vielleicht unseren Aktionsradius verengt. Aber es hat gleichzeitig die Möglichkeiten zum Regelverstoß enorm erweitert. In Bayern musste die Polizei tatsächlich gegen illegale Friseursalons vorgehen. Die Polizei hat sie – so die Formulierung – »ausgehoben«. Ein Verb, das sonst mit Drogenlaboren oder Terrorzellen assoziiert wird. Ehrlich, ich sehne mich nach neuen Strähnchen. Aber so weit würde ich nicht gehen. So wie ich auch nie auf einer Flugzeugtoilette geraucht hätte, als ich noch geraucht habe und es schon in Flugzeugen verboten war.

Eine Freundin hat mir mal erzählt, dass Leute tatsächlich bestimmte Vorrichtungen kaufen, um den Rauchmelder abzuhängen und den Alarm zu umgehen, der normalerweise durch den Rauch ausgelöst würde. Sie erzählte außerdem, wie gefährlich das ist, wenn die Raucher schon mal panisch etwa ihre Zigarette ausgerechnet im Papiermüllcontainer entsorgen, bloß weil draußen einer klopft, dem es zu lange dauert. Daran habe ich mich erinnert, als ich die Meldung über die illegalen Friseure las. Ich finde, die Kunden – wie die Betreiber – hätten gute Chancen, in mein neues »Best of böse« einzugehen. Meine private Aufstellung der sieben Corona-Todsünden. Kämen hier gleich zwei zusammen: Dummheit und Gier. Ich hätte auch noch Eitelkeit beizusteuern und würde Herrn Söder und Herrn Scheuer als Spitzenkräfte für diese Kategorie nominieren. Die beiden haben sich ja eine gigantische Lieferung von Schutzmasken an die stolze Brust geheftet und sich geriert, als hätten sie die acht Millionen Schutzmasken aus China zu Fuß hierhergebracht.

Klar, Scheuer kann jede gute Meldung brauchen, die er inszenieren kann. Schließlich hat er, das muss man immer wieder sagen, mit dem Maut-Debakel mehr als 500 Millionen Euro Steuergeld in den Sand gesetzt. Als Gegengift gerierte er sich nun als Schutzmaskenheld und schrieb auf Twitter: »Die einen streiten, die anderen beschaffen.« Leider – das kam jetzt raus – hatte keiner der beiden Herren den Deal eingefädelt, sondern die Kanzlerin. Das geht laut *Tagesschau* aus einem Papier hervor, mit dem das Bundesgesundheitsministerium (BMG) den Bundestag über die Beschaffung von Schutzkleidung informiert hat. Darin steht: »Nach einem Gespräch der Bundeskanzlerin mit dem chinesischen Staatspräsidenten Xi und darauf aufbauenden Gesprächen zwischen dem chinesischen Handelsministerium und dem BMG konnte Anfang April ein direkter Zugang zu einem staatlichen Produzenten hergestellt werden, der ein höheres Maß an Qualität und Liefersicherheit verspricht.«

So viel zur »großen Stunde der starken Männer«, die überall nun wie eine neue Corona-Zeitrechnung ausgerufen wird. Vielleicht sollte ich noch die Selbstüberschätzung mit in das Sündenregister aufnehmen? Was meinst du? Zu dem entsprechenden Katalog der klassischen Theologie gehören unter anderem ja noch Völlerei, Faulheit und Wollust. Bin nicht sicher, ob man die nicht für Corona mal auslässt? Ich finde, gerade für die drei können doch gerade jetzt zahlreiche mildernde Umstände geltend gemacht werden. Oder sollten wir uns einfach mal am Riemen reißen? Schließlich behaupten alle Leerlauf-Experten, man müsse ganz dringend eine Struktur in seinem Leben haben und also auch eine Disziplin und ein Maßhalten.

Vor allem sollten wir noch ein paar Wochen Ruhe geben. Aber genau das – so Angstforscher – schaffen wir nur schlecht. Da gibt es ja diese Katastrophenmüdigkeit, von der du schon geschrieben hast. Sie stellt sich vier Wochen nach einschneidenden Erlebnissen ein. Demnach wollen wir am liebsten weitermachen wie zuvor. Will ich aber gar nicht. Ich will wenigstens eine Sache anders machen: jeden Tag ein Erlebnis aufschreiben, das toll war, für das ich dankbar bin. Mein Highlight heute: dich zu sehen – natürlich mit gebührendem Abstand.

Susanne

Was für eine schöne Idee, jeden Tag etwas aufzuschreiben, wofür man dankbar ist.

Ich bin dankbar dafür, dass wir immer noch rausdürfen. An die Luft können. Inzwischen gehe ich fast täglich freiwillig spazieren. Hätte mir das jemand in meiner Jugend gesagt, hätte ich ihn für bekloppt erklärt. Zu sehen, wie alles erblüht und sich das Grün breitmacht, und zwar trotz der momentanen Trockenheit, ist einfach schön. Habe heute ein paar Minuten unter einem Fliederbusch gestanden und nur tief eingeatmet. Wie angenehm die Natur riechen kann.

Corona etwas Gutes abzugewinnen, fällt mir im Gegensatz zu vielen anderen oft schwer, aber eins muss ich doch feststellen: Ich genieße Dinge, die ich ansonsten eigentlich kaum zu schätzen wusste. Wie eben das Spazierengehen. Manchmal, wenn ihn die Langeweile ganz arg plagt, geht sogar der fünfzehnjährige Sohn meines Freundes mit. Ohne Kopfhörer! In ein paar Wochen wird er eventuell sogar ohne Handy mitlaufen! Welt der Wunder!

Auch ich plädiere, wie du so wunderbar vorgeschlagen hast, eindeutig für mildernde Umstände bei Völlerei, Faulheit und Wollust. Corona hat genug Einschränkungen im Gepäck. Das schreit geradezu nach irgendeiner Form von Belohnung. So funktioniert der Mensch offensichtlich, wo Verzicht verlangt wird, muss am Ende der Strecke eine Form von Leckerchen warten. Sonst kommt einem doch der komplette Verzicht nutzlos und sinnlos vor.

Davon abgesehen halte ich das »Am-Riemen-Reißen« für eine

absolut unverzichtbare Maßnahme im Moment. Sich selbst mal ausnahmsweise nicht in den Fokus zu stellen, sondern an das große Ganze zu denken. Wir neigen insgesamt dazu, sehr wenig Frustrationstoleranz zu haben. Das wird uns momentan zum Verhängnis. Wir haben es nicht gelernt, Dinge einfach mal auszuhalten. Immerhin diese Fähigkeit wird nun ausgiebig trainiert.

Was die Katastrophenmüdigkeit, die von mir erwähnte »Disaster fatigue«, angeht: Ich wäre mehr als bereit für ein Ende der Krise. Aber wie sagt man so oft: Das Leben ist kein Wunschkonzert. Und: Schlimmer geht immer. Unsere Freundin A. hat mir geschrieben: Sie habe nicht nur Disaster fatigue«, sondern auch »Compassion fatigue«. Mitleidsmüdigkeit. Darunter leide sie in Bezug auf ihren Ehemann. Der gehe ihr so unglaublich auf den Sack gerade. Und eine andere Freundin, B., schreibt: Den Menschen fehlen die drei F. Als ich nachfrage, erklärt sie: ficken, fressen und feiern. (Ich bin erstaunt über die drastische Wortwahl unserer Freundinnen. Aber Corona scheint die zu beflügeln!) Was die drei F angeht: Eigentlich kann man ja – bis auf das Feiern – alles sehr gut auch zu Hause erledigen. Und feiern werden wir. Hoffentlich ganz bald wieder. Zur Not treffen wir uns im Park. Nur wir zwei. Mit ausreichend Abstand und einer Flasche Schampus.

STREICHKONZERT
TAG 42

Constanze

Und schon hast du mir ein Lächeln hingezaubert – bei der Aussicht auf Schampus im Park. Wie romantisch das klingt! Und es ist wunderbar, Pläne zu haben. Corona ist ja vor allem auch ein einziges Streichkonzert. Nicht so sehr bei mir, die ich ohnehin nie allzu viel und allzu lange im Voraus Urlaube plane und bislang nur auf eine Woche Griechenland verzichten musste (streng genommen würde ich gerade heute an einen der schönsten griechischen Strände überhaupt reisen …), aber bei meiner Schwester. Sie ist mittlerweile schon im dritten Urlaub, den sie nicht antreten konnte. Sie war also nicht in Rom. Nicht auf den Kanaren, und aktuell ist sie nicht in Kopenhagen. Statt uns zu fragen: »Wo bist du gerade?«, fragen wir uns jetzt: »Wo bist du gerade nicht?« Dazu passt, was ich vorhin gesehen habe – und zwar das erste Mal überhaupt, weil es einfach so noch nie vorkam: Die Anzeigentafel an der Frankfurter Messe war leer. Dort, wo gewöhnlich die kommenden Veranstaltungen ganz groß angekündigt werden, stand NICHTS. Sah aus wie mein Terminkalender. Außer Geburtstagen gibt es so gut wie keine Eintragungen mehr. Das verführt dazu, gar nicht mehr reinzuschauen. Was aber auch tückisch ist. So hätte ich vorletzte Woche fast meinen MRT-Termin verpasst.

Geht vielen ähnlich. Meine Freundin schrieb mir gerade, dass sie aus dem Taunus in die Stadt gefahren war, weil sie einen Termin zur Zahnreinigung hatte. Der war aber gar nicht am Freitag. Und er ist auch nicht morgen, wie es in ihrem Terminkalender steht. Er war am Donnerstag. Ich sagte ihr, ich hätte fast den Eindruck, sie wolle einfach das Maximale aus dem bisschen Programm rausholen, das einem Corona noch gelassen hat.

Das Nichts-Vorhaben macht mich erstaunlicherweise fast so müde wie das ganze hektische Herumgerödel vor Corona. Zur Erschöpfung trägt definitiv das Hin und Her bei den Verhaltensmaßregeln bei. Dass man wochenlang erst angeblich gar keine Masken brauchte, jetzt aber ab morgen Maskenpflicht in öffentlichen Verkehrsmitteln und Geschäften gilt, ist an sich schon erstaunlich. Gerade kam die Meldung, dass man diese Masken nicht – wie sonst immer vorgeschlagen – im Ofen bei 70 Grad desinfizieren kann. Würde gar nix bringen. Auch beim Waschen scheiden sich die Geister. Die einen sagen, 60 Grad killt das Böse – die anderen meinen, dass man dafür schon mindestens 90 Grad braucht. Und das sind nicht etwa Hausfrauentipps, sondern solche von Hygieneexperten mit einem »Prof.« vor dem Namen.

Ich meine: Wenn die sich nicht mal einig sind, wie sollen wir dann durchblicken? Die meisten, die ich im Bus sehe, versuchen es erst gar nicht und haben sich das Denken ganz erspart – sie tragen nämlich gar keine Maske. Ich tippe mal, dass da wenigstens die Hirnzellen ordentlich Abstand halten. Dürfte kein Problem sein, wenn man diesbezüglich einstellig sortiert ist. Wirklich: Die Leute tun so, als würde man von ihnen erwarten, sich einen Arm zu amputieren, bevor sie rausgehen.

Aber gut, ich wollte ja nicht mehr dauernd nur im Corona-Frust baden, sondern immer auch etwas Positives beitragen: Meine jüngste Nichte hat heute Geburtstag. Sie wird einundzwanzig Jahre alt. Mein Vater und ich haben sie in Finnland angerufen, wo sie und ihre Eltern ja leben, und ihr gratuliert. Sie war ganz fröhlich. Nicht nur wegen des Geburtstags, sondern auch, weil sie wieder in dem Café arbeiten kann, in dem sie jobbt. Es war schön, meinen Vater zu sehen, wie er sich über das Gespräch gefreut hat. Er hat mir auch ganz stolz die Karte gezeigt, die ihm seine älteste Enkelin, die in Göteborg lebt, einfach mal so zwischendurch geschickt hat. Es ist toll zu sehen, wie die Enkel ihren Opa lieben. Das rührt mich sehr.

Susanne

Wo wir überall nicht waren und sonst gewesen wären? Wenn ich darüber nachdenke, ist mir, gelinde gesagt, zum Heulen. Ich wäre auf Mallorca gewesen – in den Osterferien. Hätte mit dem Liebsten am Strand gelegen, wäre gewandert und hätte tapfer versucht, trotz des sicherlich noch kalten Wassers mal zu schwimmen. Hätte, wäre. Diese ätzenden Konjunktive. Corona verschafft dem Konjunktiv Hochkonjunktur. Der Konjunktiv ist omnipräsent. Vorher und nachher wäre ich quer durch die Republik unterwegs auf Lesereise gewesen.

Ein bisschen Meer würde mir gerade sehr guttun, schon um die eklatanten Lücken, die auch in meinem Terminkalender vorherrschen, zu verdrängen. Bisher hatte ich die Vermutung – und auch die Hoffnung –, im Herbst würde alles wieder anlaufen. Jetzt schleichen sich erste Zweifel ein. Eine Lesung im November wurde schon gecancelt. Corona-Folgen sozusagen. Die Bibliotheken und Buchhandlungen müssen sparen, haben einfach kein Geld mehr für Veranstaltungen. Ich kann es verstehen, finde es aber traurig, nicht nur für mein Konto. Auch *strassenstars*, meine kleine Lieblingssendung im Hessischen Rundfunk, pausiert. Die Aufzeichnungen im Mai, drei Tage, sind gestrichen worden und in den August verschoben.

Ich will wirklich nicht jammern, ich weiß, wie viel existenzbedrohlicher das für eine Menge andere Leute ist, trotzdem mache ich mir Sorgen. Natürlich bleibt uns das Schreiben. Aber werden die Menschen weiterhin Bücher kaufen? Jetzt? In Zeiten der knappen Kassen?

Genug lamentiert. Im Vergleich haben wir es ja noch gut.

Als ich deinen Tagebucheintrag gelesen habe, hatte ich gerade vorher die benutzten Masken aus dem Backofen geholt. Dass 70 Grad das fiese Virus nun anscheinend doch nicht nachhaltig beeindrucken, ist ärgerlich. Covid-19 ist ein zähes Biest. Was jetzt?

In die Kochwäsche damit? Was macht das mit den bunten oder bedruckten Masken? Können die das ab? Halten die das aus? Oder schrumpfen sie und sind dann nur noch für Kleinkinder verwendbar? Ich werde sie beim nächsten Mal in einem Topf auf dem Herd kochen. Das sollte wohl reichen. Und dann bügeln. Genug Zeit für solche Tätigkeiten habe ich ja.

Heute ist Sonntag, und es könnte auch Freitag sein oder Mittwoch. Nur dass die Geschäfte zu sind. Der Sonntag ist in Corona-Zeiten nicht mehr das, was er mal war. Aber wem schreibe ich das, du hast dem wunderbaren Tag ja schon ein ganzes Buch gewidmet.* Sollten wir froh sein, dass inzwischen jeder Tag ein Sonntag sein könnte, oder ist genau das Gegenteil der Fall? Lebt der Sonntag nicht von seiner Einzigartigkeit? Wird er gerade brutal gleichgemacht? Werde jetzt einen Kuchen backen, damit der Sonntag sich zumindest ein bisschen wie Sonntag anfühlt.

---

* Constanze Kleis, *Sonntag! Alles über den Tag, der aus der Reihe tanzt,* Piper Verlag, München 2019.

ABGESCHMINKT
TAG 43

Constanze

Heute habe ich als Erstes mal einen Großeinkauf in der Kleinmarkthalle gemacht. Dort gibt es wie schon gesagt nicht nur den besten Kartoffelsalat, sondern auch einen Stand mit herrlichen vegetarischen Gerichten. So gut, dass ich gar nicht erst versuchen würde, sie selbst zu machen. Neben all den Köstlichkeiten bekommt man hier auch das Gefühl, alles wäre noch leidlich normal, als könnte man mal eben eine Zeitreise ein paar Wochen zurück machen. Gut, viele tragen nun schon die Masken, aber es ist gerade so viel los wie vor Corona um die Tageszeit. Auf der Zeil dagegen sind zwar viele Geschäfte nun wieder geöffnet. Aber es wirkt nicht so, als würde nun ENDLICH ein lange unterdrücktes Begehren Auslauf bekommen. Vielleicht, weil es schon umständlich ist, vor jedem Geschäft erst mal warten zu müssen, bis man reindarf. Sich vorab die Hände zu desinfizieren und/oder einen Einkaufskorb in Empfang zu nehmen, weil mit der Zahl der Körbe die Zahl der Ladenbesucher reguliert wird.

Vielleicht ist die Kauflust noch nicht wieder da, weil die Leute einfach kein Geld haben und Zukunftsangst. Vor einigen Tagen haben die Gastronomen auf dem Römer protestiert. Sie haben eintausend leere Stühle als Symbol dafür aufgestellt, wie viele Betriebe vor der Pleite stehen. Das ist so ein Hochgebirge an Sorgen, an Existenzen, die auf der Kippe stehen – es ist einfach zu viel.

Man möchte sich ins Bett legen und die Decke über den Kopf ziehen. Aber auf keinen Fall will man der Argumentation folgen, die immer lauter wird: eine schlechte Wirtschaftslage töte ja auch. Kurioserweise wird sie von Leuten vorgetragen, die gern mal das

Wort »Wirtschaftsflüchtlinge« in den Mund nehmen, um Asylanten als Schnorrer zu verdächtigen – weil die angeblich nur herkommen, um sich hier einen schönen Lenz zu machen. Auf Kosten von anderen. Jetzt rechnen uns dieselben Leute vor, wie unzumutbar es ist, wegen der paar Alten, die ja »ein halbes Jahr später sowieso gestorben wären«, das Wirtschaftsleben auszubremsen, die Kinder nicht mehr in die Schule oder in die Kita schicken zu können.

Ich könnte es verstehen – also sagen wir mal: Ich könnte mich bemühen, es zu verstehen – wenn es die armen Schlucker wären, die das vortragen. Aber die sind das nicht. Es sind die Saturierten, Wohlhabenden, Privilegierten. Schäuble sagte gerade: »Nicht alles muss vor dem Schutz von Leben zurücktreten.« Als wäre das ein Naturgesetz. Eines, das die CDU herzlich wenig interessiert hat, als sie gegen die Abschaffung des Paragrafen 218 war und der Wille der Frau durchaus vor dem Schutz des Lebens zurücktreten sollte. Bedeutet also: Der Schutz des Lebens ist hierzulande als relativ zu betrachten und von der Interessenslage abhängig.

Darüber möchte ich lieber nicht länger nachdenken. Da denke ich lieber über das Highlight des Tages nach: Wir haben heute gemeinsam unser nächstes Buch beendet. Trotz erschwerter Bedingungen megapünktlich. Bin deshalb sehr beschwingt. Ist ja immer wieder wie eine neue Abenteuerreise, bei der wir gemeinsam immer noch Neuland entdecken. Das kann nicht mal Corona kaputt machen. Was für ein Glück.

Susanne

Wir haben es tatsächlich geschafft und unser Buch beendet. Trommelwirbel, Tusch und riesige Freude. Immer wieder ist der Moment, in dem man ein fertiges Buch per Mail verschickt, einfach fantastisch. So viel darf man verraten: Es geht diesmal um

Freundschaft.* Wie schön es ist, dich in diesen Zeiten an meiner Seite zu haben, muss ich ja eigentlich nicht betonen. Aber ich weiß nicht, ob ich es dir oft genug sage. Also hiermit noch mal schriftlich: Corona ohne dich wäre um Klassen schlimmer. Schon weil wir uns sehr oft über die gleichen Dinge auf- und erregen. Die Schäuble-Aussage hat mich auch extrem wütend gemacht. Überhaupt steigert Corona mein Wutpotenzial.

Auch das Maskenthema bringt mich in Rage. Es kann doch echt nicht so schwer sein, eine Maske aufzuziehen. Die Dinger heißen Mund-Nasen-Maske, weil man sie über Mund und Nase zieht. (Warum es Nasen heißt, erschließt sich mir übrigens nicht. Man hat doch nur eine. Sei es drum.)

Jedenfalls habe ich heute sehr viele Mund-Nasen-Hals-Teile gesehen. Masken, die einfach um den Hals hingen. Wahrscheinlich, um sie im Fall der Fälle schnell mal hochzuziehen. Einer hatte seine Maske, eine dieser FFP2-Teile, wie einen kleinen Dutt auf dem Kopf. Habe kurz gedacht, er wäre vielleicht Pakistani und trüge diese Turban-Variante mit dem kleinen Knödel auf dem Kopf. Habe schnell gegoogelt, wie die Dinger heißen. Patka. Getragen wird der Patka von jungen indischen Sikhs, er ist quasi die Vorstufe zum traditionellen Turban. Maske tragen ist nicht wirklich bequem. Besonders nicht für Brillenträger. Ständig beschlägt einem die Brille. Insofern kann ich sehr gut verstehen, warum viele nur den Mund und nicht die Nase bedecken. Armin Laschet hat es beim ersten Tragen ja auch so gemacht …

Zum Glück bin ich Kontaktlinsenträgerin und muss mich mit dem Problem nicht rumschlagen oder nur, wenn ich die Lesebrille nutze (… die ich sowieso zumeist nicht finde). Mein Freund allerdings sieht die Welt jetzt oft im Nebel liegen. Aber es gibt Tricks: Masken mit Draht am oberen Rand sind hilfreich. Man

---

* Susanne Fröhlich, Constanze Kleis, *Wenn ich dich nicht hätte! Freundinnen, eine geniale Liebe,* Fischer Verlag, Frankfurt a.M. 2020.

kann den Draht so biegen, dass die Maske enger anliegt und somit weniger feuchte Luft nach oben entweichen kann. Laut Internet soll es auch funktionieren, wenn man ein Taschentuch in die obere Hälfte der Maske klemmt. Das Tuch nimmt einen Teil der Feuchtigkeit auf.

Ich bin mir sicher, dass wir bald Experten sein werden, denn ich denke, die Maskenpflicht wird so schnell nicht wieder aufgehoben. Inzwischen kann man die Teile ja auch überall kaufen. Habe hier ein reiches Sortiment liegen und gucke tatsächlich schon beim Rausgehen, welche Maske wozu passt. Albern, ich weiß. Schminken kann man sich mit Maske eigentlich sparen.

Bis auf die Augen. Da kann man jetzt mal richtig klotzen statt kleckern. Make-up, Rouge und Lipgloss sollte man sich schenken.

VERKABELT
TAG 44

Constanze

Hättest du jemals gedacht, dass wir einmal Sätze lesen würden wie: »Evangelische Kirche empfiehlt Gottesdienste ohne Singen«? Oder: »Die Kinder dürfen wieder raus«, geschweige denn: »Der Söder wird mir immer sympathischer!«, oder: »Kein Zutritt ohne Maske«? Unvorstellbar noch vor ein paar Wochen und jetzt ganz selbstverständlich in unserem Bewusstsein. Das nehme ich Corona – unter vielem anderen – auch übel: in unseren Köpfen dieses seltsame Panoptikum, einen ganz neuen Panikraum eröffnet zu haben. Einen, der vorher einfach nicht da war.

Es gab genug andere: Krebs, Klimakatastrophe, einen lieben Menschen durch einen Unfall zu verlieren, Arbeitslosigkeit, Terroranschläge, rassistische Vollidioten, die Dummheit an sich und ihre Folgen wie Trump. Und jetzt noch Corona. Wenn man das mal durchzählt, hat die Angst mittlerweile mehr Zimmer als Schloss Neuschwanstein. Und mit jedem weiteren fängt man an, dem Schicksal oder wer immer da verantwortlich ist praktisch wirklich ALLES und jederzeit zuzutrauen.

Ich meine: Was kommt als Nächstes? Wird Trump geklont? Der Wendler am Ende Kanzler? Werden sie den Mars mit den Wollnys besiedeln?

Kein Wunder eigentlich, wenn Leute tatsächlich glauben, Corona wäre gezielt in die Welt gebracht worden, um uns dazu zu bringen, uns impfen zu lassen. Es wäre das trojanische Pferd, das »die Regierung« oder »Bill Gates« – was in diesem Wahn-Kosmos offenbar dasselbe ist – dazu nutzen wird, allen Deutschen Mikrochips zu implantieren, um sie besser kontrollieren zu können. Man fragt sich natürlich: wozu? Damit wir alle zur gleichen Zeit ins Bett geschickt werden können oder alle dasselbe Waschmittel kaufen und Traumschiff gucken? Machen wir doch jetzt schon. Wozu also der ganze Aufwand?

Ach, das Leben hat deutlich an Wundertüten-, Einhorn- und Glückskeks-Qualitäten verloren. Aber das ist auf der anderen Seite alles so absurd, dass es schon wieder – jedenfalls vereinzelt – komisch ist. Sehr lustig ist ja, was das Schauspieler-Paar Elena Uhlig* und Fritz Karl auf Instagram täglich als ihr Corona-Tagebuch abliefern. Kleine, aber sehr großartige Humor-Preziosen, die jeweils beginnen mit: »Uns geht's spitze!« Und schon, wenn man das hört, denkt man die Unterzeile mit: »Muss ja!«, und auch: »Stimmt ja gar nicht!« Das ist ein echtes tägliches Highlight. Abgesehen natürlich von unserer Korrespondenz.

Habe ich damit schon die Dankbarkeits-Aufgabe vom Tage erfüllt? Ich hätte noch eine auf Vorrat: Ich bin froh um meinen Mann, der sonst ja keinem Dritten Weltkrieg aus dem Weg geht, aber jetzt so nett und liebevoll ist, als wollte er sich für den Friedensnobelpreis qualifizieren. Das waren meine guten Nachrichten vom Tage … Und deine?

Susanne

Heute wartet ein wirkliches Highlight auf mich. Eine echte Abwechslung im Corona-Einerlei: eine Wurzelkanalbehandlung. Kein lebensnotwendiger Eingriff, aber eine Sanierungsmaßnahme, die begonnen wurde und deren Fortgang nicht unendlich warten kann. Die Zahnärztin kommt aus Zypern, und bevor sie mir »Hannibal-Lecter-like« den Mund mit Plastiktuch abdeckt, erzählt sie mir, wie in ihrer Heimat mit Corona umgegangen

---

* Von Elena Uhlig erschien zuletzt: *Doch, das passt, ich hab's ausgemessen! Eine Frau weiß, wenn sie recht hat*, Knaur Verlag, München 2019.

wird. Es gäbe sehr wenige Fälle, und die Menschen würden sich wirklich gut an die relativ strengen Vorgaben halten. Nur das mit der Kirche sei ein Problem. In der orthodoxen Kirche würden alle aus einem Becher trinken und danach die Ikone küssen. Jetzt hätten Ärzte eine Petition eingereicht, damit das wieder erlaubt wird. Etwa sechzig Ärzte – von der Orthopädin bis zum Zahnarzt. Sie ist empört, dass sich Nicht-Virologen anmaßen zu beurteilen, wie ansteckend dieses Virus sei. Ein Phänomen, das in diesen Tagen Hochsaison hat. Jeder da draußen meint, mehr zu wissen oder die Lage besser beurteilen zu können als das Fachpersonal. Es ist inzwischen ja so, dass es keine Rolle spielt, ob du jahrzehntelang geforscht hast, habilitiert bist und mit globaler Wissenschaft vernetzt – Heinz Gustav aus Erlensee klickt sich drei Minuten durch krude Facebook-Posts und weiß es anschließend besser. Oft genug bin ich kurz davor zu sagen, wie gut es sein kann, einfach mal die Klappe zu halten, wenn man nicht den Hauch einer Ahnung hat. Aber nützt ja leider nichts.

Die Wurzelkanalbehandlung war kein Spaß, doch wie sooft: Wenn man mit absolutem Grauen rechnet und es dann nur mittleres Grauen ist, dann ist man sehr froh. Die Zahnärztin hat mir einen Glasfaserstift im Zahn versenkt.

Fahre danach mit der S-Bahn zurück in den kleinen Ort bei Frankfurt, wo mir mein Freund zurzeit netterweise Asyl gewährt. Ein Ort, in dem es noch keine Glasfaserkabel gibt und das Internet dementsprechend immer mal wieder schwächelt. Aber jetzt bin ich ja da und mit meiner Glasfaser im Mund eine Art WLAN-Hotspot. 5G auf zwei Beinen. Apropos 5G: Habe gerade auf der S-Bahnfahrt in den sozialen Netzwerken gelesen, Corona sei eine groß angelegte Maßnahme der Regierung, um uns Dummköpfe davon abzulenken, dass überall 5G-Masten gebaut werden. Verschwörungstheorien dieser Art sind wirklich richtig bekloppt. Aber ich bin erstaunt darüber, wer einen solchen Kram von sich gibt. Will mich nicht schon wieder aufregen und schaue mir stattdessen die von dir empfohlene Elena Uhlig mit ihrem Mann, dem Herrn Karl, auf Instagram an.

Was soll ich sagen: Das ist genau die Dosis an Albernheit, die mir in letzter Zeit oft gefehlt hat. Worüber ich heute froh und dankbar bin: dass ich trotz Glasfaser im Mund keinerlei Zahnschmerzen habe. Uff.

FOTOBERÜHRUNGEN UND GEISTERBEGEGNUNGEN
TAG 45

Constanze

Wie du weißt, ist mein Mann sonst der Idee des Gebrauchs sozialer Medien gegenüber entschieden abgeneigt. Jetzt entdeckt er gerade das digitale Aufmerksamkeits-Gießkannenprinzip – die Möglichkeiten, über Social Media in Kontakt zu kommen und Kontakte zu pflegen. Er wurde für das Intranet seiner Firma porträtiert, weil er einer der wenigen ist, die dort von Corona-Anfang an ausgeharrt haben, und vermutlich derjenige ist, der im Hause noch die meisten Begegnungen hat – natürlich MIT Maske, auf Abstand und so viel Desinfektionsmitteln, dass er mir daheim tatsächlich die Hälfte meiner Handcremes aufgebraucht hat. (Und die Vorräte waren immens …) Er hat jedenfalls für seinen digitalen Auftritt so viel Zuspruch bekommen, dass er nun ganz geflasht ist, wie viel da transportiert werden kann. Möglich, dass er bald einen eigenen Instagram-Account hat.

Aber online liegt so oder so voll im Corona-Trend. Findet ja derzeit praktisch alles digital statt. So wie der Geburtstag meiner Schwester heute. Ein typischer Corona-Geburtstag – allein zu zweit daheim. Ihr Mann hat ihr die erste Käsesahnetorte seines Lebens gebacken und, was man so auf Fotos sehen konnte, ein sehr manierliches Ergebnis abgeliefert. Sie hat Fotos in die Familiengruppe geschickt von dem Blumenstrauß, den unser Vater ihr hat bringen lassen, und von den Pizzataschen, die es abends gab. Selbst gemacht, natürlich. Ich habe im Laufe des Tages dann Bilder von meinem Vater mit Maske beigesteuert, auch um seinen Enkeln zu zeigen, wie vernünftig ihr Opa ist.

Mit Corona wurde unser gesamter Gefühlshaushalt ins WWW ausgelagert und somit zu einer ziemlich nüchternen Angelegenheit. Wenn ich mein Smartphone-Fotoarchiv anschaue, dann habe ich zwar viele neue Bilder von meinen Lieben, aber keine Berührungen, keine Mimik, auch keinen Geruch. Mit ihnen verhält es sich wie mit dem Essen auf Bildern, das man in den Touristencentern der Welt als Lockstoff vor die Restaurants stellt: macht schon Appetit, aber was, wenn man sich gar nicht erst an den Tisch setzen darf?

In der WhatsApp-Gruppe unseres Frauenstammtisches werden jetzt Gutscheine »für eine Umarmung nach Corona« gepostet. Theoretisch habe ich ja mit meinem Mann ausreichend Berührungsgelegenheiten und kann ja außerdem immer noch unsere beiden Katzen streicheln. Praktisch hat nicht jeder einen Mann oder eine Frau vorrätig oder wenigstens ein Haustier. Und ich will meine Verbundenheit mit meiner Familie und meinen Freundinnen mal wieder mit echten Umarmungen zeigen können.

Ist ja eine der Verrücktheiten dieser Zeit, dass wir ausgerechnet auf dieses so potente Stärkungsmittel verzichten müssen. Dass es sogar lebensgefährlich sein kann. Berührungen, habe ich gelesen, stärken nämlich unser Immunsystem, bauen Stress ab, helfen Ängste abzubauen, wirken Wunder gegen Depressionen und können Schmerzen stillen. Alles Dinge, die Bilder nun nicht wirklich leisten. Aber gut, stell dir vor, wir hätten Corona und keine Smartphones, kein WWW, WhatsApp, kein Instagram? Schau ich mir halt das Foto an, das du mir gerade geschickt hast, auf dem du die neue »Alltagsmaske« trägst. Macht auch ziemlich warm ums Herz!

Susanne

Wie aufregend! Ich bin auf Reisen! Schon wegen meiner Lesungen und diverser Sendungen bin ich im normalen Leben (also dem, was ich bis Corona dafür gehalten habe) sehr viel unterwegs. Jetzt aber bin ich seit Wochen zu Hause. Bis auf meine kleinen Arztausflüge und die Supermarktbesuche.

Heute geht es mit dem Sohn des Liebsten nach Leipzig. Ich bin Gast in einer Talkshow-Aufzeichnung und darf eine Begleitperson mitbringen. Der Fünfzehnjährige sagt begeistert zu. Einfach weil die Vorstellung, das Haus zu verlassen, wirklich verlockend ist. Selbst in Begleitung einer älteren Frau. Alles besser als nichts. Als das ewige Zu-Hause-Rumhocken. Wir haben ausreichend Masken im Gepäck und werden eine Nacht in Leipzig verbringen. Während ich zur Sendung gehe, wird er im Hotel bleiben. Wir haben zwei Einzelzimmer gebucht, ich will ja schließlich keinen Fünfzehnjährigen traumatisieren. Ich verspreche ihm, dass er sich was Herrliches beim Roomservice bestellen kann. Ich liebe Roomservice, der hat so was wunderbar Dekadentes. Mein Alltime-Favorit ist das klassische Clubsandwich (in meinem Fall ohne Fleisch). Im Bett zu liegen, dabei fernzusehen und das Clubsandwich mit fetten Pommes zu verspeisen ist für mich unterwegs geradezu Tradition.

Der Zug wirkt wie ein Geisterzug: Wir sitzen vollkommen allein in einem Wagen. Fast so, als wäre es unser Privatzug. Nach einer Viertelstunde nehmen wir die Masken ab. Wen sollten wir schützen? Ist ja niemand außer uns da.

Im Hotel die Ernüchterung: kein Restaurant, keine Bar und natürlich auch kein Zimmerservice. Wir bummeln eine Runde durch Leipzig, eine Stadt, die ich sehr mag, erkunden die Innenstadt und haben das Gefühl, das mehr los ist als in Frankfurt. Vor dem Schuhgeschäft und der Parfümerie stehen die Menschen Schlange. Erstaunlich, welche Begierden Corona weckt. Es macht

Spaß, durch Leipzig zu schlendern, auch wenn es sehr schade ist, nicht eben mal spontan einen Cappuccino trinken zu können. Restaurants und Cafés fehlen. Nicht nur, um mal eben was zu sich nehmen zu können, auch weil durch die fehlenden Straßencafés und Tische vor den Restaurants gerade in dieser Jahreszeit einfach Leben wegfällt. Atmosphäre. Stimmung.

Wir kaufen Sushi für meine junge Begleitung, und ein Fahrer holt mich am Geisterhotel ab. Ich bin gespannt, denn ich war noch in keiner Sendung in Corona-Zeiten. Eine Talkshow-Aufzeichnung komplett ohne Publikum ist seltsam. Die Stühle der Gäste und Moderatoren sind weit auseinandergerückt, und es heißt, wir müssten uns selbst schminken. Eine Maskenbildnerin sei da, dürfe aber nur beratend zur Seite stehen. Ich habe schon am Telefon gefragt, wie ich mich mit einer Hand in Gips einhändig schminken soll. Sie haben doch eine Begleitperson, die kann Sie doch schminken, hieß es. Ich soll mich von einem fünfzehnjährigen Jungen schminken lassen? Lustige Idee. Malen nach Zahlen könnte vielleicht funktionieren. Zum Glück hat die Profifachkraft Mitleid und hilft mir. »Ab Montag dürfen wir eh wieder, das ist in vier Tagen, also was soll's.« Sie trägt Maske und hat sich die Hände desinfiziert. Ich bin sehr, sehr dankbar.

LANG LEBE DIE ENTSPANNTHEIT
TAG 46

Constanze

Heute habe ich den halben Tag bei meinem Vater verbracht. Wie jede Woche: Mittwochabend anreisen, Donnerstag nach dem gemeinsamen Mittagessen zurück. Vor Corona sind wir vor dem Mittagessen zum Grab meiner Mutter gelaufen, das ganz in der Nähe ist, und danach ins Restaurant. Dort saßen meist zwei weitere Rentner jeweils allein an ihren Tischen vor dem Tagesgericht. Eine alte Frau und ein alter Mann. Oft dachte ich, wäre doch schön, die würden sich einfach mal an einen Tisch setzen und mein Vater noch dazu. Aber immerhin hat man sich gegrüßt. Man merkte den beiden an, wie sie es auch genossen, dass die Bedienung immer schon wusste, was sie wollten, so wie mein Vater sich drüber freute, wenn er ungefragt seinen Apfelsaft bekam und ich meine Cola Zero (ja, ausnahmsweise – Donnerstag war Vater- UND Cola-Tag). Jetzt gehen wir halt nur noch zum Friedhof, und dann koche ich was. Obwohl das heute eher »Tütenaufreißen« war – es gab mal wieder Fischstäbchen, Kartoffelpü, Spinat. Mein Vater isst viel lieber das Püree aus der Packung. Aber wenigstens den Spinat habe ich »richtig« gemacht: Zwiebeln anschwitzen, etwas Brühe zugießen, kochen.

Beim Essen erzählte mein Vater – mal wieder – von der Flucht. Er hat einen Großteil seiner Kindheit in einem winzigen Ort in der Nähe von Görlitz verbracht, und als »die Russen kamen«, floh die Familie gleich zweimal. Beim ersten Mal musste sein Vater – mein Großvater – noch beim sogenannten Volkssturm irgendeine Brücke verteidigen, die es sicher nicht wert war. Und weil meine Großmutter nichts mit Pferden am Hut hatte, saß der französische Zwangsarbeiter der Nachbarn auf dem Kutschbock und lenkte den mitsamt der väterlichen Familie gen Westen. Dann gab es Entwarnung, weil der Krieg angeblich beendet war, und alle kehrten zurück. Beim zweiten Mal hatte mein Großvater zwar nun selbst die Zügel in der Hand, aber von den zehn Kindern waren drei der sieben Schwestern in verschiedenen Haushalten irgendwo auswärts in Stellung und konnten nicht darüber informiert werden, was da gerade vor sich ging beziehungsweise: wohin es gehen sollte. Unterwegs – erzählt mein Vater – erfuhren sie, dass der Krieg nun tatsächlich zu Ende sei. Sie kamen bis Niedersachsen, und wie durch ein Wunder hatten es schließlich auch die drei Tanten »in Stellung« irgendwie geschafft, sich bis zu ihrer Familie durchzuschlagen.

Was das mit Corona zu tun hat? Ich dachte daran, wie wir das mit den heutigen Kommunikationsmitteln wohl gemanagt hätten. Wir hätten den Schwestern mal eben eine WhatsApp-Nachricht in die Familiengruppe geschickt, mit den Koordinaten, wo man sich gerade aufhält. Wir hätten überprüft, ob das wirklich stimmt mit dem Kriegsende. Aber wir hätten auch sehr viel Zeit damit verbracht, uns auf Facebook oder Instagram zu beklagen, wie unfair das Leben ist und welche Zumutungen es einem beschert und dass das Schicksal da offenbar eine Privatvendetta gegen einen selbst höchstpersönlich führt. Wir hätten getan, was wir gerade und vorwiegend tun: das Netz vor allem als Streubombe von Gerüchten, Verschwörungstheorien, Befindlichkeiten und Unzufriedenheit genutzt. Wir wären vielleicht nicht mal sehr viel besser informiert gewesen, bloß aufgeregter.

So wie jetzt gerade wieder alle. Seit Montag einige Lockerungen eingeführt wurden, reicht der kleine Finger schon wieder nicht. Es soll bitte pronto die ganze Hand gereicht werden: also der Mallorca-Urlaub, das Nagelstudio, der Gottesdienst, die Bundesligaspiele …

Meinem Vater ist das vollkommen fremd. Er versteht diese ständige Selbstbefragung auch gar nicht, dieses: Wie fühle ich mich gerade? Könnte und sollte es mir nicht besser gehen? Hätte ich es nicht verdient, dass es mir besser geht? Was tut das, was passiert mit mir? Mein Vater hat die Ausgeglichenheit eines Zen-Meisters. Außer das Essen steht zu spät auf dem Tisch und man hat ihm die *Süddeutsche Zeitung* nicht in den Briefkasten geworfen. Darum beneide ich ihn wirklich. Ich hoffe, ich habe nicht nur die entsetzlich langen Fußzehen und die matschgrüne Augenfarbe von ihm geerbt, sondern auch seine Langlebigkeit und die Entspanntheit. Die kann so enorm helfen. Gerade jetzt.

Susanne

Die *Riverboat*-Talkshow habe ich gut überstanden, obwohl es sich doch extrem auf die Stimmung legt, wenn man so gar keine Zuschauer hat. Keine Reaktion. Kein Lachen, kein Klatschen.

Wir, der Fünfzehnjährige und ich, wollen uns heute noch ein bisschen in Leipzig tummeln. Habe die Maskenbildnerin und die Kostümfrau der Sendung gestern gefragt, wo wir mal hingehen könnten. »Du musst dir die Südvorstadt anschauen, das ist auch cool für einen fünfzehnjährigen Kerl«, haben sie vorgeschlagen. Alternative Szene, viel Graffiti, Vintage-Läden, kleine individuelle Geschäfte: Der Tipp war großartig. (Was lernen wir daraus: Man sollte mehr fragen und dann auch mal auf das hören, was Leute sagen!) Wir sind 15 000 Schritte gelaufen, haben viel gesehen und hatten richtig Spaß. Alles in allem ein gelungener Ausflug, der ja streng genommen momentan nicht drin ist.

Übrigens: Auch ich beneide deinen Vater um seine Zen-Art. Ich glaube, dass die eigene Befindlichkeitswahrnehmung in den letzten Jahren und Jahrzehnten enorm gewachsen ist. Wir sind das Zentrum des Universums. Um uns dreht sich alles, vor allem wir selbst. Wir hören rund um die Uhr in uns hinein. Geht es uns gut? Was fehlt uns? Das steigert sich, je jünger die Menschen sind. Für Teenies ist es normal. Gehört quasi zur Grundausstattung. Ist altersadäquat. Ich kann mich nur zu gut an die Phase erinnern. Auch ich habe mich damals eigentlich ausschließlich für mich selbst interessiert. Wann ist welche Party, was ziehe ich an, wie trickse ich meine strengen Eltern aus, und wann kapieren die endlich, dass ich eigentlich schon erwachsen bin? Ich denke, es gehört zum Erwachsenwerden dazu, seinen Wahrnehmungshorizont wenigstens ein bisschen zu erweitern. Über den eigenen klitzekleinen Tellerrand zu lugen. Nicht immer nur zu fragen: Geht es mir gut?

Apropos: Geht es dir denn gut? Merke um mich herum, wie allen so langsam die Puste ausgeht, und das nicht nur wegen der Maskenpflicht. Man kann das Wort Corona einfach nicht mehr hören. Will nicht darüber lesen. Auch ich bin irgendwie Corona-müde. Will, dass es aufhört. Aber ich will nicht rumjammern. Bringt ja eh nichts.

Fast hätte ich die tägliche Ration Dankbarkeit vergessen: Heute bin ich dankbar dafür, dass ich mal rausgekommen bin. Neue Eindrücke sammeln konnte. Leipzig ist einen Ausflug wert. Da müssen wir zwei auch mal wieder hin.

PROMENADOLOGIE
TAG 47

Constanze

Mit dir fahre ich so gern ÜBERALLHIN. Wenn wir endlich wieder ÜBERALLHIN dürfen. Sehr gern auch nach Leipzig. Mag die Stadt sehr. Finde, sie hat mit ihrem ruppigen Charme Ähnlichkeit mit Frankfurt, unserer Heimat und derzeitigen Groß-Quarantänestation. Lucky you, dass du mal rausgekommen bist! Ich habe schon Spurrillen in meiner Wohnung.

Wir haben heute den 1. Mai. Also den »Tag der Arbeit«. Habe ihn würdig mit Ausschlafen begonnen. Es folgte ein langes Frühstück, und schließlich ließ es sich doch nicht mehr vermeiden: Ich habe mein Büro mal aufgeräumt (sagen wir so: Ich habe damit angefangen). Zum Glück dürstete es den Mann recht zügig nach einem Ausflug. War auch gerade mal trocken draußen. Zu meinem großen Glück regnet es nämlich seit gestern. Und ich hätte nie gedacht, dass ich das mal sagen würde: Von mir aus kann es den ganzen Mai und den halben Juni durchregnen. (Also bis zum 10. Juni – da muss dann Schluss sein. Da fahre ich nach Sylt.)

Ehrlich gesagt, war mein Mann vor allem guter Hoffnung, dass wir bei dem Ausflug vor allem Auto fahren werden und nur ein kleines bisschen gehen würden. Ist aber nicht ganz so gelaufen. Habe ihn doch 'ne ganze Ecke durch die Botanik geschleift, wobei ich immer mal wieder in die Hände geklatscht habe. Natürlich nicht, um ihm zu applaudieren. Rechts und links vom Weg gab es nämlich eindrucksvolle Wildschweinrotten-Spuren. Sah aus, als hätte da eine regelrechte Völkerwanderung stattgefunden, und an einer Stelle hat es dann mitten im Wald massiv nach Maggi gerochen. Seit einem Ausflug mit einer Waldpädagogin weiß ich, dass das ein Zeichen dafür ist, dass sich Wildschweine in unmittelbarer Nähe befinden. Hatte ich schon ein wenig Angst.

Trotzdem waren es sehr schöne sechs Kilometer (meinem Mann habe ich natürlich gesagt, es wären nur vier gewesen, um ihn für das nächste Mal zu motivieren, NOCH WEITER zu laufen). Wie meistens fand er es am Ende doch nicht so schlimm. Ich brauchte nicht mal die ultimative Drohung einzusetzen: dass es das Leben verkürzt, wenn man wenig geht, und umgekehrt derjenige sein Dasein verlängert, der viel spaziert. Haben Forscher um Pedro F. Saint-Maurice vom amerikanischen National Cancer Institute JAMA herausgefunden. Wer täglich 12 000 Schritte schafft – das entspricht ungefähr sieben Kilometern –, verringert demnach sein Todesrisiko um ganze 65 Prozent im Vergleich zu den Gehfaulen.

Hätte man sich ja eh denken können. Allerdings müsste ich meinen Job aufgeben, weil es enorm zeitintensiv wäre, wollte ich meinen Mann jeden Tag überreden, sieben Kilometer zu laufen. Zumal die bei ihm sehr viel länger dauern als bei anderen Menschen. Er hat sogar seine eigene Geschwindigkeitsberechnung – wir sprechen beziehungsintern gern von Umph – also von ›Ulimeter per hour‹. Also bleibt es wohl bei den gemeinsamen Sonn- und Feiertagsspaziergängen.

Als Kind mochte ich die auch nicht besonders. Wir kamen praktisch immer zu spät für Bonanza zurück und mussten außerdem die »guten Sachen« tragen – also Kleidung, in der man nichts weiter tun durfte, als geradeaus zu gehen. Heute ist der Sonntagsspaziergang ja das neue Yoga – zumal man den herabschauenden Hund im Moment sowieso nur allein daheim machen kann. Und er ist eine Wissenschaft für sich.

Bei der Promenadologie geht es darum, »die Umgebung in die Köpfe der Menschen zurückzuholen«. Das Gehen vermittle »räumliche Bezüge, da Raum nur durch die eigene körperliche

Bewegung durch denselben erfahrbar sei«*. Sogar studieren kann man das Fach. Aber ehrlich, wenn ich etwas kann, dann den Sonntagsspaziergang. Mache ich ja praktisch, seit ich laufen kann. Mittlerweile mag ich ihn. Sehr sogar. Und ich mache mich auch für ihn hübsch. Ich finde, er hat es verdient. Vielleicht bringt uns Corona ja eine Renaissance dieses schönen Rituals? Ich würde mich darüber freuen.

Susanne

Es ist Feiertag, und ich habe so gar kein Feiertagsgefühl. Ich nutze den Tag, um zu lesen. Mir kommt ein *Spiegel*-Interview von Frank Castorf, dem Theaterregisseur und ehemaligen Intendanten der Volksbühne Berlin, in die Finger.**

»Ich möchte mir nicht von Frau Merkel mit einem weinerlichen Gesicht sagen lassen, dass ich mir die Hände waschen muss. Das beleidigt meine bürgerliche Erziehung«, nölt er rum. Es gefällt ihm nicht, dass jemand ihm sagt, das darfst du nicht. Er meckert, dass er angeherrscht wurde, weil er sich zu weit über die Fleischtheke gebeugt hat, und lamentiert, dass er erst jetzt ein Fläschchen Desinfektionsmittel ergattert hat. Er stelle mit Entsetzen fest, dass er jetzt sogar Trump möge.

Muss man das ernst nehmen, oder will sich da jemand mal richtig wichtigmachen? Was ist daran so schlimm, dass unsere Kanzlerin es wagt, uns ans Händewaschen zu erinnern? Castorf findet, dass es, selbst an den Theatern, eine Form des hässlichen Opportunismus gibt: »Bis vor Kurzem war dort der Hauptfeind der alte weiße Mann. Sehr viele junge Menschen, die gerade ihr

---

* Edith Kresta: »Der Osterspaziergang. Aufgeschreckte Couchpotatoes«, in: *taz.de,* 1. April 2018.
** *Spiegel* vom 28.04.2020, Interview von Wolfgang Höbel.

Theaterwissenschaftsstudium hinter sich hatten, waren der Meinung, der alte weiße Mann sollte möglichst schnell verrecken. Jetzt ist das Virus da, und auch in den Theatern finden plötzlich alle, jeder Alte, auch wenn er über achtzig Jahre und ein Mann ist, sollte um jeden Preis geschützt werden.« Was ist das für eine unglaublich bescheuerte Verquickung? Ist da ein alter weißer Mann eventuell schwer beleidigt? Lässt er sich nicht gerne was von einer nahezu gleichaltrigen Frau sagen? Findet er es tatsächlich eine Einschränkung seiner Freiheit, sich nicht mehr ausladend über die Fleischtheke beugen zu können?

Ich habe das Interview gelesen und nur gedacht: Der tickt doch nicht ganz richtig. Damit wir uns nicht missverstehen: Man darf die Maßnahmen der Regierung gerne kritisieren. Aber Trump zu loben und sich angegriffen zu fühlen, weil Angela Merkel zum Händewaschen mahnt, ist nur eins: albern.

Gehe jetzt eine Runde laufen. Mit dem Liebsten und dem Fünfzehnjährigen. Dass das möglich ist, freut mich.

SACKBLÖD
TAG 48

Constanze

Ganz offenbar gibt es auch bei Corona kleine Unterschiede mit großen Folgen für die Geschlechter. Diese typisch männliche Bockigkeit zum Beispiel, die Herr Castorf freundlicherweise für uns alle mal wieder dokumentiert hat und die so leicht ins Sackblöde und wahlweise Alterssenile und/oder Kindische schwappt. Ich glaube fest daran, dass das auch der Grund dafür ist, weshalb mehr Männer und diese sehr viel heftiger von dem Virus betroffen sind. Ich sehe, wie häufig Männer viel zu eng beieinanderstehen. Nicht nur Jugendliche, sondern vor allem jene im besten Corona-Alter – also so ab Mitte vierzig aufwärts.

Erst eben wieder hat sich eine Gruppe von fünf sehr gut gekleideten Herren vor einem Edel-Italiener versammelt und sich gegenseitig fotografiert. Ohne Maske. Gemessen an dem, was die Klamotten, die Uhren, die Smartphones gekostet haben, waren das vermutlich keine Hauptschulabsolventen – also im Prinzip in der Lage, die Ansteckungsgefahr intellektuell zu erfassen. Aber da ist das Bedürfnis nach körperlicher Nähe offenbar stärker.

War mir vorher gar nicht so aufgefallen, dass Männern so viel mehr am Kuscheln liegt als Frauen. Dass sie so »touchy« sind. Frauen halten sich, jedenfalls was ich beobachte, strikter an die Distanz- und Masken-Regeln. Liegt vielleicht daran, dass wir traditionell ohnehin die Hüterinnen der Gesundheit und der Hygiene sind. Ich hatte und habe immer noch sehr ermüdende Diskussionen mit meinem Mann darüber, weshalb die Maske auch ÜBER die Nase gehört und man sich keinesfalls ins Gesicht fassen darf, wenn man gerade praktisch jeden im Wohnblock zur Verfügung stehenden Türgriff angefasst hat.

Männer neigen, glaube ich, außerdem eher dazu, sich für unsterblich zu halten. Und dann müssen sie sich ihr Kerlsein mit maximaler Unvernunft beweisen. Ich hatte schon Männer an meiner Seite, die beim Überqueren der Straße gerade dann betont langsam gingen, wenn sich ein Lkw näherte. Als wollten sie sagen: »Wollen doch mal sehen, wer hier der Stärkere ist!« Ähnlich sehen sich wohl manche mit Corona im direkten Wettkampf. Als würde am Ende ein Ringrichter sagen: »Der Pokal geht an Hans-Dieter!«, und der kann ihn dann neben sein Seepferdchen-Abzeichen stellen.

Umgekehrt trifft Corona Frauen härter insofern, als all unsere Versammlungsplätze gerade auf Solo-Betrieb umgestellt worden sind. Denk mal an Blankas schönen Laden. Neben den herrlichen Klamotten war ja das Zweitbeste, dass wir da samstags gerne saßen und miteinander geredet haben. Oft auch mit Frauen, die wir gar nicht kannten. Jetzt können wir nur noch einzeln zu ihr rein. Die Restaurants sind immer noch geschlossen. Und ebenso all die Sportkurse: Yoga, Pilates, Bauch-Beine-Po –, die ja nicht nur Kalorien verbrannt haben, sondern auch Begegnungsstätten waren. Im Unterschied zu den Fitnesscentern, in denen man ohnehin nur stumpf nebeneinander auf Laufbändern geradeaus hetzt, vor sich einen Fernseher oder sonst einen Screen, auf dem irgendwas passiert. Eher auch so ein Männerding. Bin gespannt, ob Männer nun etwas anhänglicher und Frauen gestärkt in ihrem Allein-für-sich-Dasein aus der Krise herausgehen.

Mein Highlight vom Tage: Beim Einkauf stand ich in einer langen Schlange vor »Schlemmermeyer« in der Schweizer Straße – als eine Verkäuferin herauskam und fragte, wer einen Espresso möchte. Fand ich meganett!

Susanne

Heute tue ich einfach mal so, als wäre es ein ganz normaler Samstag. Einer der Samstage, an denen ich ausschlafe und danach in die Stadt fahre, um dich und andere Freundinnen zu treffen. Heute selbstredend mit Maske und Mindestabstand. Wir sehen uns bei Blanka – unserer Freundin mit der bezaubernden Boutique Supermercado mitten in Frankfurt. Zu dritt (mit Blanka) sitzen wir in einer Art Riesenstuhlkreis und schwätzen. Besprechen draußen unsere Corona-Zeit.

Bei allem Mist, bei allen Einschränkungen hat Corona für mich auch Schönes. Durch all die abgesagten Termine hatte ich sehr viel mehr Zeit als sonst. Zeit, meine neue Beziehung wirklich auszutesten. Zeit für eine Nähe, die sonst sicherlich schon durch unsere beruflichen Verpflichtungen nicht drin gewesen wäre. Wir haben das Zusammenleben getestet, etwas, was ich sonst so schnell sicherlich niemals getan hätte. Hop oder top, war die Devise.

In unserem Alter irgendwie gut. Mit dreiundzwanzig hat man viel Zeit, um zu überlegen, ob man mal zusammenleben will. Wie das mit der Beziehung weitergeht. Ob es was Ernstes wird. Mit siebenundfünfzig stellt sich das anders dar. Worauf warten? Auf die Seniorenwohnanlage? Warum es nicht einfach wagen und ausprobieren? Ist man im Alter einfach mutiger? Entschlossener? Oder hat man schlicht nicht mehr die Zeit fürs Abwarten?

So oder so, ich bin froh, das Wagnis eingegangen zu sein. Das ist für mich definitiv das Schöne an Corona. Ich würde gerne sagen, »das Schöne an Corona gewesen« – aber es ist ja noch lange nicht vorbei. Ich habe das komische Gefühl, dass wir an Corona lange was haben werden.

Ich glaube, die langsamen Verbesserungen sind trügerischer Natur. Corona scheint mir ein richtiges Biest. Es taucht ab, um dann wie Phönix aus der Asche wieder aufzuerstehen. Hoffen wir, dass ich unrecht habe. Dass Corona sich schnell komplett vom Acker macht.

Ein Freund hat mir erklärt, was für ein ganz inniges Verhältnis er zu seinen beiden Söhnen geknüpft hat. Dank Corona. Einfach weil der normale Alltagsstress – Kinder zum Sport, zur Schule bringen, all die Termine – größtenteils weggefallen ist. »Wir können anders miteinander reden, weil unsere Köpfe viel freier sind! Weil wir nicht beim Abendessen sitzen und im Hirn schon darüber nachdenken, was wir wann und wo am nächsten Tag erledigen müssen«, meint er.

Ja, Corona hat auch etwas Gutes. Aber ich denke, die Botschaft haben wir verstanden: Mehr Corona-Zeit bedeutet mit Sicherheit nicht mehr Einsicht.

AN DER OPTIKFRONT
TAG 49

Constanze

Ich könnte schreiben: Heute ist Sonntag. Aber spielt das noch eine Rolle? Irgendwie bin ich vor allem zeitlich verlottert. Klar, jetzt haben mittlerweile einige Geschäfte geöffnet – das wäre ja schon mal ein Unterscheidungsmerkmal zwischen Wochen- und Werktag. Aber ich weiß nicht, wie es dir geht: Ich habe irgendwie überhaupt keine Lust zu shoppen. Mein Bedürfnis nach Einkäufen ist so ziemlich mit der – ohnehin mühsamen – Lebensmittelbeschaffung abgedeckt. Und was das Geldausgeben anbelangt, so sagt mein Konto, dass ich mir nicht mal mehr ein Sparschwein anschaffen sollte.

Trotzdem habe ich doch hier und da – so wie du – immer mal wieder Geld angelegt. Sehr gut sogar. In hübsche Schutzmasken, die der Verhüllung wenigstens ein wenig Glamour verleihen, in den Gutschein für die Buchhandlung und jetzt auch in Gutscheine für unser beider Lieblingsrestaurant Café Größenwahn. Dort haben wir mit zehn anderen Freundinnen schon seit Jahren unser Weihnachtsessen ausgerichtet.

Meine Hoffnung ruht darauf, dass sich vielleicht bis Dezember die Corona-Wogen so geglättet haben werden, dass wir tatsächlich dort feiern. Dass wir wie »alle Jahre wieder« dort zusammensitzen werden und über dieses so verrückte, beängstigende, aufregende und ernüchternde Jahr sprechen. Ich werde erzählen können, dass ich erstmals seit Jahren all meine Handcreme-, Duschgel-, Shampoovorräte aufgebraucht habe. Alles Dinge, die man entweder aus diversen Geburtstagsgeschenkpaketen und von Weihnachtsfesten gehortet hat oder die man eben mal – weil man eh in der Stadt war und an der Kasse warten musste oder sich gegen die teure Hose entschied, aber nicht mit leeren Händen aus der City raus- und nach Hause wollte – gekauft hat.

Das meiste ist jetzt in Gebrauch. Ganz im Unterschied zu meinen Klamottenbeständen. Nicht, dass ich den ganzen Tag im Jogginganzug herumlaufe. Ich ziehe mich schon so leidlich manierlich an, dass ich der Nachbarin entspannt die Tür öffnen oder mit meinem Mann durch den Park spazieren gehen kann, ohne sozial auffällig zu werden. Allerdings habe ich mir sonst immer noch was anderes angezogen, wenn ich abends weggegangen bin. Das entfällt. Und dann ist das textile Anspruchsniveau allgemein ohnehin so gesunken, dass man fast schon mit Jeans und Bluse als overdressed gilt. Klar ist das einerseits entspannend. Andererseits finde ich es immer auch spannend zu sehen, wie sich die anderen stylen. Ohne Eiscafés, Apfelweinkneipen, Strand- und Rooftopbars, ohne Schwimmbadbesuche, ohne Festivals fällt ein ganzer Modesommer flach und damit die ganze Sommermode.

Fühle mich ein wenig wie die so voll verhüllten Frauen aus den Arabischen Emiraten, die man manchmal auf der Frankfurter Luxusmeile, der Goethestraße, sieht – mit zig Tüten. Habe mich immer gefragt: Wozu eigentlich all der Aufwand, die Ausgaben, wenn man die ganze Pracht gar nicht vorführen darf. Irgendeine Freundin meinte einmal, die Frauen würden sich das eben privat und gegenseitig vorführen. Aber nicht mal das ist ja im Moment möglich. Vielleicht sollte ich jedes Outfit einmal anziehen und mich darin fotografieren, damit sich die schönen Sachen nicht vernachlässigt fühlen? Aber natürlich erst, wenn die Handcreme eingezogen ist.

Die gute Nachricht vom Tage: Es hat zwei Tage hintereinander immer mal wieder geschüttet, und bei meinem Spaziergang im Park hatte ich das sehr starke und schöne Gefühl, als hätte die Natur einmal ganz kurz sehr tief durchgeatmet.

Susanne

Lese gerade in der Zeitung, dass die Menschen jetzt in Corona-Zeiten später aufstehen als sonst. Wirklich überrascht bin ich darüber nicht. Beim Schlafen ist ja alles gut. Im Schlaf ist sehr viel weniger Corona, und das tut zwischendurch richtig gut. Mal abschalten und abtauchen.

Die Stadtwerke waren es, die herausgefunden haben, dass wir mehr und vor allem länger schlafen als in Corona-freien Zeiten. Der morgendliche Anstieg des Stromverbrauchs, so die Stadtwerke, beginnt etwa eine Stunde später als sonst. Wozu auch früh aufstehen? Die meisten Kinder müssen nicht zur Schule, und für alle, die im Homeoffice arbeiten, ist der Weg zum Arbeitsplatz jetzt überschaubar. Dazu kommt, dass man sich fürs Homeoffice optisch nicht so ins Zeug legen muss. Die wenigsten von uns hätten die Chuzpe, ungekämmt und im Schlafanzug ins Büro zu gehen, zu Hause ist hingegen alles erlaubt, außer es droht eine Videokonferenz. Und da langt es ja, den Oberkörper herzurichten. Ansonsten kann man sich an der Optikfront entspannen, die engsten Familienmitglieder kennen einen ja in jedem Aggregatzustand und sehen zum Großteil auch nicht anders aus. Wir verlottern kollektiv im Familienverbund.

Auch die Wasserwerke melden sich zu Wort. Vor dem Frühstück scheinen nur noch die wenigsten zu duschen, die Abgabespitze verschiebe sich um etwa zwei Stunden. Wie beruhigend, dass die Menschen überhaupt noch duschen. Egal, wann. Alle Psychologen betonen ja, wie wichtig gerade jetzt feste Strukturen sind. Sie empfehlen, nicht bis in die Puppen zu schlafen, sich auch für den heimischen Arbeitsplatz herzurichten und einen gut geregelten Tagesablauf zu haben.

Wenn ich so was lese, nicke ich immer zustimmend. Natürlich leuchtet mir das ein – in der Theorie jedenfalls. Aber auch, wenn der Geist willig ist, mein Körper neigt zur Schwäche und bevorzugt den Müßiggang. Für wen sollte ich mir zu Hause Smokey Eyes malen, wen interessiert, ob mein Jogginganzug mitten auf der Brust einen Quarkfleck hat, und wer grämt sich, wenn ich den Vormittag ungeduscht hinter mich bringe? Ich versuche mir all das auch noch schönzureden. Weniger duschen ist gut für die Haut. Auch das Weglassen von Make-up schadet sicherlich nicht. Man könnte das Ganze also auch als Kur für die Haut – immerhin unser größtes Organ – verstehen.

An manchen Tagen fühle ich mich schon heroisch, wenn ich es überhaupt aus dem Bett schaffe. Verpflichtungen schaffen Struktur, erfordern sie nachgerade, aber meine Verpflichtungen sind inzwischen überschaubar geworden. Mir selbst neue zu schaffen, damit tue ich mich schwer. Vielleicht, weil Corona für mich eine gewisse Disziplinlosigkeit mitbringt. Ich bin voller Bewunderung für all die Menschen, die so tatkräftig Neues in Angriff nehmen. Ich habe manchmal das Gefühl, unter mentaler Lähmung zu leiden. Muss mich mehr am Riemen reißen. Beschließe, von morgen an strukturierter zu leben. Bitte erinnere mich daran!! Werde morgen auch mal wieder versuchen, den Git-up-Dance zu tanzen. Aber ich glaube leider, du wirst nach Corona deinen Tanzauftritt allein stemmen müssen. Ich habe bisher noch nicht mal den Grundschritt drauf. Was soll's, frei nach »Vom Winde verweht«:

Morgen ist auch noch ein Tag. Und übermorgen auch.

FÜNFZIG UND PUDELWOHL

TAG 50

Constanze

Wahnsinn! Der FÜNFZIGSTE Tag!!! Soll man den feiern? Beweinen? Ignorieren? Bestaunen? Hat er ein Feuerwerk verdient? Oder eher Trauerflor? Ich für mich kann sagen: Die Corona-Zeit erscheint mir so ewig, wie sie klingt. Vielleicht noch ein wenig ewiger. Trotz der Strahlkraft, die ich auf alles richte, was in dieser Zeit passiert ist.

Gestern Abend zum Beispiel habe ich zufällig die Ankündigung der nächsten *GNTM*-Folge gesehen. Ich hatte plötzlich das Gefühl, diese eine Staffel würde schon seit Jahren laufen. Noch einmal so ein Und-ewig-grüßt-das-Murmeltier-Flash. »Tag 50« bedeutet aber auch, dass einige Maßnahmen ab heute gelockert werden, ohne dass wir uns locker machen sollten.

Wichtig: Das strikte Besuchsverbot in Alten- und Pflegeheimen wird leicht auf »einmal pro Woche eine Stunde pro Bewohner« entspannt. Das klingt wie die Besucherregelung in einer Justizvollzugsanstalt. Sind die Alten- und Pflegeheimbewohner nicht volljährig und können selbst entscheiden? Stell dir mal vor, du bist fünfundachtzig – vielleicht ein wenig gebrechlich, aber geistig noch voll da –, und man will dir jetzt noch vorschreiben, wen du wie lange sehen darfst?

Auch Friseure und Spielplätze dürfen ab heute wieder öffnen. Und ebenso können Museen, Ausstellungen, Schlösser und Gedenkstätten, Tierparks, Zoos und Botanische Gärten, Hundesalons und Hundeschulen, Copyshops, Fahrschulen (nur für Berufskraftfahrer), Musikschulen und Privatunterricht (als Einzelunterricht und in Kleingruppen von bis zu fünf Personen) – unter Auflagen – wieder besucht werden. Jedenfalls hier bei uns in Hessen.

Seltsam. So richtig bundesweit kennt sich bestimmt keiner mehr aus. Ist überhaupt eine abenteuerliche Mischung. Ich meine: Hundesalons!!! Gibt es also auch Corona-Frisuren bei Fifi und Waldi? Hatten die auch Beauty-Druck? Standen morgens vorm Spiegel und dachten: »SO kann ich auf keinen Fall mehr Gassi gehen?«, oder: »Was, wenn mich Harry, der Dackel mit der genetisch bedingten Kurzhaarfrisur, so ungetrimmt sieht? Oder mit dem, was Frauchen in Heimarbeit verbockt hat?«

Wie dich erstaunt mich auch diese Empörung allerorten. Jeder ist auf seine Weise und mit seinem Lieblingsthema in Nullkommanichts auf der nächsten Palme. So war es gerade eben auch im Lebensmittelladen. Bei der Kundin, die ich miterleben durfte, war es eine Mischung aus: »Die sollen sich mal einig werden da oben!!« und: »Ich kenne da einen Virologen, der sagt, das mit den Masken ist alles Quatsch!« Zum einen ist es erstaunlich, wie viele Menschen jemanden kennen, der wichtige Informationen hat, die den Entscheidern offenbar bislang verborgen geblieben sind. Zum anderen verblüfft mich, wie sich jeder aus dem großen All-you-can-ärger-Büfett seinen Leib-und-Magen-Aufreger herauspickt und ständig neue Kombinationen des vermeintlich Unzumutbaren präsentiert werden. Anstatt froh zu sein, dass wir – hoffentlich – das Gröbste überstanden haben. Aber gut, so sind Menschen vielleicht. Sie wollen ihre Ängste vergessen und möglicherweise auch, wie klein und hilflos man sich fühlen kann.

Die gute Nachricht vom Tage: Ich freue mich auf gut frisierte Hunde! Und ich war heute beim Zahnarzt – alles wunderbar. Ich glaube, es war überhaupt das erste Mal so, seit ich zum Zahnarzt gehe.

Susanne

Es regnet, und ich, die alte Sonnenanbeterin, freue mich, weil ich weiß, dass du dich freust. Klingt paradox, ist aber so. Paradox finde ich auch den Kampf, der in unserer Gesellschaft gerade ausgetragen wird. Fast heftiger als die Debatten in der Flüchtlingsfrage. Da versammeln sich Pegida-Anhänger und AfDler und schreien was vom Untergang der Demokratie. Ich sehe das und denke: Das sind ja genau die Richtigen, die da nach einer offenen und freien Gesellschaft verlangen. Dazu gesellen sich Impfgegner, Bill-Gates-Hasser, Verschwörungstheoretiker jedweder Couleur, weinerliche Intellektuelle wie der Berliner Intendant Castorf, Klimawandelleugner und Altlinke. Eine sehr eigenartige krude Mischung. Alle jammern unisono, es gäbe keine Meinungsfreiheit. Das ist ehrlich gesagt lächerlich. Jeder darf seine Meinung frei äußern, aber jeder darf auch genauso frei und deutlich widersprechen.

Zu Beginn der Krise, im Angesicht der Bedrohung, gab es noch eine gewisse Einigkeit. Jetzt wird geschrien, wir hätten nicht genug Tote, um weiterhin so einschneidende Maßnahmen zu rechtfertigen. Aber warum haben wir wohl so viel weniger Tote als viele Länder direkt um uns herum? Weil die Maßnahmen gegriffen haben. Und mal ketzerisch gefragt: Wie viele Tote sollen es denn sein? Wie viele braucht man, um einen Lockdown zu rechtfertigen? 1000? 10 000? Oder mindestens 100 000? »Wir haben nicht mal eine Übersterblichkeit«, zetern viele und verlangen nach sofortiger Aufhebung aller Lockdown-Maßnahmen. Wie paradox: Da funktioniert ein Plan, und die Leute beschweren sich, anstatt zu applaudieren.

Eine Freundin schreibt mir, »sie finde die Situation unerträglich«. Ja, sie kann momentan nicht wie sonst alle zwei Wochen ins Ausland fliegen und in ihrer Zweitwohnung leben. Aber sie hat kein

Restaurant, das wochenlang geschlossen ist. Ihrer sehr, sehr gut bezahlten Arbeit kann sie weiterhin nachgehen. Sie hockt nicht mit drei Kindern in einer engen Wohnung ohne Balkon, ihre schmucke Wohnung in Frankfurter Bestlage bietet hinreichend Platz, und sie hat keine schlaflosen Nächte nach dem Blick auf ihr Konto. Kurzum: Sie muss in keinerlei Hinsicht darben.

Ich erzähle dem fünfzehnjährigen Sohn meines Freundes davon. Frage ihn, wie er die Lage empfindet. »Es nervt!«, sagt er. »Aber unerträglich ist es nicht. Nervig halt.« So würde ich es auch sehen. Es nervt. Trotzdem verstehe ich die zunehmenden Rufe nach Lockerung. Hätte ich was zu sagen, würde ich alles behutsam nach oben fahren. Vor allem würde ich dafür sorgen, dass man seine Angehörigen im Krankenhaus oder im Altersheim besuchen kann. Die tun mir unendlich leid. Natürlich hoffe ich auch für all die Gastronomen da draußen und für all die Kinder, die so Sehnsucht nach ihren Freunden haben.

Aber ich denke, in dieser Woche wird einiges passieren. Vielleicht sitzen wir bald – mit gebührendem Abstand – wieder in unserem Lieblingslokal. Oder können nach Mallorca fliegen. Allein die Vorstellung beschwingt mich.

KLAMMERBLUES
TAG 51

Susanne

Ich überlege, ob man mich entführt und ausgetauscht hat. Ich merke, wie ich nach und nach zu einer richtigen Fünfzigerjahre-Hausfrau mutiere. Mir fehlt eigentlich nur noch die gestärkte rosafarbene Schürze mit Rüschen. Stehe ständig in der Küche und probiere neue Rezepte aus. Backe, als gelte es, eine Kompanie zu versorgen. Gestern habe ich mal wieder Brot selbst gemacht und heute früh einen Rhabarberstreuselkuchen gebacken.

Meine Kinder finden es ausgesprochen schade, dass diese wundersame Wandlung jetzt erst passiert ist. »Kaum leben wir woanders, entdeckst du deine häuslichen Seiten«, haben sie beim Anblick der Fotos meiner Brotwaren nur gesagt.

Meine Kinder! Ich vermisse sie. Sehr sogar. Beide leben in der Hauptstadt Berlin, und ich habe sie seit Wochen nicht gesehen. Nicht umarmt. Nicht abgeküsst. Wir telefonieren viel, aber ein wirklicher Ersatz ist das nicht. Meine Tochter arbeitet im Homeoffice, und mein Sohn sitzt an einer Hausarbeit. Ich habe versucht, sie »nach Hause« – jedenfalls zu mir – zu locken, auch mithilfe diverser Brot- und Kuchenbilder. Leider hat es nicht funktioniert, obwohl beide das ausgeprägte Esser-Gen ihrer Mutter geerbt haben.

Ich weiß, dass ihre Entscheidung, nicht quer durch die Republik zu fahren, absolut vernünftig ist, aber obwohl ich keine Klammermutti bin, fehlen sie mir doch arg.

Aber jetzt kein Gejammer mehr, sondern noch das Gute vom Tag: mein Streuselkuchen. Der ist echt die Wucht. (Ich weiß, man soll sich nicht selbst loben.) Ich backe dir auch einen oder wahlweise ein Brot. Du als Bäckerstochter bist ja erstaunlicherweise für Süßkram nicht so zu haben.

Halte durch, ich habe das Gefühl, morgen wird es zu Lockerungen kommen. Nur noch einmal schlafen! Wie sagt der Spanier: »Vamos a ver.« Wir werden sehen ...

Constanze

Das ist im wahrsten Sinne des Wortes echt süß von dir: mir einen Streuselkuchen anzubieten. Aber du hast recht – als Tochter eines Bäckers bin ich mit freiem Zugang zu jedweden Backwaren aufgewachsen, und so hat sich die Süß-Sensation ziemlich schnell gelegt. Wir waren auch die einzigen Kinder im Umfeld, die bei den sogenannten »bunten Nikolaustellern« oder Oster-Naschwaren müde abgewinkt haben. Bei uns gab es stattdessen das kleine Süß-Programm und dafür Dinge – also Buntstifte, Malblöcke. Meine Schulfreundinnen und später meine Freunde konnten es nicht fassen, dass ich nicht den ganzen Tag in der Backstube saß und Kuchen in mich reinstopfte. War mir also schon früh klar, dass erst Verknappung bei den Menschen Begehrlichkeiten weckt. So wie am Anfang der Krise beim Toilettenpapier oder der Hefe.

Hatte heute schon ein weiteres eindrückliches Corona-Erlebnis: ein Interview mit Ivana Seger, die in einem Hospiz arbeitet und außerdem mit ihrer Labradorhündin Sissi in Palliativstationen und Hospizen eine tiergestützte Therapie anbietet. Unfasslich, was so ein Hund da an Beruhigung, Freude, Entspannung bewirkt – und auch das: Schmerzen dämpft.

Das war schon so, bevor Corona kam. Jetzt aber darf Sissi natürlich nicht mehr zu den Kranken. Das ist nicht nur ein herber Verlust für die Schwerstkranken. In nur wenigen Wochen könnte das ganze wundervolle Projekt vor dem finanziellen Aus stehen ... (www.emmahilft.de). Als sie mir das erzählte, merkte ich mal wieder, wie enorm stark unsere Sehnsucht nach Verdrängung ist. Wie sehr man sich wünscht, dass jetzt alles wieder gut ist. Bloß weil es ein paar Lockerungen gibt und Söder heute gerade die Ausgangssperre für Bayern aufgehoben hat.

Mit diesem Gefühl von Fast-schon-Normalität und Dankbarkeit war ich heute in den Tag gestartet – als wäre der böse Zauber vorbei. Ist aber ja alles noch da: die Gefahr, die Folgen, die Panik, die drohenden Pleiten. Trotzdem hat mir Ivana auch den glücklichsten Moment des einundfünfzigsten Corona-Tages beschert durch die Erkenntnis, dass es Menschen wie sie gibt, die bei der Frage nach dem Berufsziel nicht gesagt haben: »Reich werden!«, sondern: »Helfen!«

MUTTI
EINE WÜRDIGUNG
TAG 52

Constanze

Heute war das Erste, was mir das Internet präsentierte, als ich den Laptop hochfuhr, der Satz: »Mutti gibt klein bei.« Es ging darum, dass die Herren Vorstände der Bundesländer einfach schon mal jeder für sich im Alleingang Lockerungen beschlossen haben, noch BEVOR das mit Angela Merkel besprochen wurde – wie es sich eigentlich gehört hätte. Da war er mal wieder, der enorm uncharmante Merkel-Mama-Vergleich. Ich meine, die ganze Welt ist voller Bewunderung ob der deutschen Corona-Politik – und wäre ein Mann an der Spitze unseres Landes, dazu noch einer mit einem Doktortitel, hätten wir Schlagzeilen mit einer Überdosis Respekt und Anerkennung und Artikel, die sich darum bemühten, die Gewichtigkeit, die Klugheit, die Souveränität des großen Staatenlenkers in angemessene Worte zu fassen. Stattdessen wird unser Regierungsoberhaupt mit dem enorm respektlosen »Mutti« herabgewürdigt. Nichts gegen »Mutti« an sich. Aber man muss den Begriff ja auch an der Absicht beurteilen, mit der er verwendet wird.

Zwischendurch hieß es in den letzten Wochen zwar immer wieder mal: »Es sind die Frauen, die das Land rocken« – weil sich Pflegerinnen, Supermarktkassiererinnen und Mütter im Homeoffice ja an vorderster Corona-Front schlagen, während die Männer in der langen Schlange vor dem Baumarkt hoffen, dass sie erst wieder heimmüssen, wenn die Frau die Kinder schon ins Bett gebracht hat. Und jetzt wird das bisschen Hochachtung ratzfatz wieder heruntergefahren.

Ein ähnliches Phänomen kennt man nach Kriegen, wo die

Frauen, die während der Abwesenheit der Männer den harten Alltag gestemmt haben – auch in Männerberufen –, gleich wieder zurück an den Herd beordert wurden. In die Mutti-Rolle eben, damit die Männer wieder das übernehmen können, von dem sie glauben, dass es ihnen zusteht.

Ist jetzt also alles vorbei? Ist alles wie früher? War überhaupt etwas? So ein Gefühl stellt sich ein, wenn man unterwegs ist. Die Leute wollen offenbar so schnell wie möglich vergessen. Wenn sie können.

Die Besitzerin des kleinen italienischen Restaurants, bei dem ich heute mit einer Freundin war, wird dazu sicher länger brauchen. Sie hat wie so furchtbar viele auf Notbetrieb – also Takeaway – umgestellt. Eigentlich wollten meine Freundin und ich bloß Essen abholen. Aber dann haben wir uns mit unserem Salat, der Pasta und zwei amtlich gefüllten Gläsern Wein gegenüber auf der anderen Straßenseite an einen der Tische gesetzt, die zu dem schon geschlossenen Backshop gehören, und ein Großstadt-Picknick gemacht. Das war sehr schön und mein Dankbarkeits-Moment des heutigen Tages.

Susanne

Boah – diese Mutti-Anrede ist wirklich der Gipfel der Unverschämtheit. Ich hätte momentan genug Wutpotenzial im Bauch, um all den Kerlen, die so daherreden, mal rechts und links ein paar zu knallen.

Aber apropos Mutti: Meine Tochter kommt zum Muttertag für ein paar Tage nach Hause.

Mutti freut sich. In diesem Zusammenhang ist die Anrede Mutti vollkommen in Ordnung. Meine Kinder dürfen mich so nennen. Das war's dann aber auch. Finde es schon sehr seltsam, wenn Ehepartner sich Mutti und Vati rufen. Das hat so was Ungeschlechtliches. Asexuelles. Aber dass irgendwelche alten Kerle unsere Kanzlerin »Mutti« nennen, das geht nun wirklich zu weit. Nicht nur, weil viele der Männer weitaus älter sind als ihre vermeintliche »Mutti«.

Heute ein erneuter Unfall in meinem momentanen Zuhause. Der jugendliche Sohn des Liebsten hat sich beim gemeinsamen Joggen das Knie verletzt. So langsam habe ich das Gefühl, wir sind in Personalunion das Krankenhaus am Rande der Stadt. Gab es nicht mal eine Serie, die so hieß?*

Hier noch mal eine kleine Unfall-Chronologie der Ereignisse während des Lockdowns:

Fußzehenentzündung, Bandscheibenvorfall der Halswirbelsäule, Fleischwunde durch Tomatenmesser im Daumen, Fuß gezerrt, Kreislaufkollaps, Holzsplitter im Fingernagel, Hand in Gips nach Laufunfall, dadurch auch beide Knie komplett aufgeschürft und geprellt, ein bisschen Rücken, Erkältung mit kurzer Corona-Panik – und jetzt Knie des Fünfzehnjährigen, der sich inzwischen als 1-a-Krankenpfleger und Wundenverarzter qualifiziert hat. Dazu kann er wunderbar kochen, auch und vor allem vegetarisch, er kann kleine Arbeiten im Garten erledigen, und er hat bewiesen, dass er es wochenlang nur in Gesellschaft alter Menschen (mit seinem Vater und mir) aushalten kann. Mit anderen Worten: Er ist bereit für einen Job im Alten- und Pflegeheim. Als eine Art Altenanimateur. Hilfspflegekraft. Vielleicht für reiche Witwen, die sich freuen, einen so niedlichen jungen hübschen Kerl um sich zu haben. Das wäre auch aus monetärer Sicht erfreulich, denn was die Schule angeht, sehe ich eher schwarz. Der Einsatz in diesem Bereich hielt sich in stark überschaubaren Grenzen. Wir werden also sehen müssen, was wir mit der Generation der Corona-Schulkinder anfangen können.

---

* »Das Krankenhaus am Rande der Stadt« ist eine tschechoslowakische Arztserie von 1978, Anm. d. Red.

Das Schöne am Tag? Die Vorfreude auf morgen. Da kommt der Gips ab. Und das Wissen darum, dass wir bald wieder einen großen Schritt Richtung Normalität machen werden. Ich sehe uns im Restaurant sitzen und Rote-Bete-Salat essen. Fast so, als wäre nie was gewesen. Juchhu!

AUSGEWACHSEN
TAG 53

Constanze

Bei »Wachs & Wachs & Zians« gewesen. Endlich! Und meine gute Nachricht vom Tage: dass ich beim besten Friseur überhaupt bereits vor Corona diesen Termin gemacht hatte. Von Freundinnen, die auch hierher gehen und weniger langfristig planen, weiß ich, dass nun der ganz große Run auf die Friseure begonnen hat und es gerade echt schwer ist, einen Termin zeitnah zu ergattern. Ich bin zwar ohnehin ziemlich entspannt bei allen Frisurfragen, weil meine – wie auch deine – Haare ohnehin vor allem eigensinnig sind und sich sowieso kaum zu großen Veränderungen bereit finden. Außer, man würde mal einen radikalen Kurzhaarschnitt in Erwägung ziehen. Aber den hatte ich schon – einmal als Kind, wo man mich dann auch prompt ständig für einen Jungen hielt (fand ich damals schon seltsam, dass die Metzgereifachverkäuferin, bei der wir mindestens zweimal die Woche waren, dachte, meine Mutter habe mal eben noch einen achtjährigen Sohn aus dem Ärmel gezaubert), und dann als Studentin nach dem schon erwähnten Selbstfärbeexperiment. Allerdings war es jetzt auch bei mir etwas eng beziehungsweise etwas lang geworden. Ich weiß, du freust dich über jeden Zentimeter, den dein Haar wächst. Aber meines ist offenbar nicht bereit, das bisschen Locke auch über die lange Strecke aufrechtzuerhalten. Und dann habe ich mich sowieso gefreut, einmal wieder meinen Friseur zu sehen, den ich schon so lange kenne. Allerdings diesmal unter besonderen Bedingungen. War ja klar, dass man die Maske aufbehalten muss – und theoretisch wusste ich vorher schon, dass es weder Zeitschriften noch Kaffee geben wird. Ich dachte: »Nicht so schlimm.«

Aber dann fühlte es sich doch nur nach dem halben Spaß an. Denn nun machte sich auch ein erstaunliches physikalisches Phänomen bemerkbar: dass man mit Mundschutz enorm schlecht hört. Also nicht nur, wenn andere mundbeschutzte Menschen sprechen – sondern so überhaupt. Vielleicht liegt es daran, dass die Ohren leicht abgeknickt sind? An irgendeiner außergewöhnlichen Schallableitung – jedenfalls war es mordsmühsam, sich zu verständigen. Und auch ein wenig deprimierend. Schwer genug, dass wir uns nicht mehr umarmen sollen – doch dass wir nun auch noch Einbußen bei den Gesprächen in Kauf nehmen sollen, das ist schon hart.

Das Wesentliche habe ich aber gehört: wie es allerhöchste Zeit war, den Betrieb wieder aufzunehmen, und wie wichtig es ist, dass sich alle an die Regeln halten – um einen weiteren Lockdown zu vermeiden, der für noch mehr Menschen das wirtschaftliche Aus bedeuten würde. Meine gute Nachricht vom Tage: meine Frisur. Du wirst sie vermutlich zu kurz finden – und tatsächlich habe ich mehr abschneiden lassen als sonst. Man weiß ja nie – ich jedenfalls bin auch für eine längere Friseurpause bestens gewappnet.

Susanne

Ja, da bist du leider unbelehrbar. Ich hätte längst Haare bis zum Po – wenn meine nicht wegen all der Locken bloß in die Breite und nicht in die Länge wachsen würden. Gut, das spart mir eine Menge Geld. Und ich bin auch vorwiegend ziemlich froh über diese ja quasi fest eingebaute und herrlich pflegeleichte Frisur. Aber andererseits wüsste ich gern auch mal, wie ich mit Wallemähne aussähe.

Habe deshalb mal – wie du weißt – einen Selbstversuch mit Extensions gemacht. Aber das ist erstens bei Weitem nicht dasselbe, und zweitens fallen einem da die Kunststrähnen auch mal büschelweise aus – was ziemlich verstörend wirken kann.

Meine gute Nachricht vom Tage ist eine Diagnose. Der Sohn des Liebsten hatte ja ziemliches Knieweh. Der Orthopäde fand die Ursache in der Wachstumsfuge beim Jugendlichen. Sie ist noch nicht geschlossen, was bedeutet: Er wird noch wachsen. Eine Information, die sehr gut ankam.

Bei mir hat vor allem der sonnige Nachmittag für gute Laune gesorgt. Immerhin hat es für einen kleinen Sonnenbrand gereicht. Und für ein wenig Träumerei. Ich habe mich in Gedanken schon auf meiner Lieblingsinsel gesehen, auf Mallorca. Hoffe ja sehr, dass ich bald wieder dorthin reisen kann. Vielleicht schon in den Sommerferien. Erstmals mit dem Liebsten und seinem Sohn. Ich freue mich darauf, ihnen zu zeigen, was ich an Mallorca so mag – die Strände, aber auch die schönen alten Städte, die Märkte dort und dass man gleichzeitig sehr weit weg sein kann vom Touristentrubel und trotzdem auch die Vorzüge einer mediterranen Großstadt genießen kann – tolle Straßencafes, schöne Geschäfte, fantastische Restaurants. Abends war ich noch Laufen mit dem Liebsten – eine neue Gemeinsamkeit. Sogar zu dritt, wenn sein Sohn nicht gerade seine Wachstumsfuge schonen muss.

MANSPLAINING
TAG 54

Constanze

Das Comeback der Klugscheißer. Jetzt wollen es alle schon längst besser gewusst haben. Als hätten sie den Witz eines neuen Virus nicht verstanden: dass man eben immer erst hinterher klüger sein kann. Eine Gelegenheit, die vor allem von Männern genutzt wird.

Müssen Männer alles besser wissen? Uns die Welt erklären? »Mansplaining« nennt sich das globale Phänomen, das Gott vermutlich zeitgleich mit Adam und Eva geschaffen hat. Als Erfinderin des Wortes gilt die – wie ich finde – großartige amerikanische Essayistin Rebecca Solnit, die 2008 in der *Los Angeles Time*s den Essay *Men Explain Things to Me* veröffentlicht hatte, der später auch in Deutschland unter dem Titel *Wenn Männer mir die Welt erklären** herauskam. Sie hatte selbst damit einschlägige Erfahrungen gemacht, wie sie gleich zu Anfang schreibt. Sie war nämlich bei einem sehr reichen Mann zum Abendessen eingeladen, der ihr wortreich ein Buch über einen Fotografen aus dem 19. Jahrhundert empfahl, das sie unbedingt lesen müsste. Die Begleiterin von Solnit versuchte mehrmals, ihn zu unterbrechen und ihm zu erklären, dass Solnit ja die Autorin dieses Buches sei. Aber das dauerte. Schließlich gelang es ihr doch, und wie sich herausstellte, hatte der Gastgeber das Buch nicht mal gelesen, sondern es bloß auf der Bestsellerliste stehen sehen.

Ob ihm das peinlich war? Vermutlich nicht. Ist ja eine Selbstverständlichkeit, dass Männer Frauen Dinge erklären, von denen Männer nachweislich keine Ahnung haben. Mein persönliches

---

* Rebecca Solnit, *Wenn Männer mir die Welt erklären,* btb, München 2017.

Highlight diesbezüglich kennst du ja: als vor vielen Jahren mal eine Autorin in einer Talkshow Gast war, weil sie ein Buch über den weiblichen Orgasmus geschrieben hatte. Vorsichtshalber hatte der – männliche – Moderator noch einen männlichen Experten eingeladen, weil so ein Mann sich natürlich mit dem weiblichen Orgasmus viel besser auskennt als eine Frau.

Männer erklären Frauen aber auch, wie sie sich etwa nach einer Vergewaltigung fühlen oder was mit dem Feminismus falsch läuft oder auch, wie man einen ordentlichen Schweinebraten zubereitet, obwohl sie nachweislich nicht mal ein Spiegelei hinbekommen. Und nun ist also auch noch Corona in die Themenliste von Männern aufgenommen, die von Virologie so viel wissen wie ich von Quantenphysik. Ich bin mal wieder sehr froh, eine Frau an der Spitze dieses Landes zu wissen, die sich – so wie es aussieht – die Welt sehr gut selbst erklären kann.

Susanne

Da kann ich dir nur wieder zustimmen. Von mir kommt auch ein ganz großes UFF über Angela Merkel. Die hätte das Zeug zur guten Nachricht der ganzen letzten Wochen. Aber für den heutigen Tag habe ich eine andere: Der Gips ist ab. Das ist ein wirklich komisches Gefühl, so als wäre die Hand irgendwie labbelig und nur so eine Art Wurmfortsatz des Arms. Und ich habe es schon wieder getan: gebacken und außerdem auch noch Rhabarber-Erdbeer-Kompott gekocht. Manchmal denke ich, ob meine innere Hausfrau vielleicht jahrzehntelang bloß irgendwo eingesperrt war und nun mit Macht nach vorne drängt – ob Corona ihr Befreiungsschlag war. Und ich fürchte mich ein wenig davor, zu was sie sonst noch fähig ist: Unterhosen bügeln? Stricken? Die Fugen zwischen den Fliesen im Bad mit einer Zahnbürste reinigen? Dem Mann die Klamotten für morgen herauslegen? Wirst du es mir sagen, wenn es so arg kommt? Mir den Putzlappen aus den Händen reißen und mich aus der Kochschürze schälen? Mich zum Schreibtisch begleiten und mich an den Laptop setzen? Mein Liebster und sein Sohn werden dazu kaum fähig sein. Dazu genießen sie es viel zu sehr, was ich ihnen vorsetze. Freut mich ja – aber ist das nicht auch der Trick: all das Lob für meine hausfraulichen Fähigkeiten, das letztlich dazu führt, dass ich immer noch mehr, mehr, mehr davon will?

PILLEPALLE
TAG 55

Constanze

Ja, das ist schon ein sehr starker Lockstoff: wenn Frauen wenigstens daheim am Ruder sitzen dürfen und also die volle Entscheidungsgewalt darüber haben, was es morgen zu essen gibt und ob der Mann mit knittrigen oder glatt gebügelten Hemden zur Arbeit geht. Irgendetwas in dieser Art jedenfalls muss es sein, das uns bislang davon abhielt, die Weltherrschaft zu übernehmen.

Du kannst dich drauf verlassen: ich werde dich und dein Hefezopf-Verhalten sehr gut im Auge behalten! Ich fühle mich heute gerade wie eine Kandidatin von der Sendung »Am laufenden Band«.* Erinnerst du dich: Ein Fließband transportierte lauter Konsumgüter wie Kühlschränke, aber auch Fußbälle oder Gutscheine für Reisen an den Kandidaten vorbei. Sehr Teures und ganz Billiges. Und was die Kandidaten (allesamt Promis der damaligen Zeit) sich gemerkt haben, durften sie behalten. Erstaunlich war, dass so viele sich nicht das Hochpreisige im Gedächtnis behielten, sondern bloß die Kleinigkeiten. Pillepalle-Zeug. Als Zuschauer dachte man: Wie blöd muss man sein?!

Jetzt, so mit Corona, lässt sich ein ganz ähnliches Phänomen beobachten: Den Menschen sind die Kleinigkeiten wichtig – nicht das Große und Ganze. Das, was doch eigentlich den sehr viel größeren Einfluss auf sie haben wird als etwa der nächste Gottesdienstbesuch oder dass die Bundesliga wieder startet oder dass man seinen Geburtstag feiern kann – oder in der Straßenbahn ins Gespräch kommt.

---

* »Am laufenden Band« war in den 1970er-Jahren eine unregelmäßig ausgestrahlte Samstagabend-Show mit dem niederländischen Showmaster Rudi Carrell.

Mein Glücksmoment des Tages hätte das Zeug zum Glücksmoment des Monats: Habe meinen Vater gefragt, worauf er noch neugierig ist. Da hat er ein wenig nachgedacht und gesagt: Auf alles!

Susanne

Bin in die Stadt gefahren, um wieder so etwas wie Normalität in mein Leben zu lassen. Corona ausblenden ist leider nicht möglich. Nicht nur wegen der Masken im Straßenbild. In Frankfurt wird heute wie in vielen anderen Städten demonstriert. »Irre dieses Landes, vereinigt euch«, will man da rufen. Selten auf einer Demo so ein Potpourri an kruden Inhalten gefunden. 5G-Handynetz, Bill Gates, Impfpflicht, Zwangsimpfung, Meinungsfreiheit …

Dass all diese Menschen ihre Verrücktheiten so frei rausposaunen dürfen, geht eben nur in Ländern mit Pressefreiheit. Erstaunlicherweise sind die Prominasen, die sich auch in den sozialen Netzen mit Corona-Wirrkram profilieren, fast alles Männer. Attila Hildmann hat auf mich schon immer leicht ballaballa gewirkt, aber das, was er jetzt von sich gibt, schreit eigentlich: Bitte helft mir. Professionell.

Mir macht dieser Aufmarsch – so lächerlich die Thesen auch sein mögen – tatsächlich Angst. Menschen, die ich bisher für einigermaßen klar im Kopf gehalten habe, posten Videos dieser Corona-Leugner. Der Mensch scheint einfach gerne eine Erklärung zu haben. Irgendwas, woran er glauben kann. Er hält die Unsicherheit, das Nicht-genau-Wissen offenbar nicht aus. Ist froh um jede, wenn auch noch so bekloppte Erklärung.

Das ist ja vielleicht auch so eine dieser Kleinigkeiten, die uns viel mehr in Erinnerung bleiben werden als die großen Ereignisse: die Menschen, die sofort die Nerven verlieren, weil sie es nicht aushalten, einmal nicht schon Wochen im Voraus zu wissen, was passieren wird. Mit jedem, der da auf der Straße herumblökt, sehe ich auch Mallorca in immer weitere Ferne rücken. Von allen anderen Lockerungen ganz zu schweigen.

Süß übrigens die Sache mit deinem Vater. Hoffe, ich werde in seinem Alter auch noch gespannt sein auf die nächsten 20 Jahre – mindestens. Das ist – glaube ich – auch meine gute Nachricht des Tages. Zu wissen, dass da draußen noch Menschen sind wie Günther Kleis.

HEIMATKUNDE
TAG 56

Constanze

Puh! Zwischenzeitlich denkt man ja, dass Corona vor allem die Hirnzellen lähmt. Geht mir wie dir mit den Demonstranten – die machen mir mittlerweile fast mehr Angst als das Virus selbst. Und Attila Hildman – bislang Held der Veganer-Szene – ist jetzt offenbar auch ein ausgewiesener »Vollpfosten«, wie der Fraktionsvorsitzende der FDP im Bayerischen Landtag via Twitter die Demonstranten nannte. In München sagte einer der dortigen Demonstrationsteilnehmer: »Meiner Meinung nach sollte Gott allein über Leben und Tod entscheiden. Wir Menschen sollten da nicht zu sehr eingreifen.« Würde er das auch sagen, wenn man beim ihm Krebs diagnostizieren würde? »Chemo? Nein Danke! DAS kann Gott nicht gewollt haben!«

Eines muss man dieser Zeit der geschlossenen Cafés, Restaurants, Ausflugslokale lassen: Sie sorgt dafür, dass ich mein näheres Umfeld besser kennenlerne. Ich war heute mal wieder mit meinem Mann in Sachen Heimatkunde unterwegs. Genauer gesagt: in oder auf?! der Schwanheimer Düne, eine der wenigen Binnendünen Europas, aus dem Sand, der aus dem Flussbett des Mains verweht wurde. Ist auch seit 1984 Naturschutzgebiet und außerdem Teil des Fauna-Flora-Habitats – Ja, ich habe mich vorbereitet … Es gibt einen Bohlenweg, der über die ganze Pracht führt, dazu gemacht, dass man sich die besondere Pflanzenwelt anschauen kann, ohne sie zu zerstören. Drum herum aber ist auch herrliche Naturlandschaft. So wie ich sie eigentlich nur noch aus Kinderzeiten kenne: wilde Wiesen, Obstbäume. Und das so nahe – nicht mal 15 Minuten Fahrzeit von unserer Wohnung entfernt.

Allerdings ist die Düne mit Öffentlichen eher schwer zu erreichen. Wir hatten ja bis vor einem Jahr nie ein Auto – da kommt man entweder nur ums Eck oder eben gleich ganz weit weg, mit dem Flugzeug oder der Bahn.

Muttertag war außerdem. Auch wenn ich keine mehr habe, habe ich einen Strauß Blumen gekauft, um ihn am Grab unserer Mutter abzulegen. Dafür habe ich über 40 Minuten vor dem Blumenladen Schlange gestanden und gestaunt, wie viele Mütter manche haben. Da kamen – natürlich vorwiegend Männer – mit bis zu vier Sträußen raus und haben entsprechend lange eben auch im Geschäft gebraucht, bis die mal zusammengebunden waren. Okay, andere hatten zwei Stunden gewartet – wie mir der junge Kerl vor mir erzählte, der schon am früheren Morgen an dem Geschäft vorbeigegangen war.

Haben deine Kinder dir auch Blumen gebracht? Und du deiner Mutter? Ist ja jedes Jahr dieselbe Diskussion, ob der Muttertag noch zeitgemäß ist – und man Mütter nicht sowieso behandeln sollte, als hätten wir ganzjährig Muttertag. Solange das aber nicht der Fall ist, finde ich, kann man schon einmal Jahr wenigstens ein prachtvolles Gebinde erwarten. Selbst dann, wenn der Mann sich auch ansonsten rege an Haushalt und Kinderaufzucht beteiligt.

Susanne

Für mein schönstes Geschenk musste niemand vor einem Blumenladen warten – das sitzt mit am Frühstückstisch. Meine Tochter ist gestern Abend aus Berlin gekommen. Homeoffice-Koller. Seit acht Wochen arbeitet sie zu Hause und wollte einfach mal in anderen vier Wänden sitzen. Blass ist sie. Kaum frische Luft genossen in den letzten Wochen und eigentlich nur gearbeitet habe sie. Ich will ihren Laptop zuklatschen. Sagen:

Mach mal Pause. Geh mal raus. Leg dich mal hin und ruh dich richtig aus. Ich will sie verhätscheln. Aufpäppeln. Aber selbst sonntags hat sie keine Ruhe. Sie arbeitet ja im Großraum Social-Media-Marketing – und so wie das Internet keinen Feierabend hat, so hat auch sie keinen mehr. Nicht wirklich jedenfalls.

Immerhin schaffen wir es und fahren zu meiner Mutter, die bei mir um die Ecke wohnt. So sehe ich meine Mama am Muttertag und meine Tochter seit Langem mal wieder die Oma. Drei Generationen von Frauen treffen sich in Zeiten von Corona – ein denkwürdiger Tag. Wir sitzen draußen, obwohl es nicht wirklich kuschelig warm ist. Schön brav auf Abstand. Würde meine Mama gerne mal in die Arme nehmen. Social distancing nervt gerade in diesen Momenten. Aber die Freude überwiegt dann doch: Wir haben uns, und das ist schon ziemlich viel Glück.

MACH DICH LOCKER
TAG 57

Constanze

Deutschland macht sich Corona-locker. Zu locker. Hört auf, das Virus ernst zu nehmen und lässt entspannt die Mund-Nasen-Schutzmaske irgendwo am Kinn baumeln, trifft sich wieder in größeren Gruppen, reist herum, will feiern, ausgehen und die letzten Wochen offenbar am liebsten vergessen. Seltsam, wie kindisch erwachsene Menschen sein können. Wie stark der Wunsch ist, dass alles wieder ganz normal läuft, und damit hart daran zu arbeiten, dass sich der Neustart dann doch noch eine ganze Weile verzögern wird. Jemand schrieb in der *taz*, wie bescheuert es von Politikern ist, Regeln aufzustellen, die der Staat unmöglich kontrollieren kann. Etwa, ob die Menschen, die da zusammen stehen, wirklich nur aus zwei Haushalten kommen oder aus verschiedenen. Wie will man das machen?

Ich versuche wirklich, mir meinen Optimismus zu erhalten, gieße ihn täglich mit dem Bewusstsein, wie gut es uns geht, und dünge kräftig nach mit dem Wissen, dass nicht alle so irre sind wie Hildmann & Co. Dass das hier bald besser wird und wir in Deutschland noch sehr, sehr privilegiert sind und bestens aufgehoben – aber manchmal möchte man wirklich einfach mit den Fäusten wenigstens auf sein Kissen einschlagen. Also mal kurz.

Dann finde ich im Netz ein echt herrliches Beispiel Lenz'scher Übertreibung. Da schreibt jemand, seine Lieblingsverschwörungstheorie sei die hier: »Die Regierungen haben Corona erfunden, damit wir zu Hause bleiben und sie bei den Tauben (die nur Roboter sind mit Kameras und Mikrofonen) die Batterien wechseln können.« Ein herrlicher Witz. Oder ist das womöglich ernst gemeint? Seit Corona weiß man ja nie.

Glücksmoment des Tages: Mein Mann hat mir etwas zu Essen mitgebracht. Gut, er hätte auch mal etwas kochen können. Aber immerhin hat er schon mal dran gedacht, dass ich auch mal sehr gut eine Pause vom Herd brauchen kann.

Susanne

Ich bin seit Langem mal wieder in meinem ursprünglichen Zuhause, meiner Meldeadresse, oben auf dem Berg im Taunus. Mein Liebster und ich haben für uns entschieden, dass der Lockdown zu Ende ist und ich auch wieder mal meine eigene Wohnung beziehen werde. Wenigstens tageweise.

Die Begrüßung fällt eher frostig aus. Es schneit nämlich ein wenig. Ja, ich weiß, du glaubst das immer nicht. Schließlich haben wir Mai. Also habe ich dir ein Beweisfoto geschickt. Auf das mit dem Beleg für deine Behauptung, dass ihr unten in der Stadt schon im Bikini auf dem Balkon liegt, warte ich allerdings noch.

Hier auf dem kargen Land merkt man nicht viel von Corona. Auch im Leben meiner Mutter hat sich kaum etwas verändert. Die monatliche Fußpflege fällt weg, das wöchentliche Bridgespiel und gelegentliche Ausflüge zu Freundinnen. Ansonsten ist alles wie immer. So hat alles seine Vorteile. Wo nicht viel ist, kann auch nicht viel fehlen.

Es ist seltsam, wieder zu Hause zu sein. Fast schon ungewohnt. Aber auf Dauer als Gast irgendwo zu leben, ist eben schwierig. Ich habe beim Liebsten kein eigenes Zimmer – und arbeite am Esstisch. Darüber war mein Rücken zeitweilig sehr beleidigt. Und auch, wenn ich erstaunt war, wie wenig Klamotten man eigentlich braucht und wie lange man mit dem Inhalt eines winzigen Köfferchens rumkommt – ist es auch mal wieder schön, aus dem textilen Vollen zu schöpfen.

Trotzdem: Ich vermisse das Zusammenleben jetzt schon ein bisschen. Und ich freue mich auf den nächsten Besuch bei meinem Freund und seinem Sohn. Wir planen ja außerdem, eine weitere Beziehungsstufe zu nehmen: einen gemeinsamen Urlaub. Drei herrliche Wochen auf meiner Lieblingsinsel. Okay, die gewöhnliche Beziehungs-Choreografie sieht ja eigentlich vor, erst der Urlaub, dann das Zusammenleben – aber ich glaube, in Zeiten wie diesen ist ja ohnehin kaum noch etwas »normal«. Und für mich fühlt es sich sowieso ganz richtig an.

SHOWGIRLS
TAG 58

Constanze

Das hört man ja jetzt dauernd – nämlich: »Normalerweise«. »Normalerweise wäre ich jetzt an der See«, oder: »Normalerweise würden wir unsere goldene Hochzeit groß feiern«, oder: »Normalerweise sehe ich meine Teenager-Kinder kaum noch, aber jetzt essen wir jeden Abend gemeinsam, und das ist schön.« Dauernd ist Ausnahme, und das lässt hoffen, dass wir auch anderen »Ausnahmen« gegenüber aufgeschlossener werden.

Möglich ist ja gerade praktisch alles. Und auch das ist ein Paradox: Denn gleichzeitig sind wir ja gehalten, schön akkurat in Reih und Glied zu bleiben. So wie ich heute vor dem Eissalon. Wie überall gab es auch da Markierungen, damit man weiß, wohin man gehört und wie der exakte Abstand geht. Als wären wir Showgirls in einer Nummernrevue – andererseits hopsen immer noch viel zu viele einfach freestyle herum.

So würde es mein Vater ausdrücken. Wenn ich sage, ich gehe zum Tanzen, fragt er das noch heute immer: »Richtig? Oder bloß gehopst?« Meine Mutter und er haben sich ja beim Tanzen kennengelernt und in ihrer ersten Beziehungsphase an Tanzturnieren teilgenommen. Es gibt noch herrliche Fotos von den beiden: er im schwarzen Anzug, sie in einem Traum aus Samt und Tüll.

Eines dieser Bilder hat mein Vater nach dem Tod meiner Mutter überlebensgroß abziehen lassen. Das hängt jetzt bei ihm im Wohnzimmer, und obwohl wir meine Mutter alle sehr vermissen, beschwingt einen dieses Bild schon beim Ansehen. Mein Vater kann einem auch erklären, dass der Witz bei einer guten Performance gerade darin liegt, dass man aufeinander bezogen tanzt – sich auch mal führen lässt, ohne damit gleich fürs ganze Leben die Kapitulationserklärung unterschrieben zu haben oder sich als Opfer einer Diktatur fühlen zu müssen. So wie so viele gerade. Ich vermute mal, dass das alle keine sehr guten Tänzer sind. Weil man dazu auch die Fähigkeit braucht, sich einfach mal fallen zu lassen – wie meine Eltern damals.

Sie waren wahnsinnig jung – Anfang zwanzig – und hatten wirklich harte Zeiten hinter sich. Aber sie waren auch enorm vertrauensvoll, was ihre Zukunft anbelangt. Beneidenswerte Eigenschaften, die man diesen ganzen Angsthasen da draußen wirklich nur wärmstens empfehlen kann. Mein Glücksmoment heute: kein besonderer eigentlich. Ich hatte nur kurz das Gefühl, dass mein Leben gerade ziemlich in Ordnung ist.

Susanne

Für mich haben diese Klebemarken, die uns an den Abstand erinnern, immer was von Tatort. Und ich frage mich gerade, wann die ersten Corona-Fernsehfilme zu sehen sein werden. Wann die Kandidatinnen bei Shopping-Queen etwa mit Maske einkaufen geschickt werden und die vielleicht sogar zum Hauptthema machen – etwa mit »Matching-Masks«.

Einen kleinen Vorgeschmack werde ich heute haben. Heute geht's nach Erfurt. Ich habe tatsächlich endlich mal wieder Sendung – meine Lesesendung *Fröhlich lesen* beim MDR. Freue mich sehr darauf. Es hat was von Normalität. Aber in der Maske, da, wo man versucht, mich bildschirmtauglich herzurichten, ist wieder alles anders: kein Handshake, natürlich auch keine Umarmung. Meine Visagistin Christiane sieht aus wie eine Seuchenbekämpferin im Einsatz. Oder eine Gerichtsmedizinerin. Einwegschürze (will sie mir was kochen?), Mund-Nasen-Maske und darüber ein Visier aus Plexiglas. Ich komme mir vor wie kontaminiert. Wie in einem Science-Fiction-Film.

Zwei Gäste haben wir heute. Eine Autorin ist schwanger, und das im neunten Monat. Ich frage sie, ob sie Angst hat. »Ja und nein. Ich hätte – wenn das Kind kommt – gern eine Hebamme und Ärzte, die nicht komplett in Schutzanzügen stecken«, sagt sie. »Ich möchte mein Kind im Arm haben – all das wird ein Problem, wenn ich mich anstecke.« Trotzdem wirkt sie entspannt und ist zur Aufnahme ins Studio gekommen.

Gut, die Frau ist 32 000 Kilometer mit dem Fahrrad durch die Welt gefahren – darüber hat sie ein Buch geschrieben, deshalb ist sie heute mein Gast. Ich glaube, die regt so schnell nichts auf. Ich denke, das gilt generell: Menschen, die viel erlebt haben, sind weniger leicht einzuschüchtern. Sie kennen Gefahren und können sie vielleicht besser einschätzen. Sie wissen aber auch, wie man sich selbst beruhigt, sich selbst hilft, selbst tätig werden kann, wenn man in unruhigere Lebensgewässer gerät, sie haben vielleicht ein größeres Vertrauen in sich selbst und damit auch in die Welt. Das ist mein Bonus vom Tage: Jemanden so Beeindruckendes kennengelernt zu haben.

JAMMERTAG
TAG 59

Constanze

Habe mich heute mit einer Freundin, die Hausärztin ist, vor der Kleinmarkthalle getroffen. Wir haben drinnen was Leckeres eingekauft und uns draußen zum Essen auf die Stufen gesetzt. Sie erzählte, wie ruhig es in der letzten Zeit in ihrer Praxis geworden ist. Die Leute kommen nur noch zögerlich, aus Furcht, sich dort mit Corona anzustecken. Sie erzählte auch, wie Patienten heute von ihrem Arzt erwarten, dass er allwissend sei und sofort erkennen muss, was sie haben. »Aber wir können eben einfach oft auch nicht mehr tun, als zu beobachten und abzuwarten: Steigt das Fieber? Wird es schlimmer?« Wir sprachen darüber, wie wir total verlernt haben, auch mal Ungewissheit auszuhalten und darauf zu vertrauen: »Wird schon wieder!«

Es ist vermutlich, wie du sagst: Wer viel weiß, kann auch auf viel mehr Beruhigungen zurückgreifen, der versteht mehr, kann die Situation besser beurteilen und auch mal aushalten, dass wir sowieso nicht alles im Griff haben können. Auch zu besseren Zeiten nicht. Das führt zu einer weiteren Erkenntnis: wie viel Glück wir haben – einfach so –, wenn wir gesund sind, in einem Land geboren worden sind, in dem man sein Auskommen haben kann, medizinisch und sozial gut versorgt ist. Wie viele Faktoren also in unsrem Leben eine Hauptrolle spielen, die wir uns eben nicht »verdient« haben und für die man nur einfach mal dankbar sein kann.

Ich glaube, das haben derzeit viele Menschen aus dem Blick verloren. Sie denken, das Schicksal hätte noch eine Bringschuld. Aber wofür? Wenn man nicht mal bereit ist, anzuerkennen, wie viel Gutes einem einfach so in den Schoß fällt. Oje – das klingt schon sehr evangelisch. Hätte nicht gedacht, dass noch so viel

Kindergottesdienst in mir schlummert. Aber vielleicht bringt Corona ja auch das an den Tag …

Susanne

Ja, das klingt tröstlich. Kann ich gut brauchen. Denn heute habe ich den Corona-Blues. Ich mag nicht mehr. Ich will, dass es vorbei ist. Dass ich mal eine Woche vor mir liegen habe, in der es eine Rolle spielt, welcher Wochentag ist. Jeden Tag gefühlt Sonntag zu haben, macht keinen Spaß. Was nützen mir freie Tage, wenn jeder Tag mehr oder weniger frei ist? Das wäre so, als würde immer die Sonne scheinen und es nie regnen – will auch kaum jemand: immerzu Sonntag.

Freizeit ist schöner, wenn man vorher gearbeitet hat. »Corona bietet Chancen«, lese ich ständig. Ja, manchmal kann ich sie sehen. Aber es gibt auch Tage, da denke ich: Lass mich in Ruhe, Corona. Ich will nicht mehr diese Chancen, ich will zurück in meinen Alltag. Will ruhig mal gehetzt sein, mich nach den Wochenenden sehnen.

Ich will nicht online vorlesen. Die Anfrage habe ich abgelehnt. Vor allem, weil Lesungen von der Atmosphäre leben. Von den Besuchern. Wie soll ich lesen und spontan sein, ohne Reaktionen aus dem Publikum?

Du merkst, es ist ein Jammertag. Und ich habe, verglichen mit anderen, sehr viel weniger Grund zu jammern. Ich weiß. Morgen ist alles hoffentlich wieder gut. Ich werde mich spätestens dann an meinem sprichwörtlichen Riemen reißen. Ich habe da ja noch diesen Silberstreif am Horizont – die Hoffnung, dass mein Sommerurlaub stattfinden darf. Dass wir nach Mallorca reisen.

VON SILBERSTREIFEN UND STRANDHAFER
TAG 60

Constanze

Habe eine Bundestagsdebatte gesehen und gedacht, dass es da wenigstens keinen Unterschied macht – und die Reihen eigentlich schon immer so spärlich besetzt waren, als würde man seit Jahrzehnten für das Corona-Social-Distancing üben. Bislang habe ich mich bestens aufgehoben gefühlt. Gerade ändert sich das ein wenig – aus verschiedenen Gründen. Einmal sehe ich sehr, sehr selten, dass die Maßnahmen, die doch so wichtig sein sollen, kontrolliert werden. Zum anderen verstehe ich nicht, weshalb man in Thüringen Demonstrationen bis zu tausend Menschen erlaubt. Will die Politik den mit den Maßnahmen so unzufriedenen Ostdeutschen, die da auf die Straße gehen, vielleicht die Möglichkeit bieten, am eigenen Leib zu erfahren, was so heftig verleugnet wird? Mich ärgert das maßlos, weil so Corona nur immer weiter in die Verlängerung geht.

Übrigens: sehr hübsch, dein Silberstreif. Meiner ist nicht ganz so sonnig, aber auch wunderschön: die eine Woche Sylt, die ich mit zwei Freundinnen schon vor Corona gebucht hatte. Die ist gerade im Moment mein Strandhafer in den Corona-Wanderdünen. Und du natürlich. Das muss zwischendurch immer auch mal gesagt – beziehungsweise geschrieben – werden.

ZELTPLATZ VS. HIPSTER-KLUB
TAG 61

Susanne

Das kann ich nur zurückgeben. Zumal längst nicht alle Beziehungen Corona so gut überstanden haben. Eine Familienanwältin erzählt dem Liebsten, wie sehr sie seit ein paar Tagen merkt, dass Corona Folgen hat. Die Menschen haben genug. Nicht nur von Corona, sondern oft genug auch von ihrem Ehepartner. Es reicht, sagen sie. Ich habe ihn jetzt wirklich kennengelernt, und das, was ich da gesehen und gehört habe, möchte ich mir nicht lebenslang anhören. Corona ist eine Beziehungsherausforderung. Vor allem, wenn Existenzsorgen und Kinder-rund-um-die-Uhr-Betreuung dazukommen. Aber auch ohne.

Die wenigsten Paare sind diese Nähe gewohnt. Die Beziehungen funktionieren, weil genug Abwechslung da ist. Auszeiten vom Paarsein. Jetzt ist oft der Partner der alleinige Unterhalter. Der Ansprechpartner für alle Lebenslagen. Manche Paare sind davon anscheinend überfordert. Vielleicht, weil auch die Erwartungshaltung zu hoch ist?

Dabei haben wir noch geradezu ideale Voraussetzungen. Habe gerade im Radio gehört, dass die Menschen in Argentinien richtig harten Hausarrest haben – der Journalist, der interviewt wurde und in Buenos Aires lebt, war praktisch seit vier Wochen nicht mehr draußen gewesen. Ebenso wie seine Frau und seine beiden Kleinkinder. Wir können uns ja frei bewegen – auch über längere Distanzen.

Zum Glück. Denn meine Tochter ist zwar zurück in Berlin im Homeoffice. Dafür ist jetzt mein Sohn hergekommen. Frisch aus der Hauptstadt. Mit ein paar Entzugserscheinungen: seit Monaten keinerlei Klubleben. Stattdessen geht er zelten. In Brandenburg und Meckpomm. Gesundheitlich betrachtet sicherlich ein guter Tausch. Ich bin sehr froh über die Bewegungsfreiheit, die wir haben und die Woche für Woche jetzt ein wenig größer wird. Mit meinem Sohn hier bei mir am Esstisch zu frühstücken, ist mein Glücksmoment des Tages. Und dann wird es gleich noch einen zweiten geben: wenn wir uns in der Stadt auf einen Kaffee treffen.

Eine Premiere: Mit dir draußen an einem Tisch in der Sonne zu sitzen, in der Nachbarschaft von Menschen, die NICHT zu unserem Haushalt gehören, aber trotzdem in Sichtweite an anderen Tischen sind. Hätte ich das vor einem Jahr geschrieben, hätte doch jeder gedacht, ich bin verrückt geworden. Jetzt weiß man weltweit, dass auch das ein Licht am Ende des Tunnels sein kann.

Constanze

War so schön, mit dir in der Sonne zu sitzen. ENDLICH auch wieder in einem unserer Lieblingscafés. Der Mitarbeiter dort erzählte, dass er während der strengen Corona-Phase Vater eines Jungen geworden sei und dass man ihn – ausnahmsweise – doch zu Mutter und Kind gelassen habe. In einem ohnehin für seine Freundlichkeit bekannten Krankenhaus. Dorthin seien werdende Eltern scharenweise – so weit das bei den Kapazitäten möglich war – aus anderen Krankenhäusern hingeströmt.

Klingt noch im Nachhinein, als hätten wir wirklich eine sehr große Krise gehabt, mit allem, was dazugehört und eben auch Mundpropaganda: Man hat sich ja in den letzten Wochen dauernd etwas zugeraunt: wo es Toilettenpapier gibt, wo noch Hefe zu haben ist, welcher Bringdienst der Beste ist und welche Buchhandlung man dringend unterstützen sollte. Hat mich ein wenig an meine Reise nach St. Petersburg vor einigen Jahren erinnert. Damals kam nie irgendjemand pünktlich zu einer Verabredung. Manchmal haben wir Stunden gewartet, bis die Reiseführerin oder ein anderer Gast zu einer privaten Essenseinladung kam. Das sei ganz normal, sagte man uns – weil man ja nie wisse, ob sich nicht irgendwo eine Gelegenheit auftue, etwa etwas zu kaufen, was es lange nicht gab, oder eine Dienstleistung zu erheischen, die vorher unmöglich war, zum Beispiel einen Internetanschluss. Kann sein, dass der Zuständige, den man vorher monatelang bekniet und auch ein wenig bestochen hatte, plötzlich anruft und sagt: »In fünf Minuten ist es so weit.« – Dann ist es egal, mit wem man verabredet ist, denn man bleibt halt doch daheim. Alle wissen, wie es läuft, und deshalb ist auch keiner sauer über die ständigen Verspätungen.

Die Menschen dort leben in einer unfasslichen Unsicherheit, und alle ertragen es mit einer enormen Geduld. Die wünsche ich mir auch – und zwar zum Geburtstag. Der ist ja bald. Und wie es aussieht, wird er ziemlich klanglos verlaufen. Noch sollte man sich nicht zu mehreren in einem Haushalt treffen, und selbst wenn ich so sorglos wäre – meine Gäste wären es sicher nicht. Es würde bloß Absagen hageln. Also stelle ich mich schon mal auf ein ganz kleines Geburtstagsprogramm ein: Mein Mann, mein Vater und ich. Aber im Moment gibt es sowieso viel Wichtigeres: dass wir alle gesund geblieben sind. Darüber bin ich sehr, sehr froh.

VERSCHIEBERITIS
TAG 62

Susanne

Habe – passend zu dem Geburtstags- und GUS-Staaten-Thema gestern Abend – gerade gelesen, dass in der Ukraine unzählige Babys auf ihre Eltern warten. Babys, die von Leihmüttern ausgetragen wurden. In der Ukraine, einem der ärmsten europäischen Ländern, ist das erlaubt. In den meisten europäischen Staaten hingegen nicht. Jetzt aber warten die Babys auf ihre »Eltern«, die aus aller Welt stammen und nicht einreisen dürfen. Solange die Eltern nicht kommen dürfen, liegen die Neugeborenen nun in einem Hotel, Bettchen an Bttchen, und harren der Dinge. Auswirkungen des Virus, die man so gar nicht auf dem Schirm hatte.

Habe heute darüber nachgedacht, für wen Corona am schlimmsten ist. Klar, für die, die das Virus erwischt. Aber unter denen, die nicht krank werden, finde ich es für die Alten der Gesellschaft fast am grauenvollsten. Zu wissen, es bleibt einem nicht mehr viel Lebenszeit, und dann so eingeschränkt zu sein. Keine Reisen mehr und kaum Sozialkontakte. Die Vergnügungen, die im Alter noch so bleiben, sind absolut limitiert. Alle anderen haben ja – im besten Fall jedenfalls – noch Zeit. Genug Lebenszeit, um zu sagen: Was soll's, dann fahre ich halt erst im nächsten Jahr nach Kanada. Selbst wir, die wir zwischen fünfzig und sechzig sind, haben ja noch ein bisschen Luft.

Was sagt uns das? Wir sollten Dinge nicht immer vertagen, sondern machen. Nicht denken: Wenn ich mal mehr Zeit habe, dann ..., sondern gleich buchen. Man weiß eben nie, was kommt, und deshalb sollte man diese Verschieberitis aufgeben. Ein kleiner Erkenntnisgewinn in C-Zeiten. So, wie man seine guten Klamotten tragen und nicht für bessere Gelegenheiten aufheben sollte ...

Alle zwischen dreißig und sechzig hatten eine Jugend, mehr oder weniger unbeschwert, und haben die Chance, dass sie nach Corona noch einiges machen können: reisen, feiern, mit Freunden zusammen sein. Für die Alten tickt die Uhr. Unbarmherzig. Auch für die Kinder und Jugendlichen finde ich es schwierig. Die Welt – eben noch für alle erreichbar – hat die Tore geschlossen. Werden Kleinkinder irgendwann denken, die Maske gehöre zur normalen Bekleidung? Was macht es mit Jugendlichen, wenn ihr Leben so eingeschränkt ist? Hinterlässt das Spuren? Hoffnungsvolle Grüße

Constanze

Heute waren mein Mann und ich in Hanau. Nur mal so der Abwechslung halber und als weiterer Beitrag zur Heimatkunde. Während wir da im Bus saßen und ich auf der Straße die Menschen sah mit ihren Masken, wie sie mehr oder weniger geduldig Schlange standen vor der Metzgerei oder der Bäckerei, dachte ich, wenn ich jetzt das letzte Vierteljahr verschlafen hätte – wie ungeheuer beunruhigend diese Szenerie wirken würde. Und wie schnell man sich umgekehrt daran gewöhnt, dass so vieles anders ist.

Ein Ende ist ja noch lange nicht abzusehen. Was mich zu der Frage führt, wie lange wir unser Tagebuch noch fortschreiben wollen. Mittlerweile sehen wir uns ja wieder regelmäßig, und außerdem ist die Corona-Ausnahme längst auch Alltag geworden. Manchmal vergesse ich sogar, die Maske wieder abzuziehen, wenn ich ein Geschäft verlasse. Obwohl ich auf der Straße bin und es eigentlich dürfte. Ich gehe bisweilen zwar immer noch durch mein Leben, als wäre es gar nicht meines – als hätte jemand über Nacht die Möbel umgestellt, und als wäre nichts mehr dort, wo es bislang war. Aber auch das Staunen ist fast eine Art Routine.

Zu den neuen Merkwürdigkeiten zählen ja nicht nur die Verschwörungstheorien oder mit welcher Rasanz die Welt zum Stillstand kommen kann. Ich habe gestern mit einer gemeinsamen Freundin telefoniert, die wirklich seit März allein daheim in ihrem Haus lebt. Sie gehört definitiv zur Hochrisikogruppe – ist über sechzig, hat Asthma und ist auch sonst gesundheitlich ein wenig angeschlagen. Aber trotzdem: zwei Monate allein daheim? Selbst mit großem Garten? Gut, sie hat ihre Kinder in der Nähe, die sie öfter mal auf Distanz in ihrem Garten besuchen, und sie fährt jeden Morgen eine große Runde mit dem Rad. Sie sagt auch, sie hätte die Zeit genossen und sie würde das schon mal als Training fürs höhere Alter nehmen, wenn man ja sicher auch sehr allein sein wird. Ich meinte, dass ich mir das leider sowieso sehr gut vorstellen könnte und kein Training bräuchte. Und wenn – dann würden mir ein, zwei Wochen völlig ausreichen.

Mein Glücksmoment des Tages: auf der Straße eine Nachbarin zu treffen und mich mit ihr zu unterhalten, ohne einmal über Corona zu reden.

ABSCHLUSS UND ALLES WEITERE
TAG 63

Susanne

Ich glaube, dein Geburtstag wäre ein sehr fantastischer vorläufiger Abschluss. Als wir dieses Tagebuch anfingen, dachten wir ja noch, dass das alles nicht lange dauern würde. Dass wir mal eben bloß kurz die Zähne zusammenbeißen müssten – und schon wäre alles vorbei und wie vorher. Also fast. Denn natürlich würden wir geläutert aus der Krise hervorgehen.

Mittlerweile sind wir wenigstens insofern klüger, als wir wissen, dass wir nichts wissen. Nicht mal, ob es überhaupt eine Impfung geben wird (das wird die Impfgegner freuen), also eine, die für alle Zeiten immunisiert. Wir wissen, dass Corona offenbar und leider weit mehr draufhat, als Atemwege zu ruinieren und Existenzen. Und auch, wie schnell man manche Menschen an den Rand des Wahnsinns bringt. Und zwar nicht bloß im sprichwörtlichen Sinne.

Nicht, dass es nicht den ein oder anderen Silberstreif am Horizont gäbe. Du hoffst auf Sylt. Ich darauf, dass Spanien seine Grenzen für Touristen wieder öffnen wird. Dass der Liebste, sein Sohn und ich in den Ferien nach Mallorca fahren können. Aber darf man in diesen Zeiten reisen? Unbeschwert sein? Darf man das generell in Zeiten der Krise?

Ich glaube, man muss. Weil man – wenigstens im Kopf – ab und an eine Pause von alldem braucht. Weil man sich nicht rund um die Uhr grämen kann. Davon mal abgesehen: Mit einer Reise nach Spanien ist man ja nicht weg von Corona. Corona ist überall.

Momentan ist die Lage auf den Balearen nicht schlechter als hier. Eher besser. Und die Sehnsucht nach Meer ist groß. Der Aufenthalt (wir werden in ein Haus und nicht ins Hotel fahren …) macht mir keine Sorge, es ist eher der Flug, der mich ängstigt. Obwohl ja angeblich im Flieger die meisten Viren rausgefiltert werden. Aber was heute stimmt, hat morgen noch lange keine Gültigkeit. Das ist zumindest etwas, was ich von Corona gelernt habe.

Aber first things first: Komm bestens in dein neues Lebensjahr! Gratulieren soll man ja vorher nicht – bringt Unglück. Aber natürlich wünsche ich dir schon mal die herrlichsten Geschenke und einen wunderbaren – und ganz leichtfüßigen Tag!

HAPPY BIRTHDAY
TAG 64

Constanze

Heute ist mein Geburtstag! Und der fing grandios an: Mein Mann, den es wie alle mir bekannten Männer enorm stresst, Geschenke zu beschaffen, hat diese Aufgabe herrlich gemeistert. Okay, mit ein paar Hinweisen hier und da und beinharter Vorarbeit. Wie du lege ich allergrößten Wert auf solche Rituale. Und würde mich da entgegen meiner sonstigen Nachgiebigkeit niemals, wirklich niemals und auch nicht an Weihnachten auf die ohnehin bekloppte Idee einlassen, dass man sich das Schenken sparen kann.

Idealerweise schenkt man ja auch zwischendurch immer mal. Einfach, weil es Freude macht. Und das tun wir tatsächlich gelegentlich. Mein Mann kauft immer mal Bücher für mich – die er in der *FAZ* oder der *Süddeutschen* gut besprochen fand, und ich revanchiere mich mit Schallplatten. Ja, tatsächlich und wider besseres Wissen. Frei nach der guten alten Volksweisheit: Der Köder muss dem Fisch schmecken, nicht dem Angler.

Na, jedenfalls haben die Blumen, die Ohrringe und die Tasche schon sehr darüber hinweggetröstet, dass es keine Feier geben wird. Dafür hat dann dauernd das Telefon geklingelt. Es haben so viele Freundinnen und auch Familienangehörige angerufen und gratuliert. Das war wie ein Kopfsprung in ein Meer aus Wärme und Herzlichkeit. Und zwar in ein Becken von olympischen Ausmaßen und vom Dreier. (Da war ich das letzte Mal, als ich meinen Jugendschwimmer gemacht habe.) Deine Glückwünsche natürlich eingeschlossen.

Freue mich so darauf, all meine Freundinnen wieder um mich zu haben. Und hoffe sehr, dass das spätestens bei unserem traditionellen Weihnachtsessen im Café Größenwahn möglich sein wird!

Heute bin ich dann mit meinem Mann abends tatsächlich in einem Restaurant essen gewesen. Nachdem wir die üblichen Formulare (Adresse, Besuchszeit) ausgefüllt hatten. Dass wir da sitzen konnten, war noch ein weiterer Dankbarkeitsmoment vom Tage. Worüber ich mich morgen besonders freuen werde, weiß ich jetzt schon: Wir beide sind ja verabredet ;-)

Susanne

Happy Birthday auch noch mal von hier! Nur das Beste für die Beste!

Wird Corona bis zu meinem Geburtstag im November erledigt sein, oder kommt da noch mal mehr? Sind wir dann mitten in der zweiten Welle? Kommt überhaupt eine zweite Welle, oder werden wir dieses Drecksvirus dann los sein? Ist Corona irgendwann nur noch eine fast schon anekdotische Erinnerung, oder wird das Virus irgendwas verändern? An der Gesellschaft? An jedem von uns? Macht es uns demütiger oder nur vorsichtiger und ängstlicher? Dankbarer auch für kleine Dinge? Ich hoffe, dass irgendwas Positives hängen bleibt. Das wäre wenigstens etwas.

Wir haben ja entschieden, dass dein Geburtstag das – vorläufige – Ende dieses Tagebuchs sein wird. Aber wie wäre es, wenn wir uns hier an dieser Stelle, sagen wir, in zwei Monaten wieder treffen? Das könnte doch ganz spannend sein. Dann warst du auf Sylt und ich – hoffentlich – auf Mallorca. Vielleicht wird es ja dann doch eine Impfung geben. Möglicherweise werden wir dann unseren Alltag wiederhaben – obwohl ich nicht wirklich dran glauben kann, dass es der gleiche sein wird.

Also abgemacht?! Wir sehen uns auf dem Papier Ende Juli/Anfang August wieder … Und jetzt fahre ich in die Stadt, um dir dein Geburtstagsgeschenk zu übergeben – und mit dir anzustoßen!

ZEITVERBESSERUNGS-SPITZENKRÄFTE
ZWEI MONATE SPÄTER

Susanne

Auch ich habe es getan und bin mit Mann und seinem Sohn in den Urlaub gefahren. Wenn schon, denn schon, habe ich mir gedacht, und wir waren für fast drei Wochen auf Mallorca. Was mich im Vorfeld am meisten beunruhigt hat, war der Flug. Wie soll das gehen? All die Menschen? Dicht an dicht? Schreit da das Virus nicht Hurra! und kann sich anhand all der Möglichkeiten kaum entscheiden, wen es wie anspringt?

Schon am Flughafen war ich dem Jugendlichen in meiner Privat-Reisegruppe sehr peinlich. Beim Schlangestehen an der Sicherheitskontrolle haben drei junge Frauen hinter uns demonstrativ ihre Mund-Nasen-Masken um den Hals getragen. Ich habe mehrfach streng geguckt (und du weißt, das kann ich wirklich ausgesprochen gut), aber die drei haben nur saublöd gegrinst.

Ich habe höflich darum gebeten, dass sie ihre Masken aufsetzen, und die Antwort war ein: »Hä, was geht dich das an?« Der Sohn meines Freundes war, glaube ich jedenfalls, unglaublich froh, einen Hoodie zu tragen, und hat sich direkt die Kapuze über den Kopf gezogen und sich ein paar Meter von mir und seinem Vater entfernt. Nach dem Motto: Mit denen habe ich nichts zu tun.

Ich gebe so schnell nicht auf und kann mich auch exzellent in Sachen verbeißen. Also habe ich noch mal nachgehakt: »Es geht um uns alle, ich trage eine Maske und Sie eine, und damit schützen wir uns jedenfalls ansatzweise gegenseitig. Das ist doch nicht so schwer zu verstehen, oder?« Die Frauen haben gekichert, und eine hat mir dann gesagt, sie habe ein Attest und müsse nicht. Da habe ich aufgegeben.

Hätte der Rest der Umstehenden nicht nur interessiert zugehört, sondern sich mit eingemischt, hätten die drei sich wahrscheinlich gefügt. So aber passierte nichts. Man muss leider merken und auch akzeptieren, wenn man verloren hat. Die drei sind definitiv aus der Abteilung: beratungsresistent. Also habe ich die Klappe gehalten. Ungern allerdings.

Im Flieger war jeder Platz belegt. Und der allergrößte Teil hat sich, zu meiner Freude, sehr brav an die Maskenpflicht gehalten. Nur der Mann vor mir war dazu anscheinend nicht in der Lage. Er konnte auf dem zweieinhalbstündigen Flug nach Palma nicht auf ausgiebiges Kuscheln und Züngeln mit seiner Freundin verzichten. Ich war irgendwie zu meckermüde, um mich erneut aufzuregen. So konnte auch der Sohn meines Freundes endlich die Kapuze abziehen.

Der Urlaub selbst war fantastisch. Ich habe die Insel noch nie so schön und entspannt erlebt.

Strände, an denen man sonst keinen Sand mehr sehen kann, weil sie so eng belegt waren, sahen aus wie im November. Das Wasser war glasklar, und Freunde haben mir erzählt, dass sie jede Menge Delfine gesehen haben. Was auf der einen Seite sehr schön ist, das ist – bei genauerem Hinsehen – für viele Menschen auf der Insel natürlich ein Grauen: Geschlossene Hotels sorgen für leerere Strände und weniger Menschenmassen, aber dahinter stecken jede Menge Schicksale. Aber, fast alle, die ich getroffen habe, Spanier und Deutsche, die auf der Insel leben, kamen mir wahnsinnig tapfer vor. Nach dem radikalen Lockdown ist es für sie eine Lächerlichkeit, draußen, egal ob in der Stadt oder im Laden, eine Maske zu tragen. Das, was bei uns viele schon für eine grässliche Zumutung halten, sogar für den Untergang der Demokratie, darüber lachen die Einwohner Mallorcas: »Wir waren wirklich weggesperrt, das war hart. Ihr habt es doch vergleichsweise total gut gehabt«, sagen sie, und man muss ihnen recht geben.

Wie es mit Mallorca weitergeht, wie viele Menschen über den Winter in echte Nöte geraten werden, darüber kann man nur spekulieren. Dass alles trübt natürlich den wunderschönen Eindruck, den Mallorca zurzeit macht. Hier sind sicherlich noch mehr Menschen, die sich ernsthafte Sorgen um ihre Existenz machen.

Aber wir hatten es, trotz eines kleinen mulmigen Gefühls, das in Corona-Zeiten anscheinend überallhin mitwill, wirklich sehr gut. Wir hatten ein Haus mit kleinem Pool, waren viel im Meer, haben viel gekocht und haben versucht, den ganzen Corona-Zirkus einfach mal auszublenden.

Ich habe es genossen, schon weil es der erste Urlaub mit der neuen (okay, nicht mehr ganz so neuen) Liebe war. Die sich in diesen Zeiten wirklich bewährt hat. Wir sind zusammengewachsen, haben das Aufeinanderhocken gut ausgehalten und hatten trotz allem auch viel Spaß. Das hat uns allen sehr gutgetan. Eine Art Stimmungsaufheller nach anstrengenden Monaten.

Ein bisschen graut es mir vor dem Herbst und der prophezeiten zweiten Welle. Wie fast alle will ich, dass dieser Spuk endlich aufhört und wir wieder einfach zurückkönnen in unsern alten Trott, der uns ja vorher immer ein wenig genervt hat.

Eine gute Nachricht: Meine Tochter, der Corona-bedingt kurz vor Ende der Probezeit sehr unschön gekündigt wurde, hat einen neuen Job gefunden. Mehr Geld und eine sehr viel interessantere Aufgabe. Darüber bin ich echt froh. Sie hat es verdient.

Was ich gelernt habe in all den Monaten: Ich liebe den neuen Mann an meiner Seite – er ist eben auch einer, der Krise kann. Und eine Erkenntnis, die nicht neu, aber doch wieder mal klarer geworden ist: Ohne Familie und Freunde, ohne Menschen, die einen begleiten, zumindest virtuell umarmen, geht es nicht. Man kann vieles aushalten, wenn man geliebt wird. Wenn man richtig gute Freunde und auch Freundinnen wie dich hat – am besten auf jeden Fall eine wie dich. Eine, die auch mal sagt: Komm, Kopf hoch. Das wird.

Das will ich auch glauben, aber ich denke, wenn es draußen herbstlich grauer und winterlich dunkler wird, stehen uns noch einige harte Wochen und Monate bevor. Zum Glück weiß ich dich an meiner Seite. Und wenn wir nicht mehr in Restaurants oder Cafés können, wenn uns das Virus die Möglichkeit nimmt, irgendwo in gut geheizten Räumen gemütlich zusammenzusitzen, dann gehen wir eben wieder gemeinsam an die Luft, laufen ein paar Kilometer und gönnen unserem Körper und uns ordentlich Sauerstoff. Schadet ja nie.

Auch ich hoffe, dass wir im November unsere traditionelle Freundinnen-Kurzreise machen können. Und wenn wir in den Westerwald fahren.

Ich will den arg strapazierten Satz »Wir schaffen das« eigentlich nicht auch bemühen, aber ich denke, genau so ist es. Was bleibt uns auch übrig?

Und egal, wie schlimm es wird, ich habe dich, und darüber, das kann man nicht oft genug sagen, bin ich verdammt froh.

Constanze

Uff! Uff! Ich habe es tatsächlich auch geschafft – ich habe es wirklich getan: Ich war eine Woche in Urlaub. Ein Glück, hatten wir – zwei Freundinnen und ich – ja schon lange vor Corona gebucht. Schließlich reisen wir alle Jahre wieder in dieselbe Bleibe auf Sylt – von der ich hier nur so viel sagen will: Sie ist wunderbar, enorm erholsam, mit einer herrlichen Aussicht und von einer grundsympathischen Gastgeberin sehr liebevoll hergerichtet. Alles Weitere muss ein Geheimnis bleiben.

Schließlich könnte es in den nächsten Jahren knapp werden

mit Terminen. Jetzt schon, so sagte die grundsympathische Vermieterin, habe es einen nie da gewesenen Run gegeben, und die Leute hätten ihr die freien Zimmer am liebsten aus den Händen gerissen – wenn sie noch da gewesen wären. Die hatten wir nämlich schon.

Unsere Vermieterin ist auch deshalb grundsympathisch, weil sie uns nicht nahelegte, die Buchung doch zu stornieren, weil sie wegen der enorm erhöhten Nachfrage noch sehr viel teurer hätte vermieten können. Das ist einem Freund passiert, der eine Buchung für den Bayerischen Wald hatte. Natürlich hat er dankend abgelehnt – aber nun ist die Beziehung zwischen der Pensionswirtin und ihm ziemlich zerrüttet. Auf Sylt teilen Janet, Bettina und ich uns gewöhnlich eine sogenannte »Haushälfte«. Die hat zwei Schlafzimmer, und weil ich das erste Mal dort so schlau war, ein ganz winziges bisschen zu schnarchen und natürlich nur dieses eine einzige Mal, darf ich eines für mich allein haben.

Diesmal hatte allerdings jede ihr eigenes Schlafzimmer. Wegen der strikten Abstandsvorgaben durften sich nur höchstens zwei Haushalte eine Bleibe teilen. Wir sind aber drei. Also haben wir noch ein Apartment dazugebucht. Wurde ein ziemlich teurer Urlaub. Aber ehrlich: Das war er mir wert. Und den anderen beiden auch.

Es war so wunderbar, einmal wieder rauszukommen. Auch wenn der Weg dorthin etwas beunruhigend war. Wir sind nämlich mit der Bahn gefahren. Selbstverständlich mit Mund-Nasen-Schutz. Allerdings hatten den längst nicht alle Mitreisenden dort, wo er hingehört, und nicht alle hielten sich an den Abstand. Jeder saß, wo er sitzen mochte, und als wir in Hamburg umsteigen mussten, standen die Menschen dicht an dicht auf dem Bahnsteig – weil ein Zug ausgefallen war.

Ich musste mich wirklich sehr an meiner Vorfreude auf den Urlaub festhalten, um nicht enorm sauer zu sein. Wie leicht ließe sich so ein Chaos durch ein striktes Reservierungsprogramm vermeiden, und wie viele Menschen mehr würden wieder Bahn fahren, wenn sie sich dort leidlich sicher fühlen könnten. Aber gut – wir hatten ja vor allem vor, auf Abstand zu Corona zu gehen. Hat auch wirklich gut geklappt. Es war toll, sich so fühlen zu dürfen, als wäre fast alles wieder normal. Am Strand zu liegen, lange Spaziergänge zu machen, im Strandkorb vor dem Haus zu sitzen und Kaffee oder Tee zu trinken. Fast wie letztes Jahr, als noch niemand etwas von Corona ahnte. Bis auf den Umstand, dass wir wirklich Probleme hatten, einen freien Restauranttisch zu ergattern – Klar: Wo Abstandsregeln gelten, bringt man nur noch die Hälfte der Leute unter. Einmal haben wir zu dritt – jede mit ihrem Handy – eine Stunde lang herumtelefoniert, um eine Reservierung zu bekommen. Aber es war trotzdem toll und mein absolutes Highlight der letzten Wochen.

Ich habe die Auszeit schon gebraucht und erst dabei gemerkt, wie angespannt ich eigentlich war. Wie anstrengend alles geworden ist: das Einkaufen, das Essengehen, der Besuch im Fitnesscenter. Dass Umarmungen nach wie vor ebenso zu vermeiden sind wie überhaupt all die kleinen – sonst auch so absichtslosen –, aber wirkstarken Berührungen.

Und ein Ende ist immer noch nicht abzusehen. Im Gegenteil. Selbst dort, wo eine leidliche Corona-Beruhigung eingetreten war, steigen die Infektionszahlen wieder. Immer noch ist alles offen: Ob wir an Silvester wieder nach Berlin fahren können – mein Mann und ich –, um wie immer in einem Musikklub ins neue Jahr zu feiern (wahrscheinlich nicht), ob mein Neffe aus Schweden wird an Weihnachten kommen können – wie er es eigentlich geplant hat – (hoffentlich ja) und ob mein Bruder mit seiner Frau nach Brasilien reisen wird, um ihre Familie zu besuchen (definitiv nein). Im Hintergrund rumort immer noch die Pandemie mit all ihren Unsicherheiten.

Wie groß meine Sehnsucht ist nach dem »Früher«, habe ich gemerkt, als ich jetzt im Kino war und die Vorschau lief. Ich dachte, das werde ich mir ALLES anschauen! Ich war richtig gierig nach all den Geschichten, die dort angekündigt wurden, nach den anderen Leben, nach überhaupt etwas ANDEREM – etwas, das nicht Corona ist. Das war schon verrückt. Als hätte man seit einem halben Jahr beinharter Diät ein »All you can eat«-Büfett bekommen.

Aber es gibt auch gute Nachrichten. Und man findet sie mal wieder ausgerechnet dort, wo man sie am wenigsten vermutet. Kürzlich las ich im Vorbeigehen in der Zeitung mit den großen Buchstaben, dass Sarah Lombardi die Pille abgesetzt hat, und ich dachte: Toll, wenn solche absoluten Nichtigkeiten wieder Schlagzeilen machen, geht es wohl definitiv bergauf.

Nächste Woche werde ich mit meinem Vater und meiner Schwester nach Celle reisen. Dort bin ich geboren, dort haben meine Eltern sich kennengelernt, und dort – also jedenfalls im Umkreis – lebt die ganze große Restfamilie. Wir werden den jüngeren Bruder meines Vaters besuchen und meinen Cousin und meine Cousine mit ihren großartigen Kindern und Partnern sehen. Darauf freue ich mich.

Ich hoffe auch, dass du und ich im November wieder mit unseren drei anderen Freundinnen unseren alljährlichen Städtetrip machen werden. Vielleicht geht es diesmal nach München oder Hamburg oder Berlin statt nach Rom oder Paris. Aber das ist ja auch schön. Denn vor allem gilt ja: Hauptsache, zusammen.

Ich habe im Netz ein Zitat gefunden, das mir sehr gefallen hat. Es gibt einen herrlichen Abschluss und einen 1-a-Leuchtstreifen zum Notausgang aus der Krise ab, stammt von dem schottischen Essayisten Thomas Carlyle und lautet: »Die Zeit ist schlecht? Wohlan, du bist da, sie besser zu machen.«

Corona hat die einen zu Zeitverbesserern und die anderen zu Zeitverschlechterern gemacht. Für mich gehörst du zu den Zeitverbesserungs-Spitzenkräften. Es war, ist und bleibt ein großes Glück, dich an meiner Seite zu haben!

VORLÄUFIGES ENDE

Manches vermisst man erst, wenn es nicht mehr da ist. Dazu gehört bis auf Weiteres unbedingt unser Alltag vor Corona. Im Moment kann niemand sagen, ob wir ihn je zurückbekommen werden. Ob wir uns in absehbarer Zeit wieder werden ganz selbstverständlich berühren dürfen, umarmen, küssen, ob wir Hände schütteln und auch tröstend über Köpfe streichen können, die nicht unmittelbar zu unserem Haushalt gehören.

Oder ob wir nicht gleich in den nächsten Ausnahmezustand segeln, in die zweite Katastrophe hinter, neben oder langfristig vielleicht sogar vor Corona: die Klimaerwärmung, die uns gerade den dritten dramatisch trockenen Sommer bescherte.

Dabei wäre Hoffnung in der Familienpackung so dringend nötig wie nie. Wegen der Menschen, die vor den Trümmern ihrer Existenz stehen. Wegen der Alten, die in den Seniorenheimen immer noch wie unter Hausarrest leben. Wegen der Jungen, die nicht nur sehr viel Schulstoff, sondern auch einen Sommer mit herrlichen Gelegenheiten – mit ersten Lieben, mit großen Reisen, Konzerten, Festivals und ewig langen Abenden mit der Clique an den Seeufern der Republik – verpasst haben. Aber auch wegen all der Corona-Leugner, die finden, Rücksichtnahme würde ihre Freiheit auf unzumutbare Weise beschneiden (und die vermutlich auch Tempo-30-Zonen vor Grundschulen und Kindergärten für eine Verschwörung der Regierung halten und für ein untrügliches Indiz, dass wir in einer Diktatur leben).

Wir wissen nun, dass eben nichts selbstverständlich ist – nicht mal Toilettenpapier und Mehl – und dass es die alltäglichen Dinge sind, die zählen. Selbst gebackene Hefezöpfe zum Beispiel oder Freundinnen oder Nachbarn oder dass man einen Mann hat, den man gut auch vierundzwanzig-Stunden-sieben-Tage-die-Woche erträgt, und eine Kanzlerin, die weiß, was zu tun ist: bloß nicht die Nerven verlieren und immer schön vernünftig bleiben.

Wir haben einmal wieder die Erfahrung gemacht, dass es entgegen den Gerüchten, die vor allem Männer (aber leider auch ein paar Frauen) so gern in die Welt setzen, gerade die Frauen sind, die den Laden zusammenhalten. Angefangen von der Tatsache, dass in den Staaten, die von einer Frau regiert werden, Corona deutlich besser gemanagt wurde als in Staaten mit männlichen Regierungs-Kollegen – bis hin zu den Supermarktkassiererinnen und den Pflegekräften in Krankenhäusern und Altenheimen.

Wir haben außerdem gesehen, welche verheerenden Folgen ein Gefühl der Unsicherheit haben kann und wie schnell sich Menschen in Panik und Hysterie verlieren, sobald man ihnen nicht sofort eine Lösung für ein Problem präsentiert. Wie der vermeintliche Kontrollverlust einen knallharten Egoismus hervorbringt, aber genauso auch Großmut, Solidarität, Fürsorge.

Wir haben gelernt, Fahrstuhlknöpfe mit dem Ellbogen oder dem Knie zu betätigen. Wissen jetzt, was eine Corona-Frisur ist und dass auch Ehen dem Virus zum Opfer fallen können. Schließlich sollen sich die Anfragen bei den deutschen Scheidungsanwälten seit Corona verfünffacht haben.

Zu den bemerkenswerten Corona-Folgen zählen außerdem: dass sich das »Notnahrung Monatspaket Classic« im Vergleich zu der Zeit vor der Pandemie um 20 Prozent verteuerte, dass die Deutschen mehr größere Gefriertruhen kaufen und die Nachfrage nach Golden-Retriever- und Labradorwelpen ebenso in die Höhe geschossen ist wie die nach gutem Wein. Wegen Corona können wir zudem bei Zoom-Konferenzen jetzt so professionell wirken, dass niemand auf die Idee käme, wir hätten bis fünf Minuten vor Beginn noch im Bett gelegen.

Wir haben ungefähr fünf Kilo zugenommen und immer noch nicht unsere Pullover nach Farben sortiert (von der Steuererklärung wollen wir gar nicht reden). Was die Choreografie des Git-up-Dance anbelangt, so wollen wir lieber nicht daran erinnert werden.

Überhaupt scheint es da eine große Sehnsucht nach Amnesie zu geben. Etwa bei all jenen, die während des Lockdowns so engagiert für Pflegekräfte klatschen. Vergessen sind jedenfalls weitgehend all die Forderungen nach deutlich besserer Bezahlung und die Erfahrung, wie unfassbar abhängig wir davon sind, dass Menschen diese Arbeit trotz allem auch für uns machen.

Es gibt also noch ordentlich etwas zu tun. Auch mit dem Klügerwerden durch das, was wir in dem Lockdown mit uns und mit anderen erlebt haben. Eines haben wir allerdings jetzt schon erledigt: Wir haben uns leidenschaftlich und ganz neu in unseren Alltag verliebt! In all die herrlichen Kleinigkeiten, aus denen er sich zusammensetzt. Wir wissen, wie dankbar wir dafür sein können, wenn einfach alles rundläuft, und dass man jede Gelegenheit nutzen sollte, fröhlich zu sein, freundlich, aufmerksam. Und natürlich auch: einen Hefezopf zu backen.